2022
长三角绿色包装产业发展报告

主编 陈 斌

DEVELOPMENT REPORT
ON GREEN PACKAGING INDUSTRY
IN YANGTZE RIVER DELTA (2022)

文化发展出版社
Cultural Development Press
·北京·

图书在版编目（CIP）数据

2022长三角绿色包装产业发展报告 / 陈斌主编．——北京：文化发展出版社，2022.6
ISBN 978-7-5142-3749-8

Ⅰ．①2… Ⅱ．①陈… Ⅲ．①长江三角洲-绿色包装-包装工业-工业发展-研究报告-2022 Ⅳ．① F426.84

中国版本图书馆 CIP 数据核字（2022）第 078871 号

2022长三角绿色包装产业发展报告

主　　编　陈　斌

出 版 人：武　赫
责任编辑：李　毅　杨　琪　　　　责任校对：岳智勇
责任印制：邓辉明　　　　　　　　封面设计：郭　阳
出版发行：文化发展出版社（北京市翠微路2号 邮编：100036）
发行电话：010-88275993　010-88275711
网　　址：www.wenhuafazhan.com
经　　销：全国新华书店
印　　刷：北京印匠彩色印刷有限公司

开　　本：710mm×1000mm　1/16
字　　数：299千字
印　　张：20
版　　次：2022年10月第1版
印　　次：2022年10月第1次印刷

定　　价：178.00元
ＩＳＢＮ：978-7-5142-3749-8

◆ 如有印装质量问题，请与我社印制部联系　电话：010-88275720

编委会

编撰指导委员会主任
李 华

编撰指导委员会
王跃中　庄英杰　张耀权　金 喆　顾春华　高汝楠

主 编
陈 斌

副主编
杨爱玲　宗利永　崔庆斌

成 员
宋文仙　路冰琳　田社荣　叶鹏峰　李 立　黄俊彦　王中燕
林淑玲　陈建华　舒仁厚　李勇锋　罗尧成　徐 东　顾 萍

主 审
高汝楠

完成单位

上海出版印刷高等专科学校
上海市包装技术协会
上海市绿色包装专业技术服务平台

指导委员会

李　华　中国包装联合会会长，中国包装总公司董事长
王跃中　中国包装联合会常务副会长、秘书长
庄英杰　中国包装联合会参事，上海市包装技术协会原会长
张耀权　原中国包装联合会副会长，原浙江省包装联合会会长
金　喆　浙江省包装联合会会长
顾春华　上海出版印刷高等专科学校党委书记
高汝楠　上海市包装技术协会会长

编撰委员会

陈　斌　上海出版印刷高等专科学校校长
杨爱玲　上海出版印刷高等专科学校副校长
宗利永　上海出版印刷高等专科学校科研处副处长
崔庆斌　上海市绿色包装专业技术服务平台副主任
宋文仙　上海市包装技术协会秘书长
路冰琳　ISTA 中国主席、中国包装联合会物流委秘书长
田社荣　南京包装行业协会常务副会长
叶鹏峰　宁波市包装联合会会长
李　立　上海海洋大学食品学院教授、博导
黄俊彦　大连工业大学轻工与化学工程学院包装工程系原主任
王中燕　浙江省包装联合会常务副秘书长
林淑玲　温州市包装联合会秘书长
陈建华　上海市包装技术协会办公室主任
舒仁厚　上海市包装技术协会副秘书长
李勇锋　上海数智绿色包装研究所所长
罗尧成　上海出版印刷高等专科学校科研处处长
徐　东　上海出版印刷高等专科学校包装专业带头人
顾　萍　上海出版印刷高等专科学校印刷包装工程系主任

主　审

高汝楠　上海市包装技术协会会长

序

绿色包装发展关乎民生，是我国包装产业提升国际竞争力的必然要素。2020年9月，习近平总书记在75届联合国大会上郑重承诺：中国力争2030年碳达峰、争取2060年实现碳中和。这一艰巨目标的设定，意味着我国包装制造业绿色发展进入黄金时期。长三角一体化作为我国区域经济发展重要引擎，包装产业可持续发展必将砥砺前行。

虽然本人对长三角的包装产业发展也有所接触，但毕竟缺少相应数据和整体认识。曾经走过一些江、浙、皖包装企业，也只是走马观花，没有进行深入的了解。记得进入21世纪后，上海市科协要求协会组织长三角相关的活动。为此，上海市包协、浙江省包协、江苏省包协联合轮流组织过两年一届的包装交流活动。包装发展论坛内容有"长三角包装战略思考""长三角包装创新与包装产业发展""长三角循环经济与绿色包装"等。每一次论坛都出一本专辑，对长三角包装产业的发展起到促进和推动作用。

长三角的包装工业占全国包装产值的30%左右，在中国包装行业中具有举足轻重的地位。长三角包装产业有着互补性、交叉性和融合性的特点，在产品包装服务方面形成相辅相成、资源互补、互通有无的格局，尤其是包装体量、创新能力、服务水平、绿色包装等尽显得天独厚的优势。因此，在中国包装联合会指导下，由上海出版印刷高等专科学校、上海市包装技术协会等地方协会牵头，组织相关领域的专家、学者，撰写专题研究报告，解读行业政策、探讨行业前沿技术、梳理典型实践案例，为长三角包装产业的可持续发展献计献策，具有深远的意义。

包装是产品的组成部分，起到为产品"保驾护航"和"锦上添花"的作用。我认为包装产品应该是绿色包装产品，应符合产品对绿色包装的需求，绿色包装要遵循包装的"保护产品、方便使用、便于流通、促进销售"以及安全、环保、循环再利用的基本功能。绿色包装要坚持包装功能，不仅要为经济建设提供配套服务，而且还要承担起社会责任。

上海市包协在20世纪90年代就成立了绿色包装专业委员会，当时已经意识到绿色包装对包装行业产业发展的重要性，每年在6月5日世界环境日开展绿色包装宣传活动。提出"包装废弃物合理利用""防止白色污染""垃圾分类、源头减量、循环利用""倡导适度包装、反对过度包装"等课题项目。为政府部门、为社会民生服务，为推行绿色包装尽了自己一份力量。绿色包装要贯穿包装生命周期的始终，从源头的包装设计到生产制造、消费流通，直至末端的循环利用的整个过程。近年来，在包装发展过程中，存在着不同程度忽视绿色包装的问题。我在不同场合的会议中，也反复呼吁"过度包装、过度用材、过度排放"等现象，应尽快引起政府相关部门和包装行业企业的重视。

推动长三角绿色包装产业的健康发展，可以有多个视角和多条路径，结合目前实际，尤应重视如下几个方面：一是坚持包装符合循环经济原则，制定并完善相关的包装法规及有效机制，制定落实包装标准，建立产品标准责任制；二是维护包装基本功能，重视源头上的包装创意设计；三是坚持节约包装资源，推行包装减量化，选择产生环境负担最小，而循环利用率最高的包装材料；四是坚持包装的研究开发，加强落实包装基材、包装装备、包装工艺技术的研发，推广绿色包装新材料、应用绿色包装新产品；五是坚持开展绿色包装宣传交流活动，加强末端包装废弃物回收再利用。

美好生活需要绿色包装，造福子孙后代更需要推行绿色包装。绿色包装是包装的生命灵魂，包装的生命周期虽然短暂，但短暂的生命一样可以精彩。愿长三角绿色包装产业的发展像盛开的鲜花，开满包装天地，实现"包装让生活更加美好"的奋斗目标！

中国包装联合会参事会副主席
上海市包装技术协会创始人、名誉会长

目录

第一章　行业产业报告　　001

长三角包装制品企业绿色发展问卷调查研究　　003

上海包装产业年度运行报告　　017

消费者对快递包装绿色发展的认知调查研究　　034

长三角地区包装及印刷行业上市公司财务绩效评价研究　　048

第二章　行业发展趋势分析　　065

限塑令下纸浆模塑引领代塑产品发展趋势　　067

低值包装废弃物回收及再利用的发展　　077

塑料包装绿色发展的思考与展望　　094

可持续包装：现状、机遇与挑战　　103

碳中和经济下我国绿色包装产业生态发展　　116

物流包装的绿色可持续发展　　125

第三章　行业政策与标准解读　　　　　　　　　　　　　141

国外绿色包装产业发展相关政策及启示　　　　　　　　　143

长三角地区绿色包装产业相关文件政策解读　　　　　　154

长三角地区绿色包装标准索引　　　　　　　　　　　　　175

上海快递包装绿色转型相关政策概览和标准解读　　　　180

第四章　行业技术发展论述　　　　　　　　　　　　　187

淀粉基可食性包装膜的制备及应用研究进展　　　　　　189

基于科学知识图谱分析的绿色包装研究动态——以 CNKI 数据为对象　　198

国内外可堆肥塑料检测和评价标准　　　　　　　　　　213

易清洁快递包装涂层材料的应用研究　　　　　　　　　220

绿色设计在包装中的应用与实施路径　　　　　　　　　231

食品绿色包装设计原则及其应用　　　　　　　　　　　242

包装印刷全生命周期绿色评价与管理体系研发　　　　　248

生命周期评价在包装产业应用的发展机遇与挑战　　　　260

第五章　行业典型案例　　　　　　　　　　　　　　　265

始于源头　终于末端　绿色循环　　　　　　　　　　　267

生物降解材料提升快递包装绿色附加值　　　　　　　　271

绿色、智能、数字化道路引领包装产业转型发展　　　　275

科技创新引领绿色包装新视界	279
创新引领　数字赋能　绿色转型	284
无溶剂复膜胶助力软包装产业高质量发展	289
绿色包装长效设计，让生活更美好	293
包装科技创新助力品牌商防伪溯源	299
智能化发展照亮金属印刷装备未来	302
绿色发展始于心　生物降解践于行	305

第一章
行业产业报告

长三角包装制品企业绿色发展问卷调查研究

上海市绿色包装专业技术服务平台

上海市包装技术协会

绿色消费浪潮在全球兴起，绿色产品包装已提升为企业核心竞争力之一。本报告以 2022 年 3—4 月开展的长三角地区包装制品企业绿色发展调查的数据为基础，对当前绿色包装的发展现状进行综合分析与总结，致力于为全行业开展绿色设计、绿色生产、绿色供应链提供知识服务与智力支持，积极推动我国绿色包装产业发展。

一、长三角包装制品企业绿色发展状况

（一）调查样本概况

本次调查由上海出版印刷高等专科学校的省部级科技服务平台"上海市绿色包装专业技术服务平台"联合上海市包装技术协会共同开展，本次调查得到了广大企业的大力支持和积极参与。调查问卷采用网络问卷发放形式，共回收问卷 381 份，均为有效问卷，有效率为 100%，对最终的样本数据进行整理汇总，并进行数据分析。本研究将通过 SPSS、Finebi 软件对问卷数据进行样本频率分析、多重响应分析、统计图绘制。

问卷旨在了解当前长三角包装制品企业的基本情况、企业的绿色包装发展现状，以及企业对绿色包装的认识态度，并根据相关理论知识设计调查问卷。问卷

内容包括：第一部分为长三角地区包装制品企业的基本信息变量，包括企业性质、企业规模、企业营收规模、企业经营性质四个题项；第二部分为当前长三角包装制品企业的绿色发展现状，包括长三角包装制品企业涉及的业务、下游产品领域、相关包装产品的销售地域、企业绿色生产现状等题项；第三部分为长三角地区包装制品企业对绿色发展的认识态度，包括绿色包装战略对企业生产成本影响、绿色包装生产线的投资意向、绿色包装制造方面人才稀缺情况、与研究机构共同开展绿色包装研发现状、开展绿色化包装意向、开展绿色化包装最重要的任务、实施绿色包装改革的难点等题项。题项结构方面，采用了单选题、多选题和排序题的形式。

参与调查的包装制品企业均在长三角地区，企业分布情况如表 1-1 所示。从各个变量的频率分析结果可以看出，本次调查中，民营企业最多，有 140 家，占比为 36.70%，其次为国有企业 119 家，占比 31.20%，港、澳、台资企业和外商独资企业相对较少；在企业规模方面，占比靠前的是 51～100 人的企业（32.30%）和 101～200 人的企业（31.80%），小规模（1～50 人）和大规模的（500 人以上）企业占比不高，分别为 9.40% 和 10.80%；企业营收规模方面，营收在 500 万～2000 万元的企业最多，占 25.70%，其次是营收在 2000 万～8000 万元的企业，比例为 23.90%，而营收在 200 万元以下的企业较少，占比为 4.70%；企业的经营性质方面，以 B-B 贸易型企业和生产制造型企业偏多，占比分别为 40.20%、33.60%，B-C 零售型企业和各类形态兼有的企业占比均为 13.10%。

表 1-1 长三角包装制作企业变量分布

长三角包装制品企业变量	选项	频率/家	百分比
企业性质	民营企业	140	36.70%
	国有企业	119	31.20%
	上市公司	81	21.30%
	中外合资企业	30	7.90%
	港、澳、台资企业	6	1.60%
	外商独资企业	5	1.30%

续表

长三角包装制品企业变量	选项	频率/家	百分比
企业规模	1～50 人	36	9.40%
	51～100 人	123	32.30%
	101～200 人	121	31.80%
	200～500 人	60	15.70%
	500 人以上	41	10.80%
企业营收规模	200 万元以下	18	4.70%
	200 万～500 万元	69	18.10%
	500 万～2000 万元	98	25.70%
	2000 万～8000 万元	91	23.90%
	8000 万～15000 万元	55	14.40%
	15000 万～50000 万元	27	7.10%
	50000 万元以上	23	6.00%
企业经营性质	B-C 零售型	50	13.10%
	B-B 贸易型	153	40.20%
	生产制造型	128	33.60%
	各类形态兼有	50	13.10%

（二）长三角包装制品企业绿色发展状况

长三角包装制品企业涉及的业务按业务量大小进行排序的调查结果如图 1-1 所示。参与本次调研的长三角包装制品企业中，有 36% 的企业涉及业务量最大的行业是塑料包装，而 26% 的企业涉及业务量最大的行业是金属包装。仅有 2% 的企业以玻璃包装作为其业务量最大的行业；从第二顺位来看，27% 的企业以木包装作为其第二业务量的行业，而 24% 的企业将塑料包装作为其第二业务量的行业；从第三顺位来看，29% 的企业以玻璃包装作为其第三业务量的行业，有

21%的企业则是以木包装作为其第三业务量的行业。综合而言，当前长三角包装制品企业涉及的行业中以塑料包装、金属包装、木包装和玻璃包装这几种为主，这几种行业的业务量在企业中占据着主要位置。

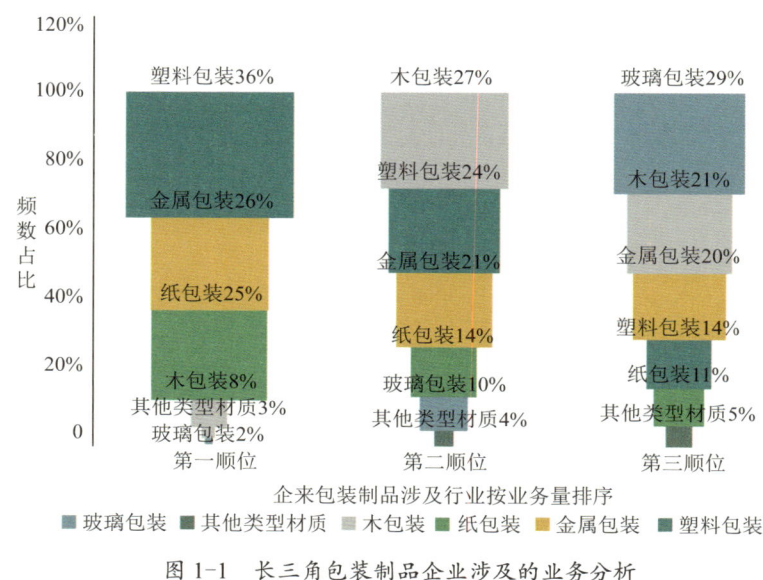

图 1-1　长三角包装制品企业涉及的业务分析

长三角包装制品企业的下游产品领域调查结果如图 1-2 所示。从调查结果来看，食品和饮料是占比最高的产品，占比均为 15%；其次是酒、家用日化用品和医药、保健品，占比都为 13%；接下来，占比排在第三的产品为美妆、化妆品和电子、电器类产品，比例为 10%；长三角包装制品企业涉及较少的是纺织、服装类产品和工业设备、工业用品，占比分别为 6%、4%。

进一步依据企业不同的经营性质对长三角包装制品企业中涉及下游产品占比排在前五的食品、饮料、酒、家用日化用品和医药、保健品进行频率占比分析，汇总表如表 1-2 所示。从表 1-2 中可以看出，各类产品在 B-B 贸易型企业中占比最高。其中，制造食品类产品的 B-B 贸易型企业占比 38%，制造饮料类产品的 B-B 贸易型企业占比 42%，制造酒类产品的 B-B 贸易型企业占比 40%，制造家用日化用品的 B-B 贸易型企业占比 36%，制造医药、保健品的 B-B 贸易型企业占比为41%。各类产品占比排二的是生产制造型企业，其次是B-C零售型企业，而混合型企业所涉及的各类下游产品所占比例均相对较低。

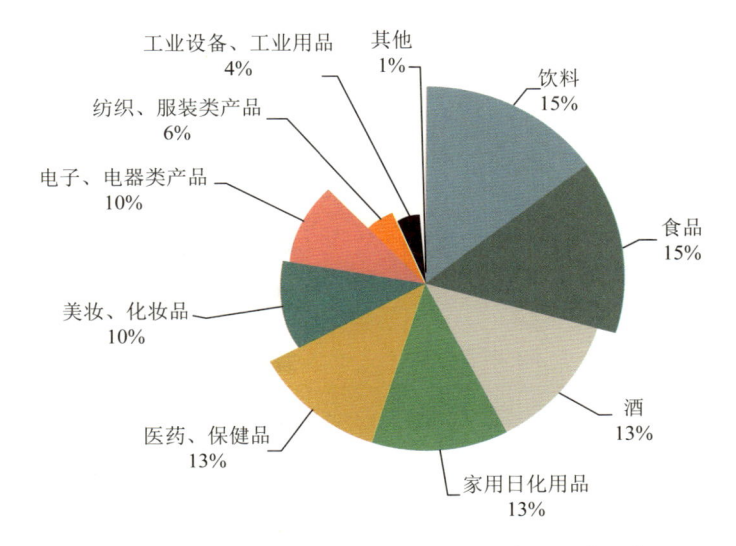

图1-2 长三角包装制品企业的下游产品领域调查

表1-2 长三角包装制品企业下游产品（占比前五）与经营性质分组表

下游产品	企业经营性质	频率占比
食品	B-B贸易型	38%
	生产制造型	26%
	B-C零售型	19%
	各类形态兼有	17%
饮料	B-B贸易型	42%
	生产制造型	30%
	B-C零售型	15%
	各类形态兼有	13%

续表

下游产品	企业经营性质	频率占比
酒	B-B 贸易型	40%
酒	生产制造型	30%
酒	B-C 零售型	16%
酒	各类形态兼有	14%
家用日化用品	B-B 贸易型	36%
家用日化用品	生产制造型	32%
家用日化用品	B-C 零售型	20%
家用日化用品	各类形态兼有	12%
医药、保健品	B-B 贸易型	41%
医药、保健品	生产制造型	30%
医药、保健品	B-C 零售型	21%
医药、保健品	各类形态兼有	8%

绿色包装相关产品在企业整个产品体系中的销售占比调查如图 1-3 所示。从图中可以看出，绿色包装相关产品销售占比在 10%～30% 区间和 30%～50% 区间的企业最多，比例均为 36.22%；其次，12.60% 的企业销售的绿色包装相关产品占企业销售的 10% 以下；9.45% 的企业销售的绿色包装相关产品占企业销售在 50%～80%。绿色包装相关产品在企业整个产品体系中的销售占比达到 80% 以上的企业仅占 6.51%。

长三角包装制品企业绿色生产现状调查如图 1-4 所示。在是否成立了绿色生产责任小组调查来看，80% 的企业已经成立了绿色生产责任小组，仅有 12% 的企业表示没有成立，还有 8% 的企业正在考虑成立绿色生产责任小组。81% 的企业设定了绿色化生产时限，10% 的企业正在考虑设定绿色化生产时限，仅有 9% 的企业表示还没有设定绿色化生产时限。调查表明，83% 的企业表示已经实施了绿色化包装生产，有 81% 的企业参与了国家补助的绿色减排、绿色包装生产等相关政府补助。

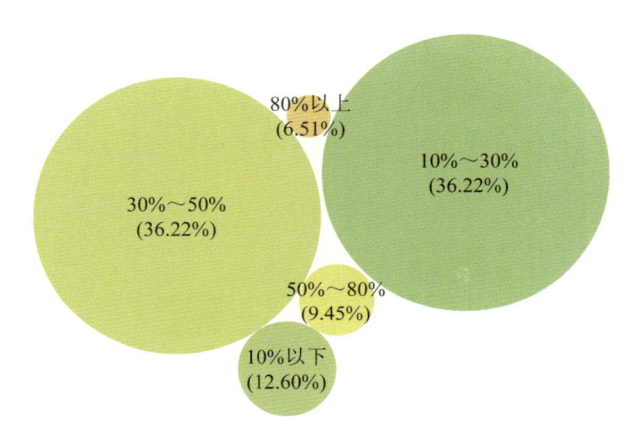

图 1-3　绿色包装相关产品在企业整个产品体系中的销售占比调查

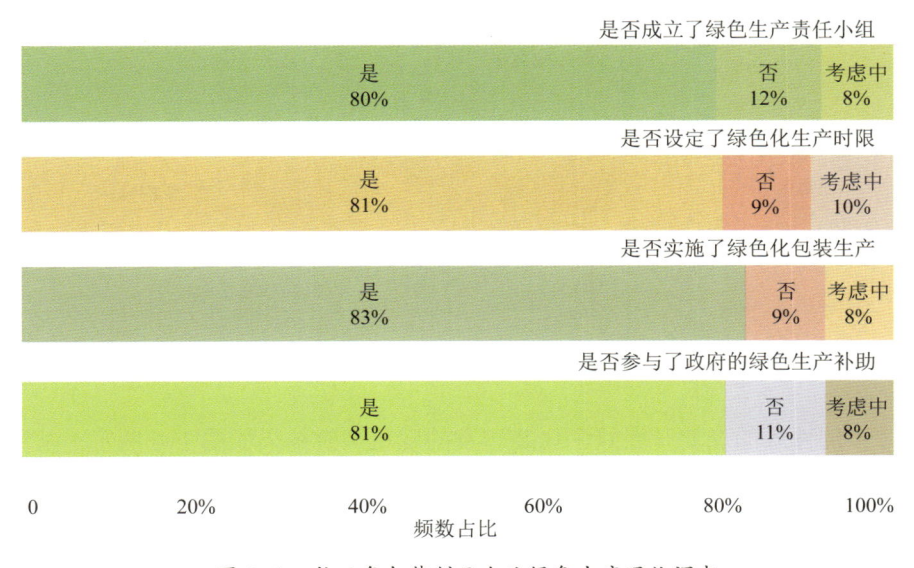

图 1-4　长三角包装制品企业绿色生产现状调查

（三）长三角包装制品企业对绿色发展的认知态度

实施绿色包装相关战略对企业生产成本上升的促进影响调查如图 1-5 所示。从图 1-5 可以看出，69.82% 的企业认为实施绿色包装相关战略能对企业生产成本上升带来显著的影响。其中，以民营企业和国有企业居多，占比分别为 25.46%、22.83%。认为实施绿色包装相关战略仅会对企业生产成本上升带来略微影响的占 25.98%。仅有 4.20% 的企业认为实施绿色包装相关战略不会给企业生产成本上升带来显著的影响。

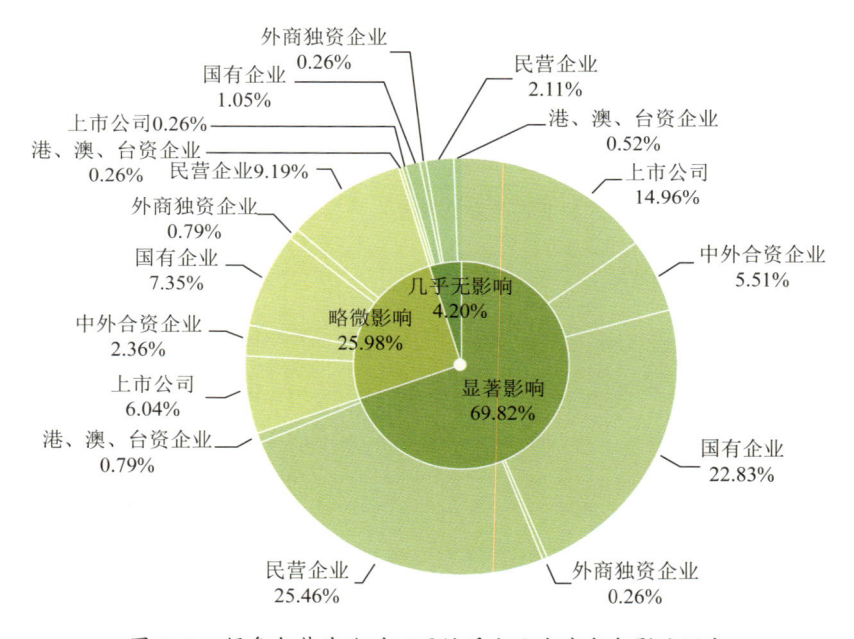

图 1-5　绿色包装战略对不同性质企业生产成本影响调查

对不同性质的企业开展绿色包装研发的现状调查结果如图 1-6 所示。从图中可以看出，民营企业中有 22.31% 的企业已经涉及绿色包装的自主研发工作，这类企业占比最高，还有 8.66% 的民营企业涉及了绿色包装的合作研发工作。其次是占比为 16.80% 的国有企业和占比为 13.12% 的上市公司。这两类企业参与绿色包装的合作研发工作的占比也相对较高。

第一章 行业产业报告

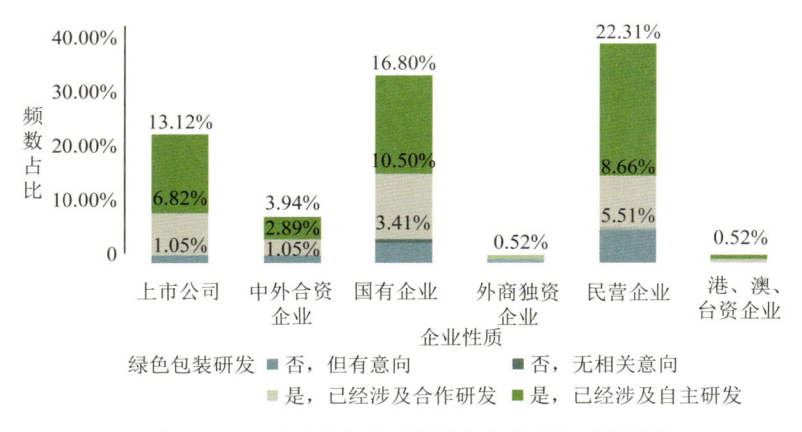

图 1-6 不同性质企业开展绿色包装研发现状调查

企业在五年内投资绿色包装生产线的意向调查如图 1-7 所示。依据不同的企业经营性质分类的结果，B-B 贸易型的企业在五年内投资绿色包装生产线的意向最高，占比为 35.70%；其次是生产制造型企业，占比为 27.56%。按企业性质分类结果来看，有意向在五年内投资绿色包装生产线的企业占主体，其中民营企业占比为 30.71%；国有企业占比为 26.51%。

五年内是否有国内外投资绿色包装生产线意向			
B-B贸易型	是	35.70%
	否	3.94%
	不清楚	0.52%
B-C零售型	是	12.07%
	否	0.79%
	不清楚	0.26%
各类形态兼有	是	10.24%
	否	1.84%
	不清楚	1.05%
生产制造型	是	27.56%
	否	3.67%
	不清楚	2.36%

上市公司	是	19.42%
	否	0.52%
	不清楚	1.31%
中外合资企业	是	6.82%
	否	1.05%
国有企业	是	26.51%
	否	4.20%
	不清楚	0.52%
外商独资企业	是	1.05%
	不清楚	0.26%
民营企业	是	30.71%
	否	4.20%
	不清楚	1.84%
港、澳、台资企业	是	1.05%
	否	0.26%
	不清楚	0.26%

图 1-7 企业在五年内投资绿色包装生产线的意向调查

企业在绿色生产、绿色包装制造方面人才稀缺情况调查如图 1-8 所示。绝大多数企业认为企业在绿色化生产这方面的人才存在稀缺情况，占比达到 82.68%。仅有 13.91% 的企业认为企业人才能满足绿色化生产的需求。

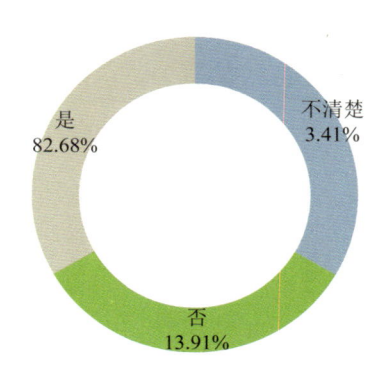

图 1-8　企业在绿色生产、绿色包装制造方面人才稀缺情况调查

企业与相关高校、研究机构共同制定相关的技术标准、开展研发绿色包装相关活动调查如图 1-9 所示。77.43% 的企业已经与相关高校、研究机构合作共同制定绿色包装技术标准。16.01% 的企业还没有开始与高校、研究机构就共同制定绿色包装技术标准事宜开展合作。还有 6.56% 的企业表示有这方面的初步意向。

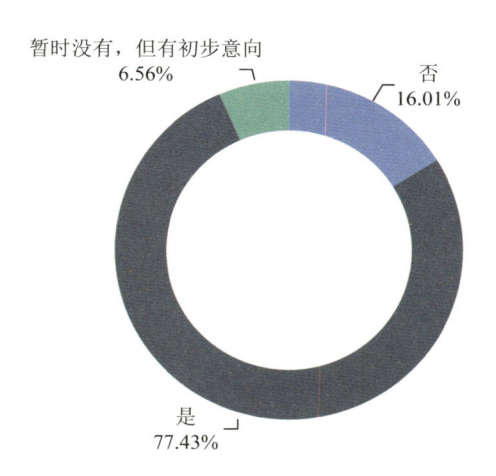

图 1-9　企业与高校、研究机构共同开展绿色包装研发的调查

企业参与环境、社会责任和公司治理（Environment、Social、Governance，ESG）报告撰写和发布的调查如图1-10所示。从图中可以看出，仅有5.20%的企业已经参与或主导ESG报告的撰写和发布，22.30%的企业表示目前有意向参与ESG报告的撰写和发布。但仍有大部分企业对参与ESG报告撰写和发布没有明确的意向，这部分企业占比达到了72.50%。

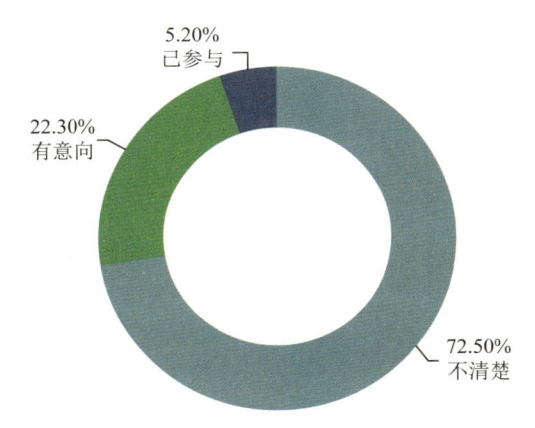

图1-10 企业参与ESG报告撰写和发布的调查

企业开展绿色化包装意向调查结果如图1-11所示。在是否有意向对产品进行全生命周期评价（LCA）调查来看，大多数企业（占比79.79%）表示愿意通过对产品进行全生命周期评价（LCA）来帮助企业实现绿色化改进。还有10.24%的企业还没有这方面的意愿。9.97%的企业正在考虑对产品进行全生命周期评价。在对绿色包装是不是未来包装行业发展必然趋势的认知调查上，88.45%的企业认为绿色包装将会是包装行业发展的必然趋势，仅有8.92%的企业持否定态度。

企业开展绿色化转型需要重点关注的产业领域调查如图1-12所示。从图中可以看出，26.20%的企业认为开展绿色化转型需要重点关注原材料采购领域。有23.20%的企业认为开展绿色化转型需要重点关注制成品物流领域。22.70%的企业表示开展绿色化转型需要重点关注产品的生产工艺领域。19.10%的企业认为开展绿色化转型需要重点关注生产设备领域。还有8.80%的企业认为材料回收模式及逆向物流领域是当前企业开展绿色化转型需要重点关注的产业领域。

对产品进行全生命周期评价（LCA）的意向调查

是 79.79% | 否 10.24% | 不确定 9.97%

绿色包装是未来包装行业发展的必然趋势认知调查

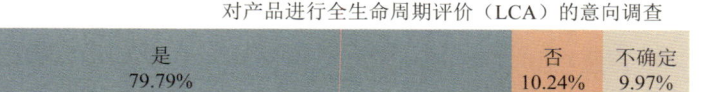

是 88.45% | 否 8.92% | 不确定 2.63%

图 1-11　企业开展绿色化包装意向调查

- 原材料采购领域 26.20%
- 制成品物流领域 23.20%
- 产品的生产工艺领域 22.70%
- 生产设备领域 19.10%
- 材料回收模式及逆向物流领域 8.80%

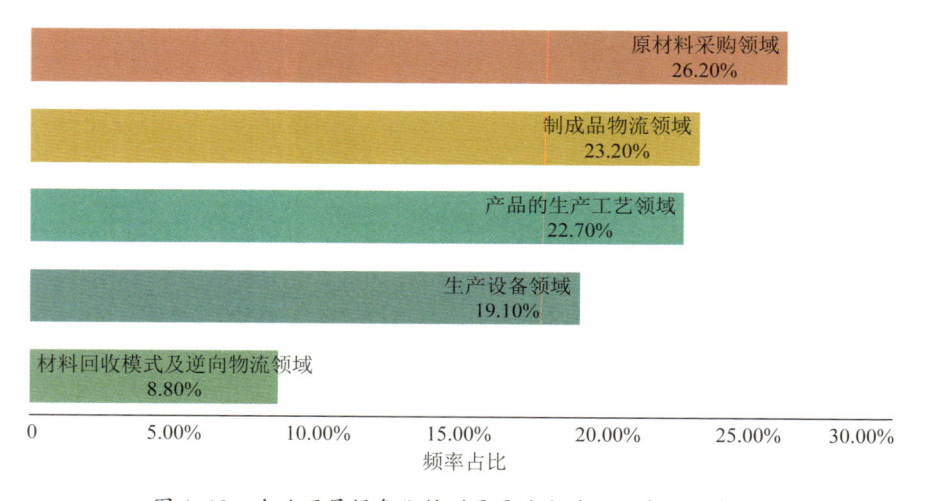

图 1-12　企业开展绿色化转型需要重点关注的产业领域调查

企业开展绿色化包装最重要的任务调查如图 1-13 所示。根据调查，30.20% 的企业认为包装制品的可循环是开展绿色化包装最重要的任务。30.10% 的企业认为开展绿色化包装最重要的任务是包装废弃物的可回收。25.50% 的企业认为包装的可再利用是开展绿色化包装最重要的任务。14.20% 的企业认为包装材料的可降解是企业开展绿色化包装最重要的任务。

企业实施绿色包装改革的难点调查如图 1-14 所示。从图中可以看出，28.88% 的企业认为实施绿色包装改革的难点在于生产工艺改进对于企业运营成本增加影响太大。有 21.41% 的企业认为绿色包装成本远高于现有包装，消费端无法接受。19.11% 的企业表示企业现有条件无法实施绿色生产。17.70% 的企业认为企业的基础材料短期内无法开展绿色化包装改革。12.90% 的企业认为市场缺乏全生命周期量化评价绿色包装的理念是当前实施绿色包装改革的难点。

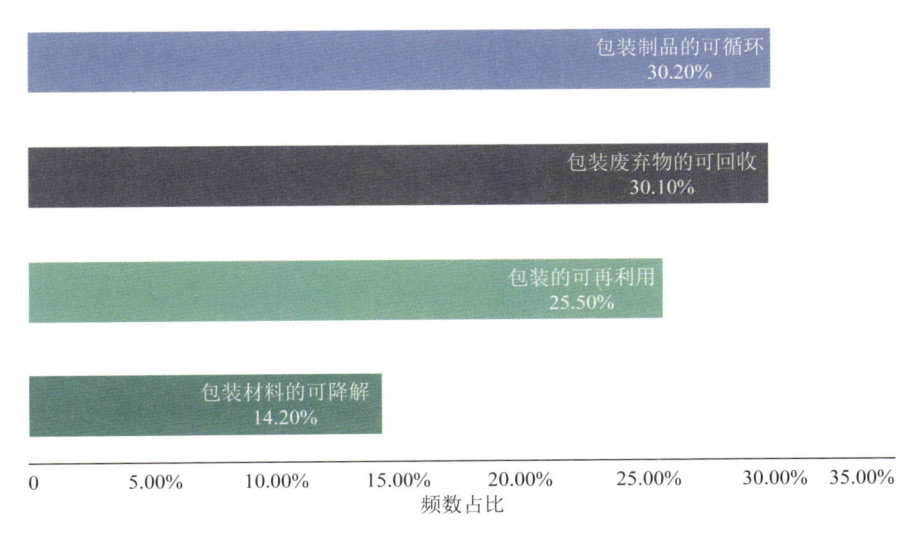

图 1-13 企业开展绿色化包装最重要的任务调查

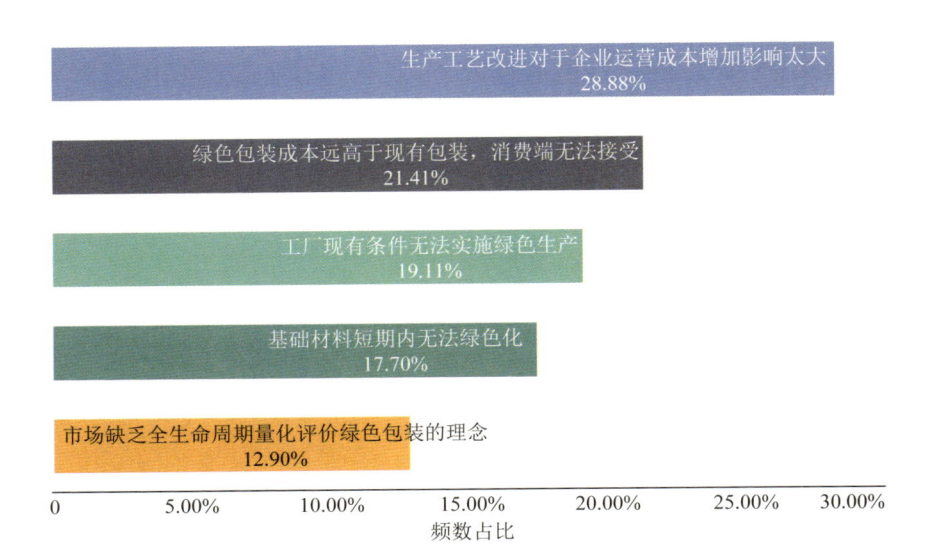

图 1-14 企业实施绿色包装改革的难点调查

二、结论

随着"碳达峰、碳中和"战略的提出，绿色包装受到各界人士的广泛关注和倡导，产品包装的可回收性设计成为包装印刷企业实现差异化竞争和可持续发展的绝佳机会。当前长三角包装制品企业涉及的行业中，塑料包装的业务量仍在企业中占据主要位置。对于包装制品企业而言，提高塑料产品回收率和回收利用质量，使塑料回收成为真正完整的闭环，在实现从塑料生产到回收利用、再制造的完整生命周期上仍有很大的进步空间。

在绿色发展战略的指引下，许多长三角包装制品企业纷纷应对，通过成立绿色生产责任小组、设定绿色化生产时限、实施绿色化包装生产等方式来推动快递包装循环利用、助力绿色发展。同时，也有一部分包装制作企业表示还未实施绿色化包装计划，这也反映出仍需加强企业对绿色低碳发展理念的响应，对绿色发展战略的践行，持续推动产业的绿色转型。

在践行绿色发展战略的同时，大部分包装生产企业认为实施绿色包装会给企业生产成本上升带来显著的影响。推动快递包装绿色转型，需要全产业链发力，从各个环节降本增效，同时加强科技创新，从源头上降低成本。许多企业表示当前绿色环保技术技能人才存量远不能满足企业需求，这反映出当前人才教育和培养发生缺位现象。对包装专业相关高等学校而言，提前做好绿色环保技术技能人才规划，是应对绿色转型、实现包装可持续发展建设的关键。

上海包装产业年度运行报告

上海市包装技术协会

在世纪疫情冲击下，百年变局加速演进，外部环境更趋复杂严峻和不确定，我国经济发展面临需求收缩、供给冲击、预期转弱三重压力，实现经济稳定增长面临更多困难和挑战。2021年度，上海包装行业以满足人民美好生活需要为宗旨，通过国内外双循环相促进，深入推进供给侧结构性改革，按照上海经济发展的布局，五个中心和"上海制造、上海服务、上海购物、上海文化"四大品牌建设的要求，积极应对复杂多变的国内外环境和各种风险挑战，坚持稳中求进的工作基调，行业经济逐步企稳，生产、效益保持增长态势。2021年，上海包装工业总产值约1260亿元。包装工业总体发展还较为平稳，服务于上海经济与社会发展的能力持续增强，产业规模水平迈上了新台阶。

上海包装工业总体上质量较高、增速平稳、结构较优，与相邻的江苏、浙江、安徽等省形成了优势互补、资源整合、区域联动的长三角一体化发展态势。既有以紫江企业、宝钢包装等上市公司为代表的一批国内包装龙头企业，也有以上海烟印、美迪科包装、烟草机械、鼎龙机械、龙利得股份、金山纸业、天臣科技、艾录股份等为代表的国内包装细分领域的领先企业，更有一大批富有创新活力的"专精特新"中小企业。纸容器包装、塑料包装、包装印刷作为上海包装行业的三大支柱，总量占全行业的70%左右。大中型包装企业所占比重逐步上升，一批优势企业、上市公司和企业集团脱颖而出，持续引领行业向前发展。

一、 全国包装产业经济运行情况

2021 年，根据中国包装联合会数据统计，如表 1-3 所示，全国包装行业规模以上的企业 8831 家，比 2020 年增加 648 家。2021 年，全国包装行业规模以上的企业累计完成营业收入 12041.81 亿元，同比增长 16.39%。其中：纸和纸板容器制造累计完成主营业务收入 3192.03 亿元，占比 26.51%，同比增长 13.56%；塑料薄膜制造累计完成主营业务收入 3514.68 亿元，占比 29.19%，同比增长 18.43%；塑料包装箱及容器制造累计完成主营业务收入 1858.34 亿元，占比 15.43%，同比增长 11.51%；金属包装容器及材料制造累计完成主营业务收入 1384.22 亿元，占比 11.50%，同比增长 25.61%；包装加工专用设备制造累计完成主营业务收入 950.28 亿元，占比 7.89%，同比增长 15.24%；玻璃包装容器制造累计完成主营业务收入 710.53 亿元，占比 5.90%，同比增长 22.38%；软木制品及其他木制品制造累计完成主营业务收入 431.73 亿元，占比 3.59%，同比增长 9.70%，图 1-15 为 2021 年全国包装行业主营业务收入分行业情况。

表 1-3 2021 年全国包装行业主营业务收入分行业情况   单位：亿元

行业	主营业务收入	占比 /%	比 2020 年增长 /%
全国包装行业	12041.81	100.00	16.39
纸和纸板容器	3192.03	26.51	13.56
塑料薄膜	3514.68	29.19	18.43
塑料包装箱及容器	1858.34	15.43	11.51
金属包装容器及材料	1384.22	11.50	25.61
包装加工专用设备	950.28	7.89	15.24
玻璃包装容器	710.53	5.90	22.38
软木制品及其他木制品	431.73	3.59	9.70

2021 年，如表 1-4 所示，全国包装行业规模以上的企业累计完成利润总额 710.56 亿元，同比增长 13.52%。其中：纸和纸板容器制造累计完成利润总额 132.29 亿元，占比 18.62%，同比增长 -5.33%；塑料薄膜制造累计完成利润总额 249.47 亿元，占比 35.11%，同比增长 29.77%；塑料包装箱及容器制造累计完成

利润总额 112.45 亿元，占比 15.83%，同比增长 9.01%；金属包装容器及材料制造累计完成利润总额 56.73 亿元，占比 7.98%，同比增长 2.66%；包装加工专用设备制造累计完成利润总额 94.76 亿元，占比 13.34%，同比增长 14.83%；玻璃包装容器制造累计完成利润总额 45.12 亿元，占比 6.35%，同比增长 37.64%；软木制品及其他木制品制造累计完成利润总额 19.74 亿元，占比 2.78%，同比增长 -2.33%，图 1-16 为 2021 年全国包装行业利润总额分行业情况。

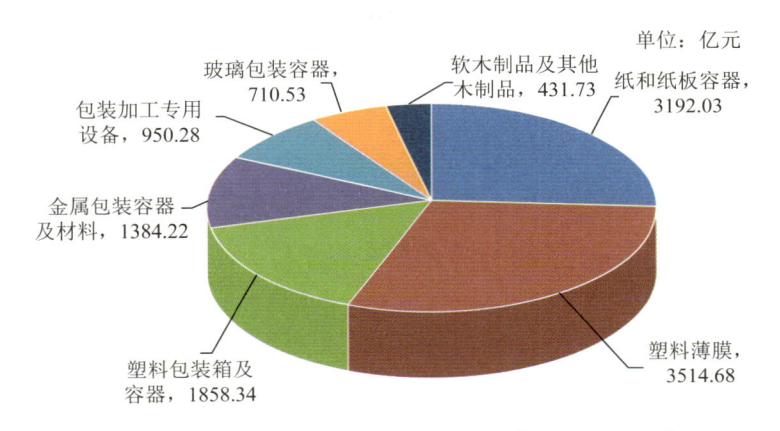

图 1-15　2021 年全国包装行业主营业务收入分行业情况

表 1-4　2021 年全国包装行业利润总额分行业情况　　单位：亿元

行业	利润总额	占比 /%	比 2020 年增长 /%
全国包装行业	710.56	100.00	13.52
纸和纸板容器	132.29	18.62	-5.33
塑料薄膜	249.47	35.11	29.77
塑料包装箱及容器	112.45	15.83	9.01
金属包装容器及材料	56.73	7.98	2.66
包装加工专用设备	94.76	13.34	14.83
玻璃包装容器	45.12	6.35	37.64
软木制品及其他木制品	19.74	2.78	-2.33

单位：亿元

软木制品及其他木制品，19.74
玻璃包装容器，45.12
包装加工专用设备，94.76
金属包装容器及材料，56.73
塑料包装箱及容器，112.45
塑料薄膜，249.47
纸和纸板容器，132.29

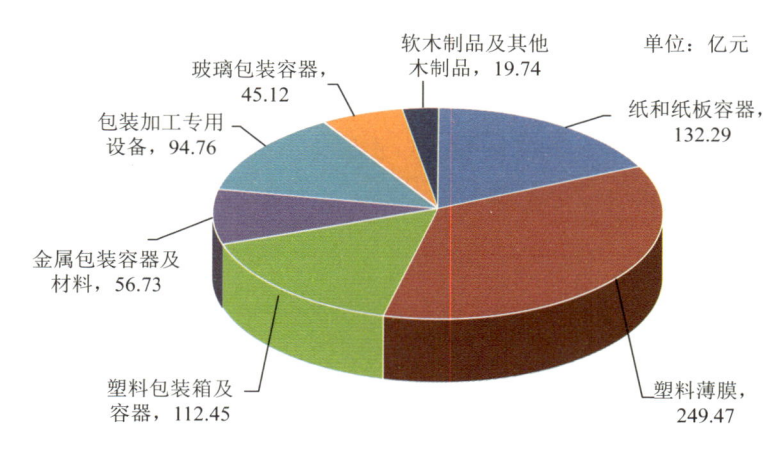

图 1-16　2021 年全国包装行业利润总额分比图

二、 上海包装产业经济运行基本情况

上海包装产业经济运行基本情况见表 1-5 ～表 1-9 和图 1-17 和图 1-18。

表 1-5　包装和主要服务的相关行业
2019 ～ 2021 年年度销售收入情况比较　　　　　　　　单位：亿元

	销售产值（2021年）	销售产值（2020年）	2021年与2020年同比/%	销售产值（2019年）	2021年与2019年同比/%	二年同比年平均/%
总计	38228.27	34239.99	11.60	33922.02	12.69	6.35
轻工	5839.39	5163.43	13.10	5293.04	10.32	5.16
医药	1056.21	966.82	9.20	922.78	14.46	5.72
烟草	1022.86	1002.22	2.10	969.10	5.55	2.77
纺织	442.74	470.49	-5.90	502.35	-11.87	-5.93
相关行业小计	8361.20	7602.96	9.97	7687.27	8.77	4.39

表 1-6　轻工与包装的相关行业
2019～2021年年度销售收入情况比较　　　　单位：亿元

	销售产值（2021年）	销售产值（2020年）	2021年与2020年同比/%	销售产值（2019年）	2021年与2019年同比/%	二年同比年平均/%
轻工	5839.39	5163.43	13.10	5293.04	10.32	5.16
13. 农副食品加工业	365.65	337.18	8.40	318.66	14.75	7.37
141. 焙烤食品制造	226.04	209.39	7.90	208.38	8.47	4.24
142. 糖果、巧克力及蜜饯制造	72.89	64.59	12.80	71.90	1.38	0.69
143. 方便食品制造	74.50	70.91	5.10	64.44	15.60	7.80
144. 乳制品制造	91.33	82.27	11.00	72.52	25.95	12.97
145. 罐头食品制造	7.98	7.46	6.90	6.49	22.93	11.46
146. 调味品、发酵制品制造	106.73	85.77	24.40	87.02	22.65	11.32
149. 其他食品制造	224.56	193.26	16.20	204.28	9.93	4.96
151. 酒的制造	16.84	16.28	3.40	20.51	-17.89	-8.95
152. 饮料制造	97.69	91.90	6.30	79.07	23.55	11.77
20. 木材加工及木、竹、藤、棕、草制品业	43.77	40.04	9.30	43.24	1.23	0.61
22. 造纸及纸制品业	264.94	235.58	12.50	247.47	7.06	3.53
23. 印刷和记录媒介复制业	205.75	196.94	4.50	206.19	-0.22	-0.11
268. 日用化学产品制造业	380.49	347.18	9.60	361.55	5.24	2.62
292. 塑料制品业	815.71	719.14	13.40	726.83	12.23	6.11
3055. 玻璃包装容器制造	0.37	0.31	19.40	0.39	-5.92	-2.96
338. 金属制日用品制造	49.95	41.94	19.10	49.89	0.13	0.06
3531. 食品、酒、饮料及茶生产专用设备制造	38.15	34.27	11.30	38.44	-0.76	-0.38

续表

	销售产值（2021年）	销售产值（2020年）	2021年与2020年同比/%	销售产值（2019年）	2021年与2019年同比/%	二年同比年平均/%
3532.农副食品加工专用设备制造	6.18	6.18	0.10	6.14	0.68	0.34
3534.饲料生产专用设备制造	2.90	2.55	14.00	2.01	44.57	22.29
354.印刷、制药、日化及日用品生产专用设备制造	179.11	129.81	38.00	134.01	33.66	16.83
相关行业小计	3271.53	2912.95	12.30	2949.43	10.92	5.46

表1-7 包装相关行业2019～2021年年度销售收入情况比较　　单位：亿元

	销售产值（2021年）	销售产值（2020年）	2021年与2020年同比/%	销售产值（2019年）	2021年与2019年同比/%	二年同比年平均/%
20.木材加工及木、竹、藤、棕、草制品业	43.77	40.04	9.30	43.24	1.23	0.61
22.造纸及纸制品业	264.94	235.58	12.50	247.47	7.06	3.53
23.印刷和记录媒介复制业	205.75	196.94	4.50	206.19	-0.22	-0.11
292.塑料制品业	815.71	719.14	13.40	726.83	12.23	6.11
3055.玻璃包装容器制造	0.37	0.31	19.40	0.39	-5.92	-2.96
338.金属制日用品制造	49.95	41.94	19.10	49.89	0.13	0.06
3531.食品、酒、饮料及茶生产专用设备制造	38.15	34.27	11.30	38.44	-0.76	-0.38
3532.农副食品加工专用设备制造	6.18	6.18	0.10	6.14	0.68	0.34
3534.饲料生产专用设备制造	2.90	2.55	14.00	2.01	44.57	22.29
354.印刷、制药、日化及日用品生产专用设备制造	179.11	129.81	38.00	134.01	33.66	16.83
小计	1606.83	1406.77	13.30	1454.61	9.42	4.71

表 1-8 包装相关行业 2019～2021 年年度销售、利润情况比较

单位：亿元

时间		销售产值（2021年）	销售产值 2020 同比/%	销售产值（2019年）	2021年与2019年同比/%	单位数/家	亏损单位数/家	利润总额（2021年）	利润总额（2020年）	同比/%	利润总额（2019年）	2021年与2019年同比/%
20. 木材加工及木、竹、藤、棕、草制品业	一季度	8.50	5.56	53.06	8.86	-3.98	41	14	0.14	-0.34	82.78	0.37	-62.94
	上半年	19.94	15.58	27.95	19.28	3.42	41	10	0.87	0.48	22.93	0.78	11.88
	前三季度	27.22	13.15	30.82	10.31	5.15	40	7	1.64	1.33	-3.90	1.38	18.71
	全年	43.77	40.04	9.30	43.24	1.23	40	7	2.82	2.93	32.88	3.33	-15.43
22. 造纸及纸制品业	一季度	61.60	48.18	27.85	61.86	-0.42	182	70	5.84	4.40	17.70	4.59	27.37
	上半年	127.86	108.78	17.54	122.41	4.45	182	58	10.60	9.01	3.41	7.50	41.30
	前三季度	189.73	167.48	13.28	182.85	12.75	181	54	17.57	16.99	0.00	11.73	49.83
	全年	264.94	235.58	12.50	247.47	7.06	181	43	21.60	21.60	1308.73	18.01	19.97
23. 印刷和记录媒介复制业	一季度	43.43	35.04	23.92	46.47	-6.54	184	81	1.04	0.07	-30.28	4.12	-74.77
	上半年	92.44	84.23	9.74	95.00	-2.70	184	75	2.77	3.97	-28.69	6.56	-57.83
	前三季度	147.78	138.24	6.90	149.24	13.83	188	71	5.80	8.14	-37.00	10.27	-43.53
	全年	205.75	196.94	4.50	206.19	-0.22	188	53	7.03	11.15		18.76	-62.53

续表

	时间	销售产值(2021年)	销售产值(2020年)同比/%	销售产值(2019年)	2021年与2019年同比/%	单位数/家	亏损单位数/家	利润总额(2021年)	利润总额(2020年)	同比/%	利润总额(2019年)	2021年与2019年同比/%
292.塑料制品业	一季度	184.83	134.22	37.71	169.73	8.90	533	158	17.87	8.25	116.56	10.65	67.91
	上半年	387.23	317.60	21.92	343.71	12.66	532	123	36.84	40.25	-8.47	18.83	95.65
	前三季度	593.64	505.67	17.40	530.79	20.48	532	120	56.31	63.02	-10.65	32.42	73.66
	全年	815.71	719.14	13.40	726.83	12.23	533	99	78.36	87.04	-10.00	56.58	38.51
3055.玻璃包装容器制造	一季度	0.02	0.11	-80.20	0.09	-77.94	1	0	0.01	0.01	-32.28	0.00	315.57
	上半年	0.15	0.18	-17.28	0.17	-7.76	1	0	0.02	0.01	40.13	0.00	924.59
	前三季度	0.25	0.26	-3.75	0.28	-3.75	1	0	0.02	0.01	86.79	0.02	-7.20
	全年	0.37	0.31	19.40	0.39	-5.92	1	1	-0.02	-0.03		0.03	
338.金属制日用品制造	一季度	10.85	8.24	31.75	10.86	-0.05	53	19	0.45	0.12	280.39	0.40	12.11
	上半年	24.25	19.45	24.70	22.70	6.84	53	15	1.14	1.68	-32.54	0.82	38.62
	前三季度	36.01	29.75	21.04	36.42	-1.12	51	14	1.64	2.28	-28.00	2.21	-25.56
	全年	49.95	41.94	19.10	49.89	0.13	51	10	2.49	3.05	-18.50	4.02	-38.12

续表

时间		销售产值（2021年）	销售产值（2020年）同比/%	销售产值（2019年）	2021年与2019年同比/%	单位数/家	亏损单位数/家	利润总额（2021年）	利润总额（2020年）	同比/%	利润总额（2019年）	2021年与2019年同比/%
3531. 食品、酒、饮料及茶生产专用设备制造	一季度	7.03	4.49	56.60	9.00	-21.85	21	8	0.55	0.15	273.89	0.69	-20.50
	上半年	19.09	14.11	35.36	17.86	6.88	21	7	2.40	1.42	69.31	1.23	95.49
	前三季度	26.73	23.97	11.50	26.21	11.75	21	6	3.79	2.61	45.55	2.09	81.88
	全年	38.15	34.27	11.30	38.44	-0.76	22	4	5.57	2.66	109.40	3.85	44.53
354. 印刷、制药、日化及日用品生产专用设备制造	一季度	30.86	22.26	38.59	29.22	5.61	78	26	2.98	1.08	176.21	0.95	212.90
	上半年	74.87	55.37	35.23	62.59	19.62	78	23	8.40	4.78	75.68	1.41	495.29
	前三季度	121.50	85.45	42.19	93.05	44.74	22	76	16.00	14.97	7.38	102.76	-84.43
	全年	179.11	129.81	38.00	134.01	33.66	17	76	11.00	20.65	12.13	70.30	-84.35
包装相关行业小计	一季度	347.12	258.10	34.49	336.08	3.28	1093	376	28.88	13.74		21.77	32.64
	上半年	745.83	615.30	21.21	683.73	9.08	1092	311	63.03	61.60	2.32	37.13	69.76
	前三季度	1146.43	978.04	17.22	1049.66	9.22	1090	288	101.74	101.76	-0.01	63.94	59.11
	全年	1597.75	1398.04	13.30	1446.46	9.42	1092	221	138.50	140.53	-1.44	112.44	23.18

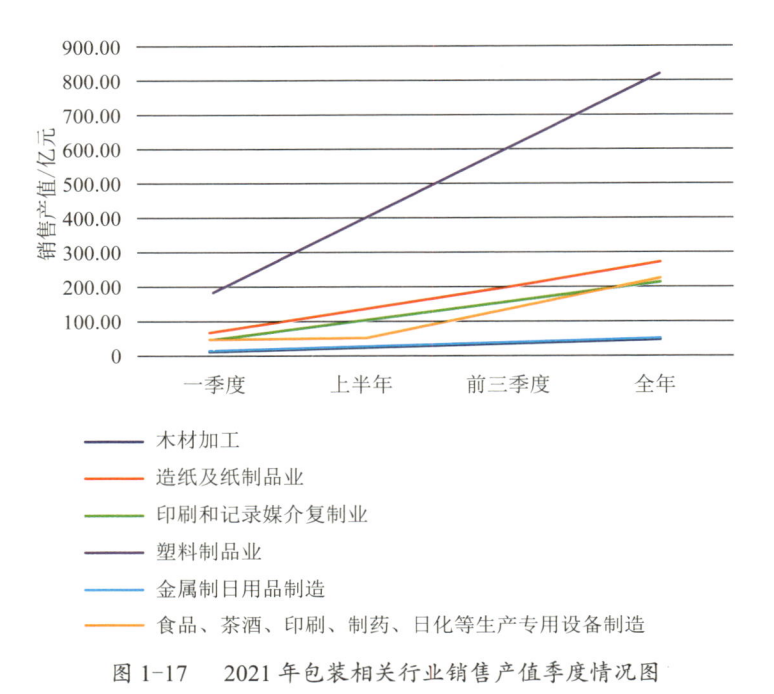

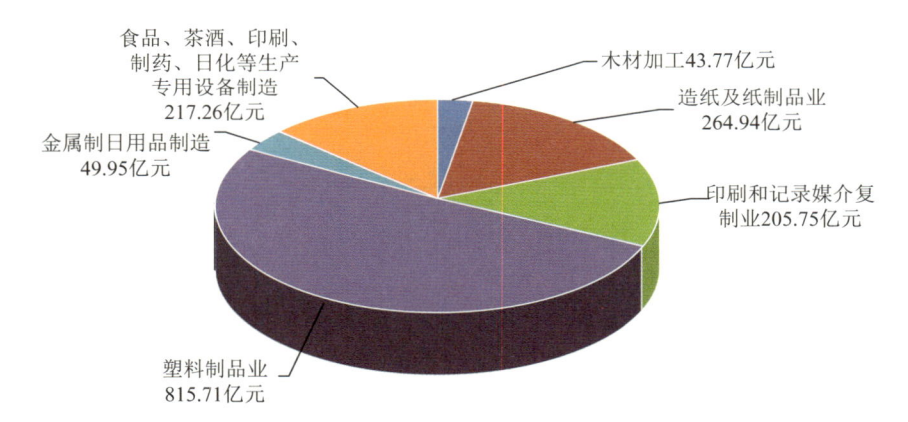

图 1-17　2021 年包装相关行业销售产值季度情况图

图 1-18　2021 年度包装相关行业销售产值图

表 1-9　包装相关行业 2021 年年度税金总额情况　　　单位：亿元

	税金总额	去年税金总额	同比 /%
20. 木材加工及木、竹、藤、棕、草制品业	1.81	1.51	19.8
22. 造纸及纸制品业	7.29	7.28	0.2
23. 印刷和记录媒介复制业	6.61	6.13	7.8
292. 塑料制品业	17.56	18.74	−6.3
3055. 玻璃包装容器制造	0.03	0.04	−21.0
338. 金属制日用品制造	0.69	0.83	−17.1
3531. 食品、酒、饮料及茶生产专用设备制造	1.34	1.07	25.6
354. 印刷、制药、日化及日用品生产专用设备制造	4.85	2.52	92.7
包装相关行业小计	40.18	38.11	5.43

1. 包装主要服务的相关行业年度销售产值为 8361.20 亿元，比 2020 年同期增加 9.97%，比 2019 年同期增长 8.77%，两年年平均增幅 4.39%。

2. 轻工全行业年度销售收入为 5839.39 亿元，比 2020 年同期增长 13.10%，比 2019 年同期增长 10.32%，两年年平均增幅 5.16%。

3. 轻工业中与包装相关行业年度销售产值为 3271.53 亿元，比 2020 年同期增长 12.30%，比 2019 年同期增长 10.92%，两年年平均增幅 5.46%。

4. 与包装相关的分行业数据

轻工业中与包装相关的各行业中，如造纸及纸制品业、印刷、金属制日用品、木材加工等行业大都是包装行业，塑料制品业、食品、茶酒、印刷、制药、日化等生产专用设备制造行业也有半数以上是包装行业。所以表 1-5 至表 1-9 和图 1-17、图 1-18 的数据基本可以反映上海包装行业 2021 年度的经济运行情况。

（1）造纸及纸制品业年度销售产值为 264.94 亿元，比 2020 年同期增长 12.50%，比 2019 年同期增长 7.06%，两年年平均增幅 3.53%；

（2）印刷和记录媒介复制业年度销售产值为 205.75 亿元，比 2020 年同期增长 4.50%，比 2019 年同期减少 0.22%，两年年平均减少 0.11%；

（3）塑料制品业年度销售产值为 815.71 亿元，比 2020 年同期增长 13.40%，比 2019 年同期增长 12.23%，两年年平均增幅 6.11%。

（4）金属制日用品业制造年度销售产值为 49.95 亿元，比 2020 年同期增长 19.10%，比 2019 年同期增长 0.13%，两年年平均增幅 0.06%。

（5）印刷、制药、日化及日用品生产专用设备制造年度销售产值为 179.11 亿元，比 2020 年同期增长 38.00%，比 2019 年同期增长 33.66%，两年年平均增幅 16.83%。

5. 包装行业不仅是为轻工业配套服务，还为其他工农业行业服务。由于 2020 年一季度受疫情影响严重，但随着上海工业 2020 年二季度的复苏，轻工业各行业下半季度销售产值的快速反弹，随着上海快速消费品的迅速复苏，市民消费刚需的不断增长，根据上海市经信委提供的数据，2021 年度包装全行业产值与 2020 年同期相比增长 13% 以上，与 2019 年同期相比增长 9.42% 左右，2020 与 2021 年年平均增长率约 5%。2021 年与包装相关的行业规模以上企业 1092 家，其中 871 家盈利，占总数的 79.76%，221 家亏损，占总数的 20.24%。利润总额 138.50 亿元，与 2020 年同期 140.53 亿元相比减少 1.44%。税金总额 40.18 亿元，与 2020 年同期 38.11 亿元相比增长 5.43%。

三、上海包装产业经济运行的主要特点

（一）总体情况

包装行业总体趋势向好。2020 年上海包装行业经历了化危为机的严峻挑战，交出了一份抗击全球疫情、行业转危为安的满意答卷。自从 2020 年三季度行业全面恢复正常，四季度发展增长迅猛，增幅明显。2021 年一季度比 2020 年同期有 30%～40% 的增长，与 2019 年同期正常经济运行情况相比有 4%～5% 的增长。2021 年二季度继续保持增长趋势。在国内疫情较好控制的情况下，上半年市场以国内为主，呈明显恢复上扬，但外贸恢复乏力。以内循环为主体、国际国内双循环为补充的新经济格局已经呈现，并将持续相当一段时间。2021 年三季度继

续保持增长趋势，产值略高于上半年。2021 年四季度发展平稳，产值略低于前三季度。2021 年包装行业整体保持平稳增长的态势，2021 年度包装全行业产值与 2020 年同期相比增长 13% 以上，与 2019 年同期相比增长 9.42% 左右，2020 与 2021 年年平均增长率约 5%。

（二）运行特点

1. 在国内疫情较好控制的情况下，2021 年度市场仍以国内为主，以内循环为主体、国际国内双循环为补充的新经济格局已经呈现。由于疫情的国内外影响依然存在，出于安全考虑的小包装消费增长明显，外卖和快递包装增量较大。同时疫情物资包装总量也有明显增加。

2. 纸制品包装 2021 年第一季度生产大幅度上升，企业在春节之前业务量大幅增加。第二季度总体有一定下降，春节过完业务量减少。后续包装市场疲软，工厂开工不足，开工率在 70% 左右。第三季度生产有较大上升，企业在疫情稳定情况下业务量有较大的增长。第三季度天气炎热，饮料产品销售增加，纸制品用量都有很大增长，化妆品、家用电器等包装用量在增加。2021 年全年纸制品包装生产有一定上升，企业在疫情稳定情况下，保持一定的业务量。经验数据显示，环保政策严格执行形势下，纸制品用量有较高的增长。

3. 塑料包装制品行业在国内疫情较好控制的情况下，春节期间消费旺季，塑料包装企业订单饱满企业开工率较高，由于国际国内原材料价格上涨迅速，普遍企业以消耗春节前原料库存为主，新订单持续观望。疫情中用工困难催生企业自动化水平提升生产效率显著提高。疫情之下带来宅经济的新消费趋势，食品饮料小包装用量增幅较大，"禁塑，限塑"政策带来全生物降解包装产品销量增幅明显。4—6 月受大宗产品石油价格波动的影响以及国内石化企业阶段性检修和海外物流的叠加影响，原材料树脂价格居于高位波动，给广大塑料包装制品企业带来不小的成本压力。在推高企业销售产值的同时，由于终端难以快速消化价格上涨，致使企业实际利润较之前有一定减少。由于 2020 年下半年开始部分外销企业转向国内市场，导致国内本就饱和的市场竞争更加激烈。海外市场方面由于全球疫情等因素带来的物流成本飞涨，结合国内原材料、人力成本等诸多因素，致使部分产品失去了海外市场价格竞争优势，企业急需转型升级。第三季度大宗原材料涨势明显，各地的能源限制政策给部分生产基地在江浙的上海企业造成一定的生产影响。国内国际订单量仍然持续好转，企业开工率较高，物流成本有所下降以及物流趋于正常状态。随着国际圣诞假期消费订单的增加以及国内消费持续提升企业效益得到保障，规模型企业好于中小企业。部分塑料包装企业正在积极研发生产单一材质易回收的塑料包装制品。塑料包装行业整体平稳向好。2021年塑料包装制品行业整体保持平稳增长的态势。塑料包装制品产量增加约5.6%，营业收入增长约13.42%，但利润下降1.58%。

4. 2021年上海包装印刷业的销售收入、实现利润分别均比同期有6%～7%的增长，工业总产值基本持平，行业的包装印刷企业及员工数量仍继续下滑，集约化程度有所提高。根据上海市新闻出版局提供的数据，2021年上海印刷业实现销售收入997亿元，其中包装印刷行业（包括包装彩盒、纸制品包装、塑料软包装、金属包装等有印刷工艺的企业）销售收入860亿元，占比86%；上海印刷业实现产值813亿元，其中包装印刷行业产值663亿元，占比82%；实现利润86亿元，其中包装印刷行业利润78亿元，占比91%。

5. 包装机械产业市场需求普遍回升，订单承接良好。以国内市场为主体、国际市场为补充，包装机械企业一季度的在手订单普遍达到全年的一半，一季度销售及利润明显高于去年同期，也高于去年全年的平均水平。从内外销比例看，外销占比已经达到20%以上，并呈现逐步回升的趋势。上半年市场以国内为主，呈明显恢复上扬，但外贸恢复乏力。以内循环为主体、国际国内双循环为补充的新经济格局已经呈现，并将持续相当一段时间。全年70%以上的会员企业销售收入和净利润平均增长15%以上，而且下半年增势超过上半年，2022年一季度在手订单也比较乐观。全年包装机械制造企业的外贸出口形势喜人，出口交货普遍好于2020年。随着我国供应链配套能力的完善，包装机械产业自身的供应链更加精细完备，受全球供应链的影响越来越小，产能、质量与交货时间都有充分保证，国际市场信誉越来越好。作为服务于包装需求的装备产业，包装需求的个性化、多样化、柔性化、数字化，带来对包装机械产品的需求多元化。包装机械产业也顺势而上，加快产业转型升级的投入与突破，数字化、柔性化、自动化的技术与服务提供能力不断提升，自主创新与知识产权不断加强，高新技术企业不断增加，专精特新企业不断涌现。

投资改造方面，包装机械企业尤其是中小企业搬迁或改造意愿强劲，其中大多数都是上海市高新技术企业、上海市专精特新中小企业等，企业快速发展但迫于拿不到土地指标或者所在地政府的"旁敲侧击"，不少企业只能被迫转到江浙皖去购地发展。

6. 2021年木制品行业在上半年遭遇木材原材料价格持续高位运行，大宗商品、国际海运费暴涨，行业企业成本大幅提升。下半年又逢能源双控、限电停产、疫情反扑，再加上环保压力，使原本就微利的行业企业面临着生死存亡的考验。四季度，海关发布了对来自松线虫疫区国家的松木植物检疫要求，北美、加拿大等国进口的松材需从指定口岸入境，上海港、太仓港、洋山港都禁止进货，并实行100%查验。这使得松木的供应周期更长了，货量也少，导致价格上行。有会员企业预定的松材不得已退货再重新订购，造成了不小的损失。国内疫情仍然反复，对行业企业的产品交货造成不同程度的影响。

7. 2021年物流包装上半年在疫情控制较好的情况下，呈现比较活跃的态势，无论是国内电商还是国外洲际物流都有所上扬，但下半年尤其是四季度再次受到疫情波及，导致出口物流出现了堵点，出口集装箱运出后无法卸货回城，导致很多项目无法出口，出口海运运费飙升，不少企业利润损失。

8. 前三季度原材料价格波动明显涨幅高达30%，加之人工及能源成本5%左右的年度上涨给企业盈利水平带来较大影响。政府系列惠企减税降费政策给大幅上涨的企业经营成本带来利好，但未能改变2021年度盈利困难的基本局面。

四、当前面临的困难、问题与对策建议

（一）原材料涨价潮依旧

2021 年塑料包装行业大宗原材料涨势明显。纸制品包装生产企业主要困难还是在于原材料纸张价格涨价严重，从 2020 年下半年开始，因为 2021 年开始国家不容许进口国外废纸，国内原材料供应不足，所以原纸涨幅达 20%～30%。木制品行业年度原材料价格依旧在高位运行，没有回落的迹象。原材料价格，占行业成本的 60%，最近这段时间，价格又重拾升势。油价上涨导致运费涨价，进一步推动了包装原材料的上涨。

（二）对包装产业的不可或缺性应引起重视

在"无物不包"的时代，包装既是制造业，也是服务业，大量解决了城市就业岗位，并上缴稳定税收，基本没有环境污染，属于绿色可持续发展的行业，包装行业是朝阳行业，理应更好地健康发展。但包装企业面临买地难、买地贵的普遍性问题，初创在上海，发展到外地，搬离上海的企业每年在增加，急需政府有关部门出台相关土地批租政策，支持上海包装行业发展壮大。

（三）包装产业转型发展任重道远

上海包装行业仍处于转型瓶颈期，困难很多：2021 年新冠肺炎疫情仍在肆虐、国际供应链失衡、原材料价格上涨、用工难用工贵、环保问题尚无解决良方、行业的智能化系统体系及实施尚在起步阶段。因包装业既非国家支柱产业又非高科技前沿产业更不是金融行业，而是一个非常传统的行业，企业的盈利水平很低，行业的平均工资水平长期处于社会经济组织中的一块洼地。由此造成：吸引高级人才难，留住人才难；企业实现自我设备改造技术升级难，如在推进智能化数字化信息化方面工作时，资金问题就会成为困扰企业的一个拦路虎。而智能化的实

现又恰恰是企业解决用工难用工贵，提高企业整体管理效率、生产效率与劳动生产率的必要条件。

包装产业目前产能过剩，行业同质化竞争激烈，也存在诸多制约自身发展的问题，"双循环"新格局对包装行业提出了更高的要求，目前还有一些外地包装企业进入上海本地，加剧了价格竞争激烈程度。这些亟须行业自身加快转型发展的步伐，推动包装行业健康有序发展。

（四）行业绿色低碳发展任务艰巨

随着社会对"安全、卫生、环保"的要求越来越高，对包装的要求也越来越高。严格落实国家减量包装、限塑令、碳排放等环境保护要求，按照国家设定的碳达峰、碳中和目标，引导和促进包装企业实施节能减排行动，是包装行业发展的一项非常重要的任务。我们行业要对包装的发展进行认真的审视和重新认识，对包装发展中出现的问题进行反思。

（五）建议

实施近两年的禁止一次性塑料包装袋政策在市区主要商超执行较为彻底，传统塑料包装袋的使用基本杜绝。全生物降解购物袋、无纺布购物袋、纸袋取代效应明显。但在外卖、快递物流领域仍然存在传统塑料包装，希望政策执行能够进一步深入。疫情防控常态化背景下，政府可进一步延续惠企税费扶持政策，同时在制造型企业稳岗就业方面给予企业积极支持。绿色包装不仅仅是包装行业的事情，还涉及各个相关行业，希望政府部门能出台一些支持、鼓励企业绿色低碳转型的强有力政策，助推行业和企业绿色健康发展。

消费者对快递包装绿色发展的认知调查研究

陈群[①]

本报告以 2022 年 3—4 月开展的消费者对快递包装绿色发展认知调查的数据为基础，从消费者角度对快递包装绿色发展的认知，以及认知上的差异性进行综合分析与总结，致力于把握消费者对快递包装问题的关注，发现快递包装绿色化发展的难点，为企业开展快递包装绿色化计划提供智力支持。

一、消费者对快递包装绿色发展的认知状况

（一）调查样本概况

本次调查由上海出版印刷高等专科学校的省部级科技服务平台"上海市绿色包装专业技术服务平台"牵头，得到了广大消费者的大力支持和积极参与。调查问卷采用网络问卷的发放形式，共回收问卷 337 份，均为有效问卷，有效率为 100%，对最终的样本数据进行整理汇总，并进行数据分析。基于本次调查获得的数据进行样本频率分析、多重响应分析、绘制统计图独立样本 t 检验以及单因素方差分析法进行验证。

问卷旨在研究当前快递包装的现状及消费者对包装、绿色包装的认知态度，并根据相关理论知识设计调查问卷。问卷内容上，第一部分为人口学变量，包括

---

① 陈群，上海出版印刷高等专科学校副教授，上海市绿色包装专业技术服务平台兼职研究员。

性别、年龄、教育程度、职业四个题项；第二部分为当前快递包装的现状，包括快递包装的现存问题、快递外包装的材料构成、快递内包装缓冲填充物材料构成；第三部分为消费者对包装、绿色包装的认知态度，包括不可降解材料的快递包装袋的使用意愿、对过度包装的认知、对快递包装材料的改进意见、快递包装的处置方法、对绿色包装的了解程度及了解渠道、绿色包装有效推广方式等题项。题项结构方面，采用了单选题和多选题的形式体现。

本次被调查对象的分布情况如表 1-10 所示。各个变量的频率分析结果显示，本次调查中，女性人数较多，有 213 人，比例为 63%，男性人数 124 人，占比 37%，男性人数比例偏低。在年龄方面，基本分布在 18～45 岁年龄段，其中人数最多的是 18～30 岁阶段人群，占 69%。其次是 30～45 岁阶段人群，占比 15%，而 45～60 岁阶段人群和 60 岁以上两个年龄层的人数较少。学历方面，大学本科学历人群最多，占 83%。其次是研究生及以上学历，比例为 11%，而高中及以下学历人群较少。从事的职业方面，学生人数偏多，占比 69%。企业员工占比 19%，事业单位员工的人数比例为 7%。自由职业占 3%。

表 1-10　人口学变量分布

人口学变量选项		频率/人	百分比
性别	女	213	63%
	男	124	37%
年龄	18～30 岁	233	69%
	30～45 岁	52	15%
	45～60 岁	33	10%
	60 岁以上	7	2%
教育程度	研究生及以上	36	11%
	大学本科学历	281	83%
	高中及以下	20	6%

续表

人口学变量选项		频率/人	百分比
职业	学生	231	69%
	企业员工	64	19%
	事业单位员工	23	7%
	自由职业	9	3%
	其他	10	3%

（二）快递包装的应用现状

当前，消费者收到的快递包装材料构成情况如图1-19所示。消费者收到的快递外包装材料以纸箱为主，占比34.50%，其次为塑料袋，占比27.90%。使用泡沫箱的占比17.00%，纸袋、编织袋的使用相对较少。而快递内包装缓冲填充物材料以气泡膜居多，占比31.90%，气柱袋和泡沫塑料的使用也较为普遍，所占比例分别为28.30%、27.50%，使用最少的快递内包装缓冲材料为纸质填充物，所占比例为12.30%。

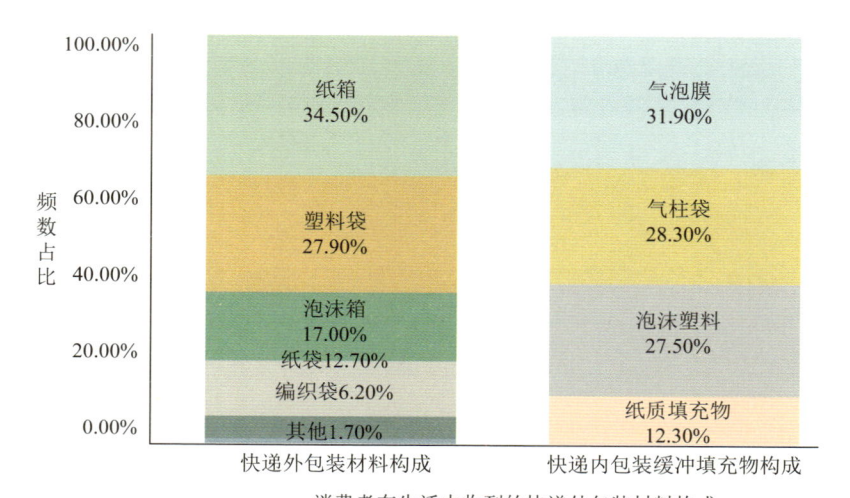

图1-19 消费者收到的快递包装材料构成分析

快递包装的现存问题调查结果如图1-20所示。从调查结果来看，当前快递包装材料被随意丢弃的问题较突出，占比为 29.80%。包装材料的重复利用率低也是当前存在的另一个显著问题，占比为 28.30%。此外，包装材料不环保、快递的过度包装也是当前消费者普遍认为存在的包装上的问题，占比分别为 19.70% 和 19.60%。

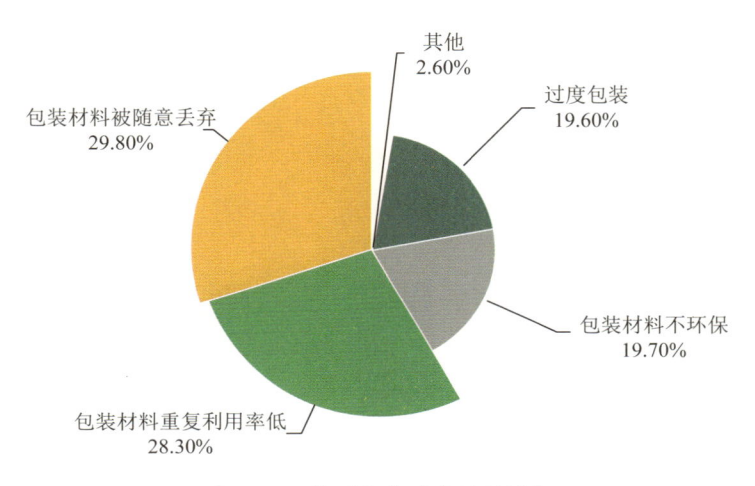

图 1-20　快递包装现存问题调查

消费者对过度包装的认知调查如图 1-21 所示。从调查结果来看，27.50% 的消费者认为使用容积过大的包装是最为主要的一种过度包装表现。此外，消费者对使用过多胶带、使用多层纸箱，以及使用过多填充物这三种过度包装的选择分布较平均，占比分别为 25.80%、23.40%、23.30%。

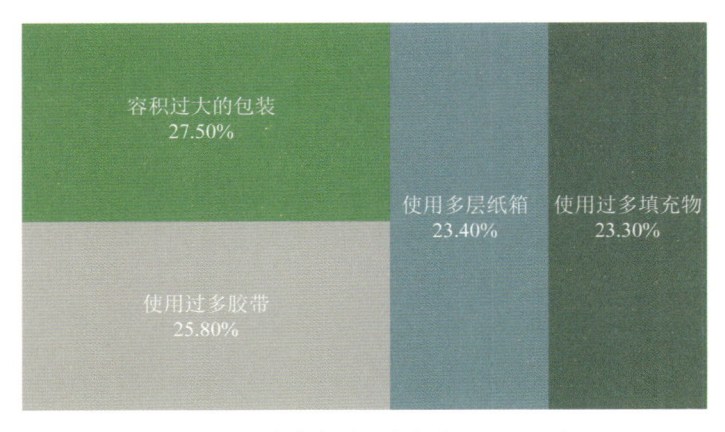

图 1-21　消费者对过度包装的认知调查

消费者对快递包装材料的处置方法调查如图 1-22 所示。大多数的消费者将快递包装当可回收垃圾处置，占比为 40.60%，22.80% 的消费者选择将快递包装留下来当收纳箱或收纳袋。还有一部分的消费者选择给专门的包装回收站点做二次利用（占比为 18.40%）或者直接丢弃（占比为 18.20%）。

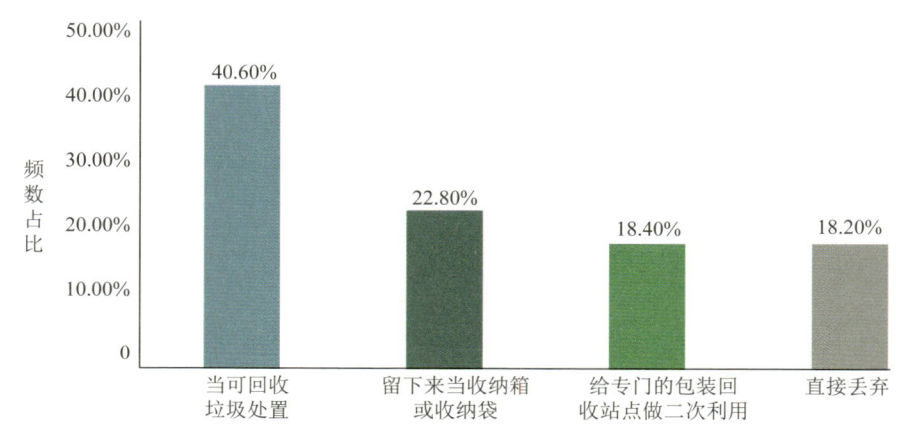

图 1-22 消费者对快递包装材料的处置方法调查

阻碍快递包装回收利用的最大因素调查结果如图 1-23 所示。从调查结果来看，38.00% 的消费者担心快递包装的回收利用有可能会泄露个人的信息，34.70% 的消费者认为没有回收站点是阻碍快递包装回收利用的最大因素，还有少部分的消费者（11.00%）认为包装破损严重是阻碍快递包装回收利用的最大因素，10.40% 的消费者认为没有物质奖励是影响快递包装回收利用的最大因素，有 5.90% 的消费者认为是被其他原因影响了快递包装的回收利用。

消费者将回收包装送去回收站点的意愿调查如表 1-11 所示。61.40% 的消费者表示将回收包装送去回收站点的意愿取决于回收站点的距离以及回收站点的操作便利程度。有 29.40% 的消费者表示很愿意将回收包装送去回收站点进行回收。

阻碍快递包装回收利用的最大因素调查结果如下：

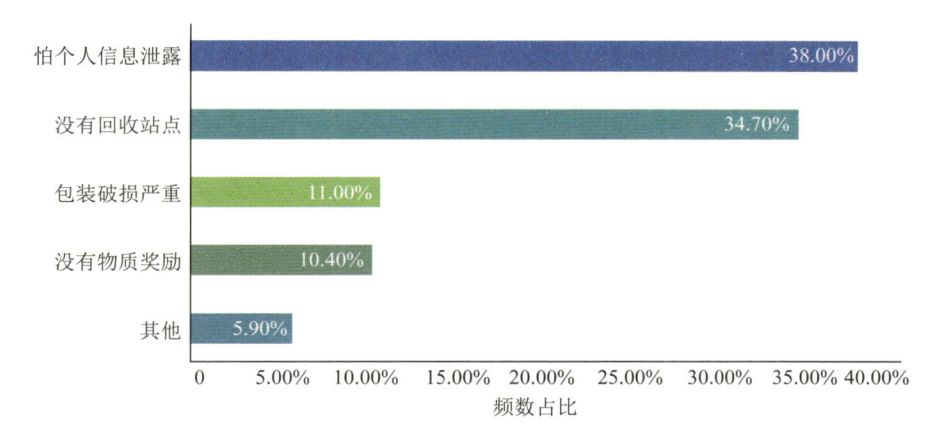

- 怕个人信息泄露：38.00%
- 没有回收站点：34.70%
- 包装破损严重：11.00%
- 没有物质奖励：10.40%
- 其他：5.90%

图 1-23　阻碍快递包装回收利用的最大因素调查

表 1-11　消费者将回收包装送去回收站点的意愿调查

消费者将回收包装送去回收站点的意愿调查	频数占比
看站点远近距离以及回收站点的操作便利程度	61.40%
很愿意	29.40%
无所谓	5.90%
不太方便，浪费时间	1.80%
完全不愿意	1.50%

消费者对快递包装材料的改进建议调查如图 1-24 所示。从调查结果来看，98.80% 的消费者希望企业能够对快递的包装材料进行改进。具体而言，要求材料可降解可回收的消费者最多，所占比例为 32.20%。此外，许多消费者希望企业能够进一步从包装结构上来优化包装的结实度，这部分消费者的占比为 23.20%。还有 21.40% 的消费者希望企业能够从包装材料上来优化包装的耐用性。22.00% 的消费者还希望企业能够减少使用不可降解的填充物。

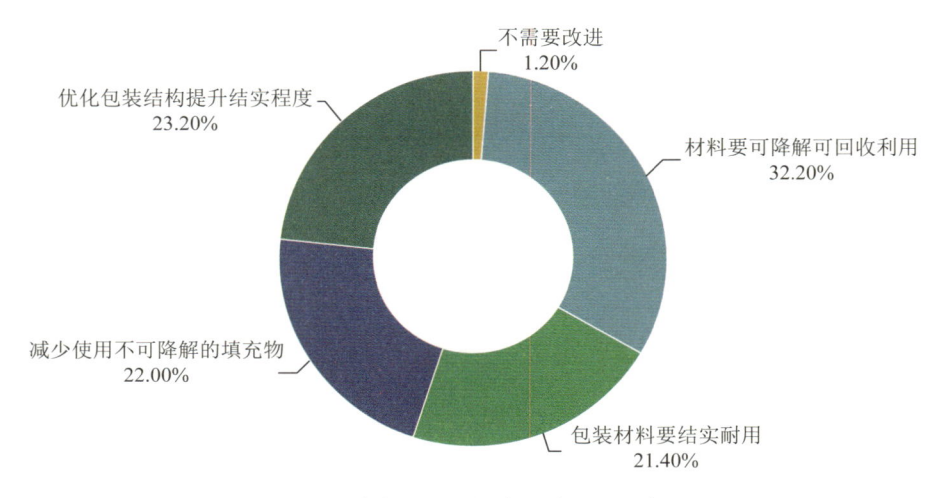

图 1-24　消费者对快递包装材料的改进建议调查

消费者对快递环保性外包装材料的选择性倾向调查如图 1-25 所示，41.72% 的消费者倾向于选择可循环包装。其次为纸箱和纸袋，所占比例分别为 28.83%、17.64%。选择编织袋的用户相对较少，占比为 7.52%。而选择最少的外包装材料为塑料袋和泡沫箱，占比分别为 2.15%、2.14%。

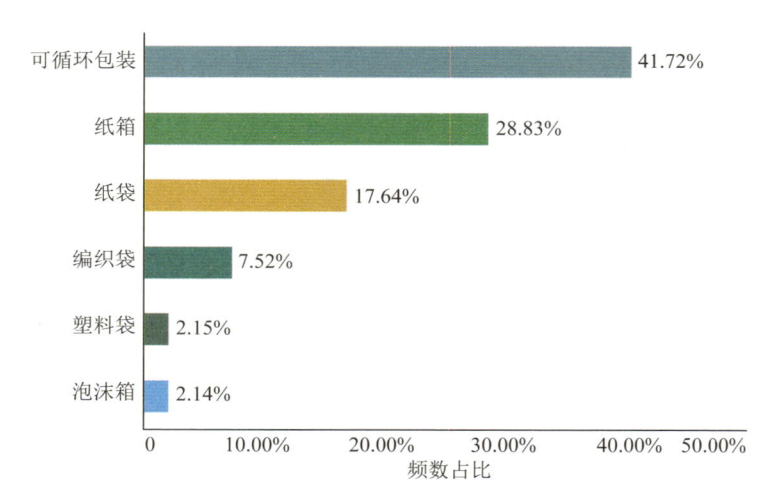

图 1-25　消费者对快递环保性外包装材料的选择性倾向调查

（三）消费者对快递包装绿色发展的认知态度

消费者对绿色包装知识的了解程度调查如表 1-12 所示。大多数消费者对绿色包装知识的了解程度为"一般"，这部分消费者占比为 43.03%。仅有 2.68% 的消费者表示对绿色包装知识非常了解。

表 1-12　消费者对绿色包装知识的了解程度调查

对绿色包装了解程度	频数占比
一般	43.03%
比较了解	30.56%
不太了解	19.58%
完全不了解	4.15%
非常了解	2.68%

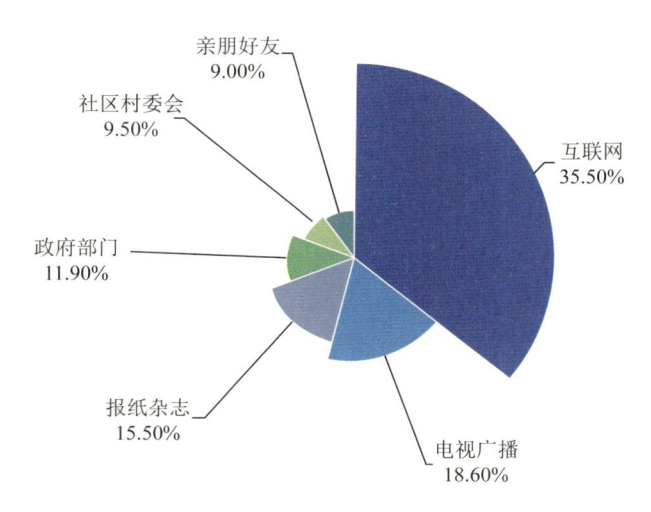

消费者对绿色包装知识的了解渠道调查如图 1-26 所示。互联网是大多数消费者（占比 35.50%）获得绿色包装知识的主要渠道。其次，有 18.60% 的消费者通过电视广播了解绿色包装知识。此外，报纸杂志、政府部门、社区村委会也是消费者了解绿色包装知识的渠道，这三类渠道的消费者占比分别为 15.50%、11.90%、9.50%。通过亲朋好友获得绿色包装知识的消费者比例最少（占比 9.00%）。

图 1-26　消费者对绿色包装知识的了解渠道调查

推广绿色包装的有效方式调查如图 1-27 所示。从调查结果来看，27.70% 的消费者认为国家出台政策支持，予以生产企业鼓励性财税政策是对绿色包装最有效的推广方式。部分消费者认为可以通过宣传来提高消费者对绿色包装的认知和接受程度，这部分消费者所占比例为 25.80%。23.40% 的消费者认为通过研发新技术来降低绿色包装成本能够有效推广绿色包装。还有 20.50% 的消费者认为绿色包装的推广需要生产企业开展营销宣传工作。

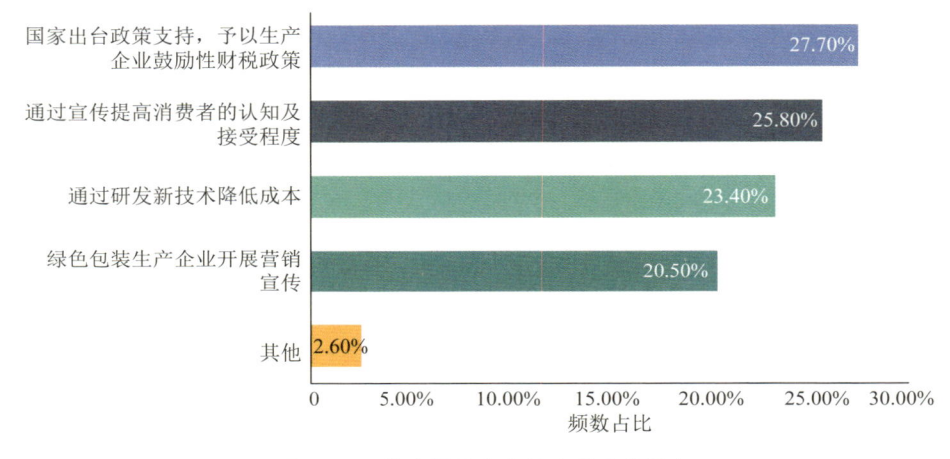

图 1-27　推广绿色包装的有效方式调查

阻碍绿色包装推广的因素调查如图 1-28 所示。从调查结果来看，认为生产制作成本太高是阻碍绿色包装推广的最大因素的消费者占到了 29.90%，27.90% 的消费者认为回收处理及二次加工成本过高是阻碍绿色包装推广的最大因素。此外，有 24.40% 的消费者认为品牌商不愿意选择绿色包装是阻碍绿色包装推广的最大因素。仅有少部分消费者（15.10%）认为消费者接受程度较低是阻碍绿色包装推广的最大因素。

（四）消费者对快递包装绿色发展的认知态度差异性分析

在本次分析中，根据数据的特性运用独立样本 t 检验和单因素方差分析法对不同人口学变量在绿色包装认知及态度方面进行了差异分析，通过 SPSS 软件实现分析过程。

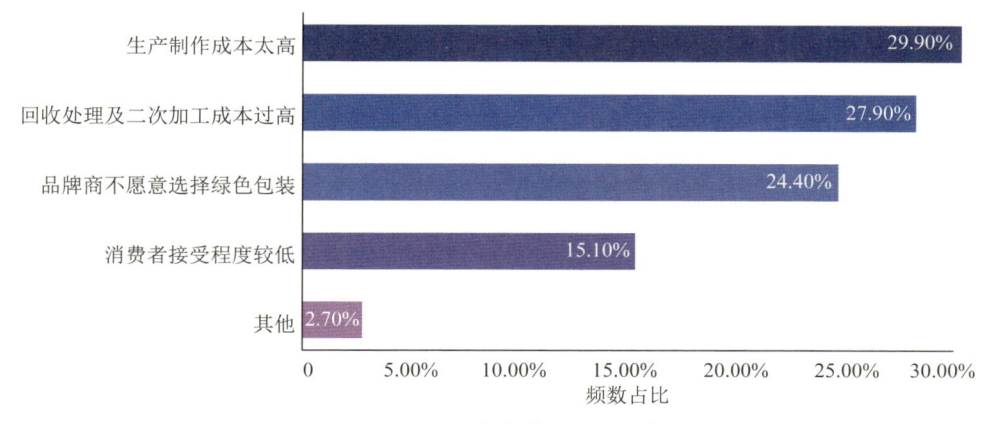

图 1-28　阻碍绿色包装推广的因素调查

表 1-13 汇总了对"性别"的独立样本 t 检验。根据表中独立样本 t 检验结果可以看出，消费者对绿色包装知识的了解程度在性别上的差异显著性检验为 0.006，小于 0.05。说明不同性别的消费者对绿色包装知识的了解程度存在着差异。根据均值可以看出，较之于女性，男性对绿色包装知识有更多的了解。而消费者对二次包装的使用意愿，以及对是否愿意回收快递包装的差异性分析显示，不同性别的消费者不存在显著的统计学意义。

表 1-13　"性别"独立样本 t 检验

变量	性别	N	均值	标准差	t	Sig.（双侧）
消费者对绿色包装知识的了解程度	女	213	2.98	0.827	−2.778	0.006
	男	124	3.26	0.936		
消费者对二次包装的使用意愿	女	213	2.31	0.909	−0.161	0.872
	男	124	2.32	1.032		
消费者对快递包装的回收意愿	女	213	2.39	0.973	−0.269	0.788
	男	124	2.42	0.989		

表 1-14 是对"年龄"进行单因素方差分析的结果。根据单因素方差分析结果可以看出，消费者对绿色包装知识的了解程度的显著性检验结果为 0.063，显著性大于 0.05，说明不存在显著的统计学意义。而消费者对二次包装的使用意愿

和消费者对快递包装的回收意愿在年龄上存在差异,显著性检验结果分别为 0.042 和 0.032,均小于 0.05 的。

根据多重比较的结果可以看出,年龄在 18~30 岁的消费者对二次包装的使用意愿大于 45~60 岁的消费者,60 岁以上消费者对二次包装的使用意愿也大于 45~60 岁的消费者。在消费者对快递包装的回收意愿上,18~60 岁年龄段的消费者大于 60 岁以上的消费者群体。

表 1-14 "年龄"单因素方差分析

	年龄	N	均值	标准差	F	显著性	多重比较
消费者对绿色包装知识的了解程度	18 岁以下	12	3.08	1.084	2.258	0.063	—
	18~30 岁	233	3.02	0.841			
	30~45 岁	52	3.12	0.922			
	45~60 岁	33	3.3	0.951			
	60 岁以上	7	3.86	0.69			
消费者对二次包装的使用意愿	18 岁以下	12	2.25	1.288	2.512	0.042	2>4 5>4
	18~30 岁	233	2.39	0.923			
	30~45 岁	52	2.13	0.929			
	45~60 岁	33	1.94	0.899			
	60 岁以上	7	2.71	1.38			
消费者对快递包装的回收意愿	18 岁以下	12	2	1.206	2.671	0.032	2>5 3>5 4>5
	18~30 岁	233	2.46	0.928			
	30~45 岁	52	2.31	1.02			
	45~60 岁	33	2.45	1.092			
	60 岁以上	7	1.43	0.787			

表 1-14 的多重比较列中,1 代表 18 岁以下,2 代表 18~30 岁,3 代表 30~45 岁,4 代表 45~60 岁,5 代表 60 岁以上。

表 1-15 是对"教育程度"进行单因素方差分析的结果。根据单因素方差分析结果可以看出,消费者对绿色包装知识的了解程度、对二次包装的使用意愿,以及对快递包装的回收意愿这三个指标在教育程度上的显著性水平都是大于

0.05，因而不存在显著差异。

表 1-15　"教育程度"单因素方差分析

	教育程度	N	均值	标准差	F	显著性	多重比较
消费者对绿色包装知识的了解程度	研究生及以上	36	3.17	1	0.2	0.818	—
	大学学历	281	3.07	0.863			
	高中及以下	20	3.05	0.887			
消费者对二次包装的使用意愿	研究生及以上	36	2.39	1.076	0.003	0.997	—
	大学学历	281	2.4	0.974			
	高中及以下	20	2.4	0.883			
	大学学历	281	2.09	1.192			
	高中及以下	20	1.85	1.348			
消费者对快递包装的回收意愿	研究生及以上	36	2.11	1.008	1.718	0.181	—
	大学学历	281	2.32	0.924			
	高中及以下	20	2.6	1.231			

表 1-16 是对"职业"进行单因素方差分析的结果。根据分析结果可以看出，消费者对绿色包装知识的了解程度在职业上的显著性为 0.114，消费者对二次包装的使用意愿在职业上的显著性为 0.074，消费者对快递包装的回收意愿在职业上的显著性为 0.746，这三个维度在职业上的显著性均大于 0.05 的，说明不存在显著的统计学意义。

表 1-16　"职业"单因素方差分析

	职业	N	均值	标准差	F	显著性	多重比较
消费者对绿色包装知识的了解程度	学生	231	3.03	0.864	1.879	0.114	—
	企业员工	64	3.28	0.806			
	事业单位员工	23	2.91	1.041			
	自由职业	9	3	1.118			
	其他	10	3.5	0.85			

续表

	职业	N	均值	标准差	F	显著性	多重比较
消费者对二次包装的使用意愿	学生	231	2.38	0.938	2.157	0.074	—
	企业员工	64	2.09	0.886			
	事业单位员工	23	2.04	1.022			
	自由职业	9	2.78	1.202			
	其他	10	2.3	1.16			
消费者对快递包装的回收意愿	学生	231	2.44	0.949	0.486	0.746	—
	企业员工	64	2.27	0.98			
	事业单位员工	23	2.43	1.161			
	自由职业	9	2.22	0.972			
	其他	10	2.4	1.265			

二、结论

目前快递包装的环保问题依然严峻。塑料袋是当前消费者收到的快递外包装的主要形式之一。快递内包装的缓冲填充物材料以气泡膜、气柱袋居多。当前快递包装的回收与再利用情况也不理想。不同年龄阶段的消费者对快递包装的回收意愿上存在显著差异。相较于18～60岁年龄段的消费者，60岁以上的群体对快递包装的回收意愿不高。

消费者普遍认为当前快递外包装的可重复利用率不高，快递包装材料包装破损严重、过度包装的问题突出。消费者普遍期待企业能够对快递的包装材料进行改进，能够使用绿色、耐用的包装材料，尤其青睐于可循环外包装。回收站点的便利性以及个人信息的保护是当前影响快递包装回收利用的两大主要因素，而回收的物质奖励并不是大多数消费者关注的因素。消费者认为，国家出台政策支持予以生产企业鼓励性财税政策、通过宣传来提高消费者对绿色包装的认知和接受程度、通过研发新技术来降低绿色包装成本、生产企业开展营销宣传工作这些方式能够对绿色包装的推广起到有效作用。

当前消费者对绿色包装知识的了解主要通过互联网，然而了解的程度普遍为一般。其主要原因可能是绿色包装知识的相关宣传和信息公开不足，导致消费者缺乏有效的信息接触途径，这也反映出仍需加强对公众的相关科普。其中，男性与女性在绿色包装知识的了解程度上具有显著差异，男性对绿色包装的知识储备要高于女性。从整体来看，企业在绿色包装的活动宣传等方面仍需要提升与改善，以及引导消费者践行可持续发展路径，助力社会绿色消费习惯的养成。

长三角地区包装及印刷行业上市公司财务绩效评价研究

宗利永　龚俐莉[①]

长三角地区长期以来是中国经济发展最活跃、开放程度最高、科技引领作用最强的区域之一。无论从经济规模、科技发展水平或是市场化和国际化等体制因素来衡量，长三角已经成为带动中国经济稳步前进的领头羊。以上海、江苏、浙江为中心的长三角印刷包装产业集群，呈现出良好的发展势头，竞争优势也日益凸显。近年来，跨国公司、全球采购中心纷纷落户以上海为龙头的长三角地区，带来了大量的全球印刷包装业务，提升了长三角地区印刷包装产业的国际影响力和知名度。从行业上市公司数量可以看到，依据申万分类，截至 2021 年底，在上市企业中印刷包装板块共有 43 家企业。可见，注册地在长三角地区包装印刷类上市公司有 24 家，数量达到了全国总量的半数以上，这从一个侧面也反映了长三角地区在印刷包装领域占有举足轻重的地位。长三角地区的印刷包装企业拥有具世界先进水平的装备、机械，技术能力也在不断提高。故此，长三角地区包装企业的产业实践对于全国都有着重要的引领和示范作用。

对企业绩效综合评价，能够帮助利益相关者获取投资决策需要的信息，并且可以帮助管理者认识到与既定目标的差距。综合比较使用较多的绩效评价方法后，本研究报告选择采用因子分析法对长三角江浙沪皖地区包装及印刷行业上市公司的绩效进行综合评价，同时根据综合得分进行量化排序，对各财务绩效指标近三

---

① 宗利永，博士，上海出版印刷高等专科学校科研处副处长，上海市绿色包装专业技术服务平台副主任，副教授、硕士生导师；龚俐莉，上海出版印刷高等专科学校教师。

年的变化趋势进行了分析，并根据分析结果针对性地提出发展建议，以期提高包装行业的绩效水平。

一、研究对象选择与数据选取

（一）研究对象选择

在选择样本公司的时候，因为涉及印刷及包装相关产业的行业企业分类较为繁杂，数据收集和分析方面较为复杂且数据较为分散，因此，本报告根据证监会最新发布的上市公司行业分类结果，最终选取了长三角地区（江、浙、沪、皖）主营业务与印刷包装行业相关的24家上市公司作为对象进行研究，如表1-17所示。

表1-17　长三角地区印刷包装行业上市公司

序号	股权代码	证券简称	注册地
1	002585	双星新材	江苏省
2	600210	紫江企业	上海市
3	002522	浙江众成	浙江省
4	601968	宝钢包装	上海市
5	002014	永新股份	安徽省
6	002565	顺灏股份	上海市
7	603607	京华激光	浙江省
8	002787	华源控股	江苏省
9	603499	翔港科技	上海市
10	300501	海顺新材	上海市
11	603022	新通联	上海市
12	603429	集友股份	安徽省
13	002969	嘉美包装	安徽省
14	300883	龙利得	安徽省
15	300382	斯莱克	江苏省

续表

序号	股权代码	证券简称	注册地
16	605500	森林包装	浙江省
17	603901	永创智能	浙江省
18	603687	大胜达	浙江省
19	300442	普丽盛	上海市
20	600836	上海易连	上海市
21	688571	杭华股份	浙江省
22	300512	中亚股份	浙江省
23	603937	丽岛新材	江苏省
24	300509	新美星	江苏省

（二）指标选择

在数据选取方面，本文通过CCER（色诺芬）经济金融数据库，选取了2020年上市公司的年报中有关财务状况的数据指标，这确保本文样本财务数据的准确性。

公司绩效应综合考虑多种因素的影响，本文选择五项常用财务指标来衡量公司绩效，具体如下（见表1-18）。

（1）偿债能力主要选择资产负债率和流动比率，反映企业短期偿债能力以及利用杠杆能力获取资金的能力。

（2）营运能力主要选择总资产周转率和流动资产周转率，这两个指标反映企业利用资产获取收益的效率。

（3）盈利能力主要选择营业利润率、净资产收益率和成本利润率，反映企业创造利润的能力。

（4）成长能力选择的是资本积累率和营业总成本增长率，反映企业的扩张能力。

（5）每股质量选择的是每股净资产、每股营业收入和每股留存收益，反映企业每股普通股的质量。

表 1-18　指标选择及其计算方法

指标类型	可用流动比率	符号	指标的计算方法
偿债能力	流动比率	X1	流动资产/流动负债
	资产负债率	X2	负债总计/资产总计
营运能力	流动资产周转率	X3	营业收入/平均流动资产
	总资产周转率	X4	营业收入/平均总资产
盈利能力	净资产收益率	X5	净利润/股东权益平均余额
	营业利润率	X6	营业利润/营业收入
	成本利润率	X7	（利润总额）/（营业成本+期间费用）
成长能力	资本积累率	X8	净资产增长额/年初净资产
	营业总成本增长率	X9	（本年营业总成本－上年营业总成本）/上年营业总成本
每股质量	每股净资产	X10	所有者权益合计期末值/实收资本期末值
	每股营业总收入	X11	营业总收入/实收资本
	每股留存收益	X12	（盈余公积＋未分配利润）期末值/实收资本期末值

二、因子分析模型建立

（一）建模方法及数据处理

本文选取因子分析法的原因在于该方法通过降维，可以实现对信息的有效提取。在处理数据时，直观看出各因素的贡献率大小，在比较不同样本时，也可以通过不同因子反映出差异性，利于后文进行分析比较。

首先，为了提高分析的严谨性，对部分指标进行了正向化处理，包括流动比率与资产负债率。所采用的公式为

$$X_{\text{novel}} = 1/\left(1+\left|z-X_{\text{pre}}\right|\right) \qquad (1-1)$$

其中 X_{novel} 为处理后的指标值，X_{pre} 为原始指标，z 为理论上的最优值。流动比率的最优值为 2，资产负债率的最优值为 0.5。

其次，由于选取的数据是比较复杂的多指标数据，所以我们先对原始指标进行了标准化处理，以解决各个财务指标之间可比性可能存在的问题。

（二）因子适用性检验

因子分析能够在尽可能不损失信息或者少损失信息的情况下，将多个变量减少为少数几个因子。这几个因子可以高度概括大量数据中的信息。因子分析不仅可以帮助我们寻找出对公司财务绩效贡献最大的因子，而且还可以通过具体函数计算得分，有利于对结果进行比较。

首先判断是否进行因子分析，如 KMO 值大于 0.6，则说明数据适合进行因子分析。利用 KMO 和 Bartlett 球度适用性检验对 2020 年数据进行因子分析适用性检验。如表 1-19 所示，2020 年数据的 KMO 数值为 0.601，表明变量间的偏相关性尚可。同时，巴特利特球形度检验显著性 <0.001 的结果拒绝了各变量独立的假设。所以，通过以上结果可以得知，该数据具备提取公因子的条件。

表 1-19　KMO 和巴特利特检验

KMO 取样适切性量数		0.601
巴特利特球形度检验	近似卡方	365.692
	自由度	66
	显著性	<0.001

公因子方差提取值，表示各变量中所含的原始信息能被提取的公因子代表的程度。如表 1-20 所示，大部分变量信息的提取比例在 80% 以上，表明提取出的公因子对大多数变量的解释能力较强，公因子提取信息的结果较好。

表 1-20　公因子方差

	初始	提取
流动比率	1.000	0.825
资产负债率	1.000	0.638
流动资产周转率	1.000	0.857
总资产周转率	1.000	0.909
净资产收益率	1.000	0.973
营业利润率	1.000	0.985
成本利润率	1.000	0.982
每股净资产 BPS	1.000	0.915
每股留存收益	1.000	0.894
每股营业总收入	1.000	0.926
资本积累率	1.000	0.945
营业总成本增长率	1.000	0.833

提取方法：主成分分析法。

在确定公因子数量时，一般需要观察其初始特征值，特征值大于或等于1的主成分为初始因子。通过表1-21，我们可以看到特征值大于1的主成分总共有4个，且前4个主成分的累计方差贡献率达到了89.013%，表明这4个因子可以反映89.013%的原始信息，所以使用前4个主成分足以描述数据。

表 1-21　总方差解释

成分	初始特征值 总计	初始特征值 方差百分比/%	初始特征值 累积/%	提取载荷平方和 总计	提取载荷平方和 方差百分比/%	提取载荷平方和 累积/%	旋转载荷平方和 总计	旋转载荷平方和 方差百分比/%	旋转载荷平方和 累积/%
1	4.680	39.001	39.001	4.680	39.001	39.001	4.006	33.384	33.384
2	2.924	24.365	63.366	2.924	24.365	63.366	2.789	23.240	56.625
3	1.989	16.574	79.940	1.989	16.574	79.940	2.691	22.423	79.048
4	1.089	9.073	89.013	1.089	9.073	89.013	1.196	9.965	89.013
5	0.574	4.785	93.798						

续表

成分	初始特征值			提取载荷平方和			旋转载荷平方和		
	总计	方差百分比/%	累积/%	总计	方差百分比/%	累积/%	总计	方差百分比/%	累积/%
6	0.400	3.333	97.131						
7	0.170	1.418	98.549						
8	0.111	0.924	99.473						
9	0.038	0.313	99.786						
10	0.013	0.109	99.895						
11	0.010	0.080	99.975						
12	0.003	0.025	100.000						

提取方法：主成分分析法。

因子分析要求提取出的公因子具有实际含义，为了使因子载荷矩阵中的系数更加显著，我们利用最大方差法对初始因子载荷矩阵进行旋转，将因子和原始变量间的关系重新进行分配以便更容易进行解释。

表1-22为旋转后的成分矩阵，且去除了结果小于0.5的系数。

表1-22　旋转后的成分矩阵

	成分			
	1	2	3	4
营业利润率	0.984			
成本利润率	0.977			
净资产收益率	0.951			
资本积累率	0.859			
每股净资产BPS		0.899		
资产负债率		−0.772		
每股留存收益		0.711		
总资产周转率			0.925	

续表

	成分			
	1	2	3	4
流动资产周转率			0.901	
每股营业总收入		0.566	0.759	
营业总成本增长率				0.733
流动比率		−0.557		−0.695

提取方法：主成分分析法。
旋转方法：恺撒正态化最大方差法。
旋转在 9 次迭代后已收敛。

根据表 1-22 旋转成分矩阵中各因子特征值的载荷量，可以提取以下 4 个公因子。

（1）江浙沪皖地区包装印刷行业上市公司影响因素中方差贡献率最大的公因子载荷是 33.384%。其中，营业利润率、成本利润率、净资产收益率、资本积累率在该因子具有比较高的载荷，所以将其命名为盈利能力因子。

（2）江浙沪皖地区包装印刷行业上市公司影响因素中方差贡献率第二的公因子载荷是 23.240%。其中，每股净资产 BPS、资产负债率、每股留存收益在该因子具有比较高的载荷，所以将其命名为偿债能力因子。

（3）江浙沪皖地区包装印刷行业上市公司影响因素中方差贡献率第三的公因子载荷是 22.423%。其中，总资产周转率、流动资产周转率、每股营业总收入在该因子具有比较高的载荷，所以将其命名为营运能力因子。

（4）江浙沪皖地区包装印刷行业上市公司影响因素中方差贡献率第四的公因子载荷是 9.965%。其中，营业总成本增长率、流动比率在该因子具有比较高的载荷，所以将其命名为成长能力因子。

以上四个公因子可以累计解释 89.013% 的原始信息，表明了提取的 4 个公共因子能够解释大部分初始财务数据信息。由成分得分系数矩阵（见表 1-23），我们可以列出各因子的表达式：

$F1=0.066Z×1-0.04Z×2-0.017Z×3+\cdots+0.188Z×11-0.016Z×12$

F2=-0.239Z×1-0.303Z×2-0.106Z×3+…-0.085Z×11-0.154Z×12
F3=0.151Z×1+0.139Z×2+0.371Z×3+…+0.009Z×11+0.073Z×12
F4=-0.643Z×1+0.056Z×2-0.088Z×3+…+0.219Z×11+0.605Z×12

表 1-23　成分得分系数矩阵

	成分			
	1	2	3	4
流动比率	0.066	-0.239	0.151	-0.643
资产负债率	-0.040	-0.303	0.139	0.056
流动资产周转率	-0.017	-0.106	0.371	-0.088
总资产周转率	-0.026	-0.053	0.364	-0.004
净资产收益率	0.241	-0.039	0.023	-0.049
营业利润率	0.276	0.039	-0.080	-0.112
成本利润率	0.275	0.057	-0.097	-0.095
每股净资产 BPS	-0.058	0.314	0.062	0.063
每股留存收益	0.118	0.232	0.059	-0.157
每股营业总收入	-0.119	0.154	0.282	0.074
资本积累率	0.188	-0.085	0.009	0.219
营业总成本增长率	-0.016	-0.154	0.073	0.605

提取方法：主成分分析法。
旋转方法：恺撒正态化最大方差法。

通过成分得分矩阵计算出各成分得分，再通过方差贡献率确定各成分权重，计算 2020 年各上市公司财务绩效。最终得到财务绩效计算公式，如下：

$$F=（33.384×F1+23.240×F2+22.423×F3+9.965×F4）/89.013 \qquad (1-2)$$

根据上述结果，分别对样本公司财务绩效的四个公共因子得分和排名情况进行评价。对各个因子进行加权得出 24 家江浙沪皖印刷包装行业上市公司的综合得分，排名如下（见表 1-24）：

表1-24 24家江浙沪皖印刷包装行业上市公司的综合得分

名次	证券简称	F1	F2	F3	F4	得分
1	森林包装	-0.13720	2.63166	1.70682	0.77947	1.15
2	丽岛新材	0.07430	1.93758	0.32872	0.76309	0.70
3	京华激光	0.56396	0.97969	-0.27845	0.53869	0.46
4	大胜达	1.06426	0.19913	-0.52486	1.12056	0.44
5	海顺新材	0.70576	0.31652	0.29024	-0.01391	0.42
6	双星新材	0.50008	1.00930	-0.22597	-0.46764	0.34
7	永新股份	0.47053	-0.32660	1.59017	-1.37532	0.34
8	上海易连	0.79848	-2.01672	1.05143	2.56648	0.33
9	杭华股份	0.24627	0.68988	-0.84315	0.83427	0.15
10	紫江企业	0.07021	-0.52335	1.23917	-0.80829	0.11
11	宝钢包装	-0.55963	-0.41222	1.68864	-0.06388	0.10
12	华源控股	-0.40866	-0.26952	0.97167	-0.68694	-0.06
13	新通联	0.10247	-0.51380	0.96599	-1.83370	-0.06
14	龙利得	0.19056	0.46434	-1.27695	0.39397	-0.08
15	永创智能	0.20117	-0.36037	-0.10794	-0.47131	-0.10
16	翔港科技	-0.21868	-0.90980	0.15685	1.45376	-0.12
17	集友股份	0.62273	0.30458	-1.74105	-0.93817	-0.23
18	中亚股份	0.08190	0.56347	-1.14113	-1.11479	-0.23
19	浙江众成	0.25452	-0.77320	-0.80538	-0.01203	-0.31
20	新美星	0.18441	-0.54952	-0.92344	-0.17209	-0.33
21	斯莱克	0.25426	-1.18555	-0.85827	0.40512	-0.39
22	嘉美包装	-0.41631	-0.64234	-0.14921	-0.47608	-0.41
23	顺灏股份	-0.35855	-0.68222	-0.54910	-1.00319	-0.56
24	普丽盛	-4.28685	0.06905	-0.56477	0.58196	-1.67

公因子1得分最高的为大胜达，其次是上海易连、海顺新材，其得分分别为1.06426、0.79848、0.70576；得分最低的是普丽盛，分值为-4.28685；其余企业得分均处于-0.6～0.7之间。排除极端值普丽盛后，可以发现最大值和最小值的

差距并不大。该公因子的高低体现公司的盈利能力，得分越高代表公司盈利能力越强，所以数据从一定程度上表明除了极端值普丽盛以外，这些上市公司的获利能力差距并不大。

公因子 2 得分最高的为森林包装，得分最低的是上海易连，分别为 2.63166 和 -2.01672，相差 4.64838，并且超过一半的企业得分为负。该公因子表示公司的偿债能力，最大值与最小值相差的绝对值较大，表明了样本企业偿债能力相差较大，参差不齐，大部分公司在偿债能力方面有很大的提升空间。

公因子 3 得分最高的是森林包装，得分最低的是集友股份，该因子代表企业的运营能力，体现公司对利用现有资产获取收益的效率，间接影响企业的经营效益和对债务的偿付能力。总体来看，各公司的运营能力差距相对较大。

公因子 4 得分大于 0 的公司有 10 家，排名前三的是上海易连、翔港科技、大胜达，前三家得分相对较高，其余样本企业分值均小于 1。该公因子一方面代表企业对外扩张能力与企业前景，另一方面代表企业对内成本把控能力。

三、绩效指标趋势变化分析

结合各维度具体指标，对沪深两市 24 家样本公司的各公因子进行描述性统计分析，具体如下。

（1）盈利能力指标趋势分析

通过对 2018—2020 年盈利能力评价维度下营业利润率、成本利润率、净资产收益率、资本积累率四个指标进行描述性分析，结果如表 1-25 所示。

表 1-25　盈利能力指标趋势分析表

盈利能力	指标名称	2018 年	2019 年	2020 年
营业利润率	极大值	0.2975	0.3506	0.2370
	极小值	-0.4383	0.0101	-0.5136
	均值	0.0786	0.0945	0.0776

续表

盈利能力	指标名称	2018 年	2019 年	2020 年
成本利润率	极大值	0.4073	0.4970	0.2368
成本利润率	极小值	−0.3064	0.0124	−0.4233
成本利润率	均值	0.1086	0.1096	0.0919
净资产收益率	极大值	0.1861	0.1718	0.2324
净资产收益率	极小值	−0.3321	−0.1196	−0.4461
净资产收益率	均值	0.0572	0.0582	0.0615
资本积累率	极大值	0.4311	0.8817	0.3095
资本积累率	极小值	−0.2731	−0.1190	−0.3354
资本积累率	均值	0.0579	0.1017	0.0632

盈利能力因子的方差贡献率及所占权重最大，即盈利能力综合财务绩效得分的影响最大。在2018—2020年，江浙沪皖24家印刷包装类上市公司营业利润率、成本利润率、资本积累率三个指标的均值呈现先上升后下降的趋势，仅有净资产收益率呈现一直上升的趋势。

从指标均值观察可知，营业利润率、成本利润率和净资产收益率的数值波动较小，营业利润率稳定在8%～9%，成本利润率稳定在10%左右，净资产收益率稳定在6%左右。此外，资本积累率除了在2019年平均值骤升至10%，剩余两年的均值皆处于6%左右。总体而言，在2018—2020年，江浙沪皖印刷包装类上市公司整体获利水平较稳定。

（2）偿债能力指标趋势分析

偿债能力因子的方差贡献率及所占权重处于第二位，包含每股净资产BPS、资产负债率、每股留存收益三个指标。其中，资产负债率是没有标准值的，0～1都是正常值（见表1-26）。从公司债权人的立场来讲，公司的资产负债率越低越好，这样，公司的偿债能力有保证，借款的安全系数就高。从公司投资者的角度来看，如果公司总资产利润率高于借款利息率，则资产负债率越高越好；反之，则越低越好。一般认为企业的资产负债率的最优值为50%，最优区间为40%～60%。

表 1-26　偿债能力指标趋势分析表

偿债能力	指标名称	2018 年	2019 年	2020 年
每股净资产 BPS	极大值	7.2060	7.3050	10.3804
	极小值	1.3922	1.2265	1.6062
	均值	4.2045	4.0158	4.1920
资产负债率	极大值	0.7309	0.7451	0.6407
	极小值	0.0878	0.1334	0.1627
	均值	0.3722	0.3718	0.3550
每股留存收益	极大值	2.6883	3.1486	3.8997
	极小值	0.1624	0.0303	-1.0581
	均值	1.3175	1.2679	1.3937

江浙沪皖印刷包装类上市公司在三年中的资产负债率均值由 37.22% 下降到 35.50%，虽然保持在 40%～60% 的最优区间的上市公司从 2018 年的仅有 4 家上升至 2019 年与 2020 年的 8 家，但绝大多数上市公司距离 40%～60% 的最优区间仍有差距。总体看来，江浙沪皖偿债能力指标尚未达到上市公司的最优区间，偿债能力有待提高。

（3）运营能力指标趋势分析

通过对沪深两市所选 24 家印刷包装类上市公司的运营能力各指标分析，得到表 1-27。

表 1-27　运营能力指标趋势分析表

运营能力	指标名称	2018 年	2019 年	2020 年
总资产周转率	极大值	0.9446	1.0230	0.9954
	极小值	0.3471	0.3304	0.2887
	均值	0.6021	0.6123	0.5995
流动资产周转率	极大值	2.0223	1.9476	1.7321
	极小值	0.4525	0.5426	0.4729
	均值	1.0132	1.0948	1.0479

续表

运营能力	指标名称	2018 年	2019 年	2020 年
每股营业总收入	极大值	6.2381	6.9239	10.9428
	极小值	1.1579	1.3754	1.2207
	均值	3.8195	3.8108	3.8882

其中，总资产周转率均值在2018—2020年表现为先升后降，波动幅度较小，基本保持在0.6附近，说明样本企业经营情况较为稳定。流动资产周转率指企业一定时期内主营业务收入净额同平均流动资产总额的比率，一般情况下，该指标越高，表明企业流动资产周转速度越快，利用越好。如表1-27所示，24家江浙沪皖印刷包装企业的流动资产周转率均值皆大于1，且同比2018年略呈上升趋势，表明总体而言，企业资金利用效率尚可。

（4）成长能力指标趋势分析

可以看出，2018—2020年三年间24家上市公司的营业总成本增长率均值皆不高，极值最大值也仅仅达到1.13%，且三年内营业总成本增长率极大值与均值皆持续下跌，该结果一定程度上反映了长三角地区印刷包装行业发展受到了新冠肺炎疫情的显著影响（见表1-28）。

表1-28　成长能力指标趋势分析表

成长能力	指标名称	2018 年	2019 年	2020 年
营业总成本增长率	极大值	0.0113	0.0042	0.0080
	极小值	0.0002	−0.0023	−0.0020
	均值	0.0024	0.0010	0.0005
流动比率	极大值	9.5359	6.0693	4.3025
	极小值	0.7906	0.8722	1.0625
	均值	2.6470	2.1051	2.3326

四、建议与启示

（一）企业需要重点关注关键财务指标，结合政策背景及疫情常态化的产业背景适时调整经营策略

由于印刷包装行业与人民生活的高度相关性，印刷包装类上市公司的运营也离不开对市场需求的把握，因此需结合市场需求科学合理规划重点发展的行业，合理制定发展战略，进一步提升行业企业的发展实力。在疫情常态化的历史背景下，企业适度关注运营和发展能力，使企业在偿债、盈利、发展和运营能力上科学发展，可通过合理控制存货，提升存货周转率等途径加强企业运营和发展能力[1]。在资金周转上，可从提高资产的流动性加强供应链管理等方面着手提升偿债能力。在盈利能力方面，目前印刷包装类上市公司从总市值及资产规模上看，在主板市场相较其他板块基本都处于下游位置。由于印刷包装产业广泛服务于国民经济和民生，如食品、医药、日化、电子、烟酒等领域，其发展不仅与下游消费品及服务领域的需求息息相关，同样受到了造纸、石化原材料、机械制造等上游产业的压制。因此，印刷包装产业的一些毛利较低的细分行业市场，可以通过放大营收规模弥补利润率的不足，推动净利润绝对值能够达到相对较为可观的水平。在企业的运营能力方面，需要特别关注流动资产的使用效率问题。此外，企业应避免盲目扩大资产规模尤其是流动资产规模，扩大流动资产规模不一定会有效提高流动性，可能会打乱经营生产的正常节奏。印刷包装类企业多为重资产型企业，企业购置印刷包装类的机械设备属于固定资产投入，在企业总资产中所占比例较大，因此可以通过减少闲置的固定资产资金占用，提升流动资产的使用效率。

---

[1] 王关义，陈宇晴. 沪深两市印刷包装类上市公司财务绩效研究 [J]. 中国出版，2021（19）：25-31.

（二）从行业宏观优化角度出发，促进形成上市公司引领、中小企业补充的产业梯队格局

从行业宏观格局优化角度出发，政府出台引导性政策对于行业领军型企业进行科学遴选、精准扶持，有助于在细分领域打造出行业标杆，促进形成上市公司引领、中小企业补充的产业梯队格局，充分发挥其引领、示范作用，带动整个行业的发展。政府为印刷包装企业提供的产业发展扶持方式主要通过财税政策、资金投入等方式开展，扶持重点企业的同时也要兼顾中小企业的发展。由于最终用途行业（如食品、饮料以及制药等）对印刷包装解决方案的需求不断增长，以及后疫情时期制造业缓慢复苏，包装印刷行业有望在未来较长时间继续实现稳定发展。[1] 针对中小型印刷包装企业，政府需要适度降低准入市场的门槛、提供税收优惠，进一步引导印刷包装行业向绿色环保、智能制造方向转型发展。同时针对行业发展中存在的资金问题，积极拓展民营企业的融资渠道。政府需要重点培育一批在综合财务绩效方面表现不俗的中小型印刷包装企业，特别是有高新科技加持的科技型企业，进一步形成以上市公司为核心、具有特色发展优势的中小企业为补充的印刷包装行业的战略布局。

（三）聚焦绿色转型发展，强化企业社会责任与可持续发展的方向与行动

中国政府承诺"30·60 双碳"目标，将扶持绿色低碳产业发展提升到重要的国家战略高度。在政策利好的大背景下，印刷包装行业上市公司能够提供更为广泛的低碳产品服务，可以为绿色可持续发展形成重要的行业引导和示范效应。我国政府出台了一系列政策推动印刷包装行业向绿色智能转型发展，在为印刷包装专用设备行业的发展指引方向的同时，也带来了巨量的绿色包装印刷专用设备需求。上市公司需要积极地与政府、投资者、股东、客户、供应商、合作伙伴、公众等各利益相关方保持沟通，强化企业社会责任与可持续发展的方向，为双方创

---

[1] 杨洁，陈媛媛，王梦翔，等.包装印刷上市公司社会责任信息披露评价研究[J].包装学报，2021，13（2）：89-96.

造价值共享，为实现产业生态、经济增长、环境友好做出贡献。政府通过政策和资金对绿色印刷包装相关产品研发、生产制造、物流运输、消费采购等环节进行财税金融支持，鼓励企业技术改造，提升工艺装备水平，在税收、信贷、贴息、补贴等方面，对质量提升成效显著的行业企业给予政策帮扶，扶持一批绿色转型发展的印刷包装企业上市，引导行业企业做大做强。

第二章
行业发展趋势分析

限塑令下纸浆模塑引领代塑产品发展趋势

黄俊彦[①]

近年来，在政府禁塑、限塑政策的引导与市场需求两大推力的作用下，以蔗渣、竹浆、木浆、秸秆等植物纤维为基材的植物纤维模塑产品成为主流的塑料替代产品之一，因其环保、可持续、价格相对稳定等优势，市场地位及重要性日益上升，国内很多厂商纷纷将巨资投入这个行业。根据前瞻产业研究院的资料，我国植物纤维模塑市场预计在2025年将要达到容量2000亿元，植物纤维模塑在塑料包装市场中的渗透率有望达到30%。随着我国新版"限塑令"逐步在全国各地落地实施，我国的塑料污染治理制度逐步全面建立，科技支撑体系更加完善，低塑生活的良好社会风尚基本形成，塑料污染逐步得到有效治理。目前，相较于塑料制品产量已占据全球的1/4，我国生物可降解塑料消费量全球占比仅为4.6%，行业尚处于导入期，接近传统塑料两倍的价格仍然是阻碍可降解塑料市场化的主要因素之一。

随着更多的国内外政策逐步出台、落实和完善，我国生物降解塑料技术革新、检测评价与标准体系越来越完善，有关生物降解塑料的制造、加工、应用、可回收等技术也将更加成熟，生物降解塑料的生产、销售、使用都将向大规模工业化阶段过渡。同时，随着大批相关项目的建设，未来生物降解塑料的产能将对现有需求形成完全覆盖。据资料介绍，未来三年，我国PBAT规划1500万吨，PLA规划460万吨，约合2000万吨，约占全国塑料制品产量的1/4（2019年产

---

① 黄俊彦，男，教授，原大连工业大学轻工与化学工程学院包装工程系主任，研究领域：植物纤维包装新材料研发、商品防护包装技术、生态化包装材料。

量 8184 万吨，2020 年产量 7603 万吨），中国未来三年将逐步形成全球最大的生物降解塑料市场。限塑令助推生物降解材料快速发展，生物降解塑料产业迎来发展新机遇，生物降解塑料必将得到更好的发展。

一、生物降解塑料与植物纤维模塑产品的性能对比

（1）从主要性能来看，可降解塑料在拉伸、冲击和弹性等方面与传统塑料的性能相当，但是对比价格可以看出可降解塑料的价格普遍是传统塑料价格的 2 倍以上。

（2）当前使用量最大的淀粉基塑料、PLA、PBAT 等材料不仅可以生物降解也可堆肥，主要应用于：全降解包装用薄膜；全降解包装袋，包括购物袋、连卷垃圾袋、宠物粪便袋、电子产品包装袋、食品包装袋、地膜等等。这些材料不仅可以实现完全生物降解，也可用于堆肥。

（3）纸浆模塑制品本身具有原料来源广泛，产品使用后可回收、易降解、可再利用、防震性能好、可保护内容物、外观精美、易成型、成本不高等优点，所以受到了大多数终端用户的青睐。

（4）纸浆模塑制品应用市场非常广泛，可开发利用市场空间非常广阔。

纸浆模塑制品具有良好的防震、防冲击、防静电等性能，广泛应用于餐饮、食品、电子、电器、计算机、机械零部件、工业仪表、工艺品玻璃、陶瓷、玩具、医药、装饰等各种产品的包装。特别在食品药品包装、农副产品包装、工业产品包装以及文创用品、医用器具、家居装饰等其他领域也有着广泛的应用空间。

二、纸浆模塑制品跃然成为代塑产品的领跑者

1. 纸浆模塑包装是"以纸代塑"的最佳"绿色包装"

随着全球各国对环保政策的日趋收紧和我国新版"禁塑令"逐步在全国各地落地实施，作为一次性塑料替代品之一的纸浆模塑制品凭借其生产制造过程对环

境友好、应用范围广泛、相对于其他绿色环保材料更加成熟等优势，成为禁塑限塑风口下包装及其相关行业的翘楚。

纸浆模塑制品本身具有可回收、易降解、可再利用、防震、保护内容物、外观精美、易成型、成本不高等优点，而且在降解的过程中不会产生任何有害物质，所以到目前为止纸浆模塑包装被认为是"以纸代塑"的最佳"绿色包装"。业已成为大多数终端用户的"心愿选择"。

2. 纸浆模塑市场正在形成，应用领域正在拓展，规模逐渐增大

我国纸浆模塑行业经过二十多年的发展，纸浆模塑工业包装材料和纸浆模塑餐饮用具的市场正在迅速扩大。已形成珠江三角洲、长江三角洲和环渤海地区三个纸浆模塑技术发展中心，纸浆模塑工业包装制品的应用已遍及各大品牌产品。特别是近几年，全球禁塑政策开始升温后，纸浆模塑行业以每年30%以上速度增长，伴随着以苹果手机为代表的一批国际企业和以华为、小米手机为代表的一批国内企业都已选用纸浆模塑制品做手机包装内衬垫，极大地促进了我国纸浆模塑行业技术进步和装备技术发展。据行业内人士交流预测，今后几年，我国纸浆模塑行业将迎来连续多年的高速发展期，到2025年，我国纸浆模塑行业有望形成千亿美元的市场规模。

3. 部分纸浆模塑制品利润可观

首先，纸浆模塑制品一般选用较为低档廉价的原材料，如竹浆、蔗渣浆、芦苇浆、麦草浆等商品浆，还有纸箱的边角料、旧纸箱、旧报纸等废纸原料。在一些应用场合，由于被包装物自身的价值较高故客户能接受的内包装费用也相对高一些，所以能为生产厂家带来较好的经济回报。比如，手机包装内衬、精品盒内衬等。可以卖到几元甚至十几元钱，利润空间可观。其次，一般来说，每一款纸浆模塑制品连续生产的时间都不会太长，所以一般不会出现同一产品互相压价竞争的情况。而且大部分纸浆模塑制品的几何形状比较复杂，同一款式堆叠打包后的体积较大，长途运输费用相应偏高，所以很少出现跨地区的竞争。

4. 制度法规有待完善，具体措施有待落实

2020年，国家发展改革委、生态环境部发布新版"限塑令"，海南率先严格限制一次性不可降解的塑料制品在市场上销售和使用，全国各地也逐步落地实施新版"限塑令"。然而，我国如果仅仅为了落实保护环境政策让生产厂家放弃生产技术、加工工艺、市场规模、市场体系都已非常成熟并能给厂家带来丰厚利益的塑料包装，难度比较大，必须有一个法规强行要求放弃一次性不可降解的塑料制品的生产。至于采用何种替代方式代替塑料制品，厂家可以根据自身情况加以选择。另外，我国对纸浆模塑企业没有完善的法规规定，对其研制和开发也缺乏具体的产业政策，对其制造设备、系列产品以及检测方法，缺少专项标准，如何引导和鼓励其发展至今尚无章可循。要想使纸浆模塑包装尽快发挥其应有的作用，解决好现阶段纸浆模塑推广过程中出现的问题，还需要政府各部门及全社会的努力，建立配套的规章制度。"以纸代塑"不能仅靠民众的美好愿望，没有政府、法律的强制要求是难以全面、快速展开的。通过立法来管理包装的生产、流通和使用，依法促进"以纸代塑"的发展进程，是系统而有效的措施。

三、限塑令下纸浆模塑如何引领转型发展

1. 纸浆模塑产业要走国际化路线

最近走访一些纸浆模塑企业，发现我国发展较好的纸模企业都是外向型的企业，生产的纸浆模塑装备和产品除供应国内市场外，还远销到欧美国家和东南亚地区。有些企业甚至以国际市场为主发展，产品出口率达到产量的 90% 以上，国外市场有很大的需求量。

2. 纸浆模塑制品要适应市场发展趋势

纸浆模塑包装生产企业需要多做市场调研，弄清市场上需要什么样的纸浆模塑制品和纸浆模塑包装的发展趋势。要做好提前预判，迎接全面禁塑、需求爆发式增长的市场的到来。随着全球对"白色污染"问题的重视，"以纸代塑"观念的提出，纸浆模塑包装有望不断提高产量，在不久的将来可能进入工业化大批量生产阶段。相关企业只有不断提高纸浆模塑设备、模具、工艺的总体水平才能不误发展的好时机。

3. 限塑令下纸浆模塑行业爆发式增长

近年来，在广泛实施禁塑限塑的新形势下，纸浆模塑制品由于其优异的环保和可降解性能，成为"限塑令"后主要替代品之一。因此，国内很多厂商纷纷将巨资投入纸浆模塑行业。在纸浆模塑餐饮包装板块，2020年山鹰国际与吉特利环保科技共同投资8.5亿元，在四川宜宾建设竹纸浆模塑餐具及包装产品生产项目，项目建成后预计年生产竹纸浆环保餐具约8万吨，实现年销售收入约15亿元。2021年11月，吉特利与大胜达签署"战略合作协议"，合作建设5亿元海南纸浆模塑基地项目，设立海南大胜达环保科技有限公司。广东韶能集团绿洲科技深耕植物纤维生态领域20年，建有新丰、南雄两大生产基地，年产纸浆模塑餐具及食品包装产品10.5万吨。

在纸浆模塑工业包装板块，东莞汇林是国内较早涉足环保纸浆模塑的生产企业，总投资4.3亿元人民币，是集纸浆模塑机械设备制造、产品研发与设计、模具制造、产品生产、销售为一体的大型企业。2020年东莞汇林再次投资6.1亿元，建设可降解生物材料生产项目，主要从事研发和生产可降解生物基包装材料和产品。裕同科技自2016年以来积极布局纸浆模塑市场，在全国多地建立了纸浆模塑生产基地，其中四川宜宾项目投资约7.5亿元，建成达产后可实现产值12亿元；海南海口项目投资4亿元，建成达产后可实现年产值约6.4亿元，公司目前整个环保产品全部达产可以做到20多亿元。永发印务作为烟酒包装行业的百年企业，2014年就开始开展纸浆模塑业务，已建成了永发（上海）模塑、永发（河南）模塑、永发（江苏）模塑、青岛永发模塑等项目，主要为国际品牌手机配套，其产品遍及全球。界龙集团自2017年起先后投资3亿元用于建设纸浆模塑项目，分别在上海奉贤、江苏昆山、姜堰、安徽合肥、重庆永川等地建设现代化的纸浆模塑生产基地。大型的电子产业科技制造服务企业富士康投资2.3亿元在河南建立了富士康兰考科技园，拓展纸浆模塑环保包装材料的研发制造业务。

4. 相关行业如何转型纸浆模塑行业

在广泛实施禁塑限塑的新形势下，纸浆模塑的上下游行业，造纸、包装、印刷、塑料等行业如何转型发展呢？

（1）造纸行业转型，利用自身资源，技术优势进行多元化发展，转型纸浆模塑包装制品、纸模餐具发展。纸是大众接受度最广、使用最多的包装材料之一。可回收、可降解、可循环、原料可持续等特点，使纸质包装材料具有优越的环保性能，同时，具有产能充足、使用方便、价格低廉、重量轻、运输成本低、印刷性能好等特性。

（2）包装与印刷业转型，利用自身产品和技术优势、市场和客户资源，转型纸浆模塑发展，如大胜达集团、山鹰集团。

（3）塑料行业转型，利用已有的市场和客户资源，转型纸浆模塑行业，寻求新的发展机遇。

（4）餐具食品包装业，利用自身产品和技术优势、已有的市场和客户资源，转型纸浆模塑行业，会有更多的发展空间。

四、纸浆模塑无限的创新和发展空间

1. 多元化代塑纸浆模塑制品

为了适应各行各业限塑禁塑的发展需求，基于高性能特种浆料配方与制品加工工艺，进行多元化的纸浆模塑结构功能创新设计已成为纸浆模塑行业的发展趋势。目前开发的医疗针盒、花盆、方便面餐盒、衣架、挂扣等新型功能性纸浆模塑制品突破了传统纸模制品在包装中的应用局限，使纸浆模塑制品成功拓展到医疗、餐饮、服饰、农业、日化等领域，功能性纸浆模塑新产品的开发为塑料制品的替代提供了根本性的解决方案。

2. 瓶类纸浆模塑制品创新设计

纸浆模塑瓶是一种纸模设计理念上的创新，其瓶身的结构部分采用纸浆模塑成型，而盛装内容物的内胆部分则采用更轻薄的塑料制造，这样可以使塑料的使用量减少 50% 以上。纸浆模塑瓶身外部结构可以有效地缓冲外力带来的冲击，使内部的 PET 瓶无须设计成过厚的结构，便可达到保护产品方便储运的目的。

瓶类纸浆模塑制品可分为分部组合式纸模瓶和一体成型式纸模瓶两种类型。

分部组合式纸模瓶是通过传统的纸浆模塑生产技术先生产出两片完全相同或相互啮合的半瓶身结构，再装入内胆，最后通过黏合剂黏合，组装成整体纸模瓶。

一体成型式纸模瓶应用了一种新型的纸模生产技术。其制作过程采用一种新型的模具结构，即上下模具组成的具有中部空心腔体的外模和由耐高温气袋组成的内模。利用真空吸附和内模气袋充气挤压的原理制作出一体成型式纸模瓶。纸模瓶的内胆可以采用更薄的PET制成瓶坯（壁厚可在0.05毫米以下），再在纸模瓶身内吹塑成型，也可以采用直接瓶内喷涂可降解的防水涂层的方式，制作出用于盛装液体的纸模瓶。

3. 内外复合结构组合型纸浆模塑制品

传统纸浆模塑工业包装制品一般是用来作为缓冲衬垫材料使用的，外面再裹包一层外层包装。一些新款的纸浆模塑制品将内部缓冲衬垫和外部包装结构设计成一体，在一定应用场合可以代替折叠纸盒纸箱，这种内部缓冲和外部包装一体化纸模设计，通过组装或黏合成型成为一体化包装，减少了外包纸箱纸盒的使用，大大降低了包装成本。这种包装100%采用纸质材料，符合当下绿色环保的理念，同时可以通过造型或表面纹理来赋予其高级感、时尚感，是一种礼盒包装的新思路。

由于纸浆模塑制品具有立体造型的特点，其外包装造型不仅仅局限于普通的长方体，还可以实现包装的异形化，同时也可以在长方形的基础上进行倒角、圆角、凹印等各种加工。另外，其表面图案不仅仅局限于平面印刷，也可以设计一些复杂纹理和有凹凸感的LOGO或图案，从而提升产品的档次和品质。

4. 四边折叠结构纸浆模塑制品使内部缓冲和外部包装一体化

针对纸浆模塑制品结构和功能过于单一的现状，基于机械力学、缓冲力学、人机工程学原理，业内专业人员对纸浆模塑结构的承载机理和成型特点进行了系统研究，创新性地将模切、折叠、粘贴成型等工艺引入纸浆模塑制品设计生产过程中，开发出折叠型结构、复杂缓冲腔结构、侧壁微倾斜结构、内外复合结构等纸浆模塑制品新结构。大幅提升了纸浆模塑的承载性能、空间利用率、展示性能，复杂缓冲腔纸浆模塑制品的抗压性能提升3倍以上。

5. 立体中空蜂格纸浆模塑创新技术

该技术利用纸浆模塑吸滤成型的原理，采用上下两幅模具组成双面组合模具，通过上下模具开合、双面立体吸滤一体化成型，形成由纸浆双面吸滤层和若干立体管孔状支撑构成的产品结构，制作成立体中空蜂格状、平凸凹结构相结合的纸浆模塑包装制品。因此，制品具有优异的承载强度、缓冲性能和超高（厚）尺寸。该项技术制造方法简单、一体化成型纸模制品质量高、结构稳定、结构变化多样、成本低，弥补了传统纸浆模塑单面吸滤成型、凸凹薄壁结构、不能承载重物的缺陷，也可以制成重型包装的缓冲材料。

立体吸滤成型中空蜂格纸模制品是利用双模立体成型，制品的承重是依靠不同形状、不同密度的管孔由立面支撑，形成多层次的纸模制品，上下面的凸凹形状起到对内装物的定位作用。故立体中空蜂格纸模包装制品强度大、刚性大、承载能力强、吸收能量大、缓冲性能好、不易变形。弥补了传统的单层纸模制品的缺陷和不足，拓宽了纸浆模塑制品在重型产品包装领域的应用。

6. 超疏水技术、抗掉粉技术在纸浆模塑制品表面的应用

随着全球限塑和纸浆模塑技术的发展，很多电子产品将包装的选择方向投向环保型纸浆模塑制品，而普通的纸浆模塑制品防水性能达不到电子产品的防水要求，这就需要研发纸浆模塑包装制品新的防水技术以适应相关电子产品对包装的防水要求。此外，大多数纸浆模塑包装制品废弃后将被回收再次进入制造纸浆模塑制品的循环生产中，而纸浆模塑包装制品在使用过程中一旦被污水或浓稠液体污染后，将会增加循环生产的处理工序、处理难度和处理成本，纸浆模塑包装制品制造企业迫切希望纸浆模塑包装制品具有较强的抗液体黏附和易于清洁的性能，以确保纸浆模塑废弃品再次循环生产的环保性和便利性。为了满足客户对纸浆模塑包装制品提出的高防水性、抗液体污染性、易清洁的需求，开展了防潮、超疏水纸浆模塑制品的开发。

超疏水纸浆模塑制品具有优异的防水性和抗液体黏附性，并且极易清洁。解决了部分电子产品对纸浆模塑包装制品高防水性的需求，解决了纸浆模塑包装制品循环再利用的环保处理需求。并且，该技术具有成本低、效率高等优点，获得纸浆模塑制品具有较好的耐磨性，能满足中小型产品的包装耐磨需求。

当纸浆模塑制品用于包装电子产品时，从纸模制品表面掉落的粉屑不仅影响电子产品表面的美观，若掉落的粉屑贴附于线路板上，还可能引发电路短路等意外事故。因此，亚马逊、苹果、华为等企业均对纸浆模塑包装制品提出了具有抗掉粉性能的要求。而早期的解决方案是通过在成型后的纸浆模塑包装制品表面喷一层清漆的方式来解决。然而喷清漆后纸模制品表面有毒有害物质超标，不能通过环保检测；而且喷清漆的过程也污染生产环境，不符合环保包装的生产要求。因此，研发抗掉粉的纸浆模塑制品势在必行。

采用上述方案研发出的具有较好抗掉粉性能的纸浆模塑包装制品，与现有的采用喷清漆、涂光油等方法相比，具有生产过程环保、产品环保安全性更高等优点，满足了亚马逊、苹果、华为等国际国内高端电子产品客户对于纸浆模塑包装制品抗掉粉性能的实际应用需求，突破了纸浆模塑包装制品在高端电子产品包装中的应用"瓶颈"，解决了长期困扰纸浆模塑行业的抗掉粉技术难题。

7. 3D 打印技术制作纸浆模塑成型模具

纸浆模塑制品的生产主要依赖于模具的设计及其制造技术，可靠的模具制造能够提高纸模制品的生产效率，同时也为产品的快速更新换代创造了条件。纸模模具开发的技术难度大，纸模制品的外观不同，模具制造的难度也不同，结构越复杂的纸模制品，其模具的制造越难实现。因此，纸模模具设计水平的高低、加工设备的好坏、制造力量的强弱、模具质量的优劣，都会影响纸模新产品的开发和产品的更新换代。考虑到市场风险的影响，纸模模具的加工必须保证一定的产品生产量，才能降低纸模制品的生产成本。近年来，3D 打印技术的发展和其在纸浆模塑行业的应用，为传统的纸浆模塑模具制造技术提供了重大改革和突破的可能。

3D 打印通常是采用数字技术材料打印机来实现的，常应用在模具制造、工业设计等领域。对于需要模具生产的纸浆模塑制品，用 3D 打印技术制作其生产模具，无论是时间成本还是开模设计费用都将极大降低。业内研发人员采用 3D 打印技术，使用 PA 材料快速打印出纸浆模塑生产用模具。

8. 干法模压生产线的开发和应用

瑞典 PULPAC 公司打破传统的植物纤维模塑湿法成型工艺，突破性地使用干法模压工艺（或称为直压式工艺）制作出各种精致的植物纤维模塑产品，这种干法模压工艺技术利用卷筒状或平板状原料浆板或纸板作原料，经过分散纤维和纤维成型、纸幅预压、喷淋及复合纸幅、制品挤压、定型和切边等过程，将植物纤维加工成价格非常有竞争力的包装制品，可以大规模取代一次性塑料制品。该公司首条试点生产线已经投产，几年内将生产数十亿可降解的植物纤维模塑产品。该生产线可以在线添加具有阻隔性能的助剂以及表面涂布、印刷等装置，可以将所有的制造过程整合在一条生产线。因此，不需要额外的再湿和干燥工序，可以大大降低能源消耗，节省人力，降低成本，提高效率。

这种干法模压工艺使高速制造几乎任何形状或用途的植物纤维产品成为可能。并且可以利用各种纤维素纤维原料，不管是未经处理的、残余的还是回收的边角料。它节约能源，减少二氧化碳排放，并显示出许多传统植物纤维成型方法无法满足的设计和技术优势，是未来植物纤维模塑生产创新技术的一个发展趋势。

五、结语

随着我国国民经济各个行业健康快速的发展，与世界各国的经济往来也日益频繁和紧密，并且随着我国的"限塑令"的强力实施，纸浆模塑这一新兴的绿色环保产业显示出强大的生命力和广阔的市场前景，经过业内人士的不懈努力和不断创新，纸浆模塑的新工艺、新设备和高精新产品也将不断地开发和研制出来，未来几年，我国纸浆模塑行业将迎来一个快速发展的大好时期。

低值包装废弃物回收及再利用的发展

任恺 [①]

随着商品经济和消费方式的飞速发展，包装对产品越来越重要，除了原有的安全保护功能、存储功能、运输效率以外，还需要考虑市场营销的需求、网购便捷性的需求、智能追溯的需求等。包装行业也在随着市场的发展而高速发展，国内外的包装企业不断优化自己的工艺，推进研发以满足客户和消费者的需求。与此相对应的就是包装废弃物的大量产生，尤其是一次性的包装废弃物。包括快递包装、食品包装、饮料包装、礼品包装等。包装废弃物在生活垃圾中的占比也逐年提高。如何将这些废弃物回收再利用，已经成了各地政府、生产企业、环保组织、民众所关注的问题。随着我国居民消费习惯的改变和生活水平的提高，一次性包装在生活垃圾中的占比越来越高。这既增加了资源的耗用，也对垃圾的末端处置增加了压力。如何促进包装废弃物，尤其是低价值包装废弃物的回收和再生利用，是摆在面前的一大课题。本报告从各地区的案例、政策法规、回收模式来进行分析和展望低值包装废弃物回收和再生利用的发展和趋势。

一、低值包装废弃物回收的意义

在包装废弃物高速生产、制造、废弃的流程背后，是包装产业在原料阶段对资源的开采、在其生产和运输阶段对水资源和能源的耗用、在使用后阶段对土地

[①] 任恺，上海数智绿色包装研究所副所长，上海市包装技术协会绿色包装专业委员会副秘书长，研究方向：包装废弃物回收及再生利用，垃圾分类及低值可回收物的回收再利用。

资源的占用或焚烧时产生的排放。随着国内法律法规对于过度包装、塑料包装、快递包装等包装物的规范管理，包装废弃物可回收或者可以重复使用的特性被越来越多地提及。自 2016 年以来，艾伦·麦克阿瑟基金会的"新塑料经济倡议"一直号召全球的企业和政府，共同为实现循环经济而努力，尤其是塑料领域。这项倡议也得到了很多领域头部企业的支持，包括软塑包装巨头安姆科集团，纸基复合包装巨头利乐公司，以及各个行业的领头羊，如可口可乐、达能、欧莱雅、玛氏、雀巢、百事可乐、联合利华、沃尔玛、威立雅、北欧化工等。加入企业的名单仍在不断扩大，越来越多的企业加入进来。这项倡议中有一个目标就是"所有塑料包装 100% 可回收或可重复使用"。这项倡议被很多企业采纳，并作为公司的可持续发展目标之一。如安姆科就把在 2025 年实现 100% 可回收或可重复使用包装作为自身的企业目标。据估计，这些头部企业加入这个倡议，都能付诸实施的话，每年可能会对超过 600 万吨的包装废弃物产生影响。不仅可以避免包装原料开采阶段对资源的消耗，也能够减少包装废弃后对环境的影响。

我国目前的生活垃圾分类要求，是把居民社区、企业、单位、学校等地的生活垃圾分成四类。以上海为例，分成"干垃圾、湿垃圾、可回收物、有害垃圾"。当然，有些省市根据自身特点，把"干垃圾"称为"其他垃圾"，把"湿垃圾"称为"厨余垃圾""易腐垃圾"等。但是，大的方向可以看成需要社区居民及办公室人员、学校师生等进行最基本的分类，即把各自场所产生的生活垃圾中的可回收物分离出来，把有害垃圾也分离出来，把易腐的厨余垃圾也分离出来，而剩余的就是需要送去填埋或焚烧的其他垃圾。

包装废弃物目前最主要的两个去处就是"可回收物"和"干垃圾"。在推进包装废弃物回收的过程中，最重要的就是促进包装废弃物能够越来越多地被投入"可回收物"垃圾桶，并在后端能够被合理地再生利用。但是，实际情况是因为居民认知、分拣体系、再生利用技术和再生价值的问题，很多低价值的包装废弃物都被扔在了干垃圾的类别中，没有得到很好的分拣和再生利用。如软塑包装、纸基复合包装甚至是玻璃包装都因为其价值较低，被混入了干垃圾之中。这不仅造成了再生资源产业的低迷，与此相对应的是，填埋场、焚烧厂等生活垃圾末端处置的压力也越来越大。国内很多大型城市面临着垃圾围城困境，特别是在低价值可回收物的回收利用方面，其中提到了城市生活垃圾产生量以每年8%～10%的速度在增长，而其中低值可回收物占20%左右。[①] 促进此类低值包装废弃物的回收和再生利用，不仅对资源耗用、循环经济有极大的利好，同时还能减少末端处置的压力，这项工作意义重大。

二、低值包装废弃物回收再生现状

低值包装废弃物回收的意义重大，很多国家和地区的政府、民众也在为此行动着。下面，我们举几个典型的案例。

（一）欧洲的"绿点"系统

"绿点"体系主要针对包装垃圾，这个系统的基本原则是：谁生产垃圾就要为此付出代价。即所谓的生产者责任延伸制度，这一制度是从源头避免产生垃圾的关键，要求生产者（包括制造商、出口商、分销商、零售商）对其商品所产生的垃圾承担收集、再利用和处置的责任，而不是由社会负担垃圾的收集和处理。所以，这个体系资金的主要来源，就是这些垃圾的生产责任业者。生产者和销售者按照规定缴纳一定的"绿点标志使用费"，并获得在其产品上标注"绿点"标志的权利。而企业缴纳的"绿点"费，则用于垃圾收集、分类和处理。这种制度不仅解决了垃圾后续处置的费用，而且极大地鼓励了生产者减少原材料的使用量。

目前，该制度的最高机构是欧洲包装回收组织，该组织负责欧洲的"绿点"管理。应该说，该制度是由各成员国根据自己国家的包装法来自行管理的，所以欧盟各成员国对于该制度的实际操作并不一致。世界上约有4600亿件流通的包装物上盖有"绿点"标记。以下是欧洲实行"绿点"制度的国家，括号内是该国加入欧洲包装回收组织的年份：德国（1990年）、法国（1992年）、奥地利（1993

---

① 危旭芳，戴燕艳，谢文海. 广州行政学院学报 [J]. 低值可回收物回收利用政策困境及其完善，2017，29（3）：79-86.

年）、比利时（1995年）、希腊（1993年）、爱尔兰（1997年）、意大利（1997年）、卢森堡（1995年）、葡萄牙（1996年）、西班牙（1996年）、捷克共和国（2002年）、匈牙利（1996年）、拉脱维亚（2000年）、立陶宛（2002年）、波兰（2001年）、芬兰（1996年）、挪威（1996年）、瑞典（1994年）。

例如，在德国推行了严格的生活垃圾分类制度，只要标注有"绿点"标志的包装废弃物，如易拉罐、饮料盒、塑料瓶、塑料袋等都需要投入专门设立的垃圾桶。在德国，倒垃圾需要交钱。但绿点系统的垃圾桶不仅可以免费使用，还会有人定期免费清运。这也是"绿点"计划鼓励人们尽量减少丢弃包装废弃物的一项有效措施。消费者如果不将垃圾分类，包装废弃物很快会将其他垃圾桶填满，清理垃圾桶的次数便会增多，消费者需要支付的清运费也会增加。

根据规定，企业所缴纳的"绿点标志使用费"允许打入商品成本，转嫁给消费者。这一措施不仅促使消费者对生活垃圾认真分类，尤其是包装废弃物。对于生产企业来说，在自己的包装材料上标注"绿点"，表示此种材料可以回收再用，无疑也是一种很好的企业形象宣传。而绿点组织对于这些资金的运用也覆盖了各类包装物的回收、资源化利用、宣传教育、行政开支等各个方面，相当于一个包装废弃物回收管理基金会的作用。

当然，欧洲在包装废弃物回收方面，还在继续进行体系的优化。常晓东[1]提到根据欧盟《循环经济中的塑料战略》，到2030年所有塑料包装要可回收再利用。为达到此目标，欧盟启动了一系列措施，包括改善塑料制品的设计，促进回收和分类收集，减少一次性塑料的使用，等等。2019年3月和7月，进行了两次包装行业的研讨会，包装行业的代表和各个成员国的非政府组织代表参加了会议。主要针对包装基本要求和EPR（生产者责任延伸制）的研究进行讨论。而目前，欧洲大陆的包装废弃物回收率也是全球最高的区域之一。

（二）日本垃圾分类体系中包装废弃物的回收

日本是世界上垃圾分类工作做得很好的国家之一，其垃圾分类具有几个突出

---

[1] 常晓东. 电子电气产品污染防治专题 [J]. 欧盟循环经济立法体系及趋势分析，2021（12）：78-80.

的特点：有关于垃圾分类的法律法规十分完备。日本制定了三个层级的法律法规来保障垃圾回收的实施。第一个层级是基本法《促进建立循环社会基本法》。第二个层级是综合性的两部法律，即《资源有效利用促进法》和《固体废弃物管理和公共清洁法》。前者的主要内容和目标是控制使用过的物品以及副产品的产生，并采取能促进再生资源及再生零件利用的必要措施。第三个层级是根据产品的性质制定的具体法律法规，如《家用电器回收法》《建筑及材料回收法》等。在包装领域亦是如此，日本不仅制定并实施《包装再生利用法》，还致力于回收体系的建设，鼓励在境内建立回收站。消费者将包装废弃物进行分类后，日本的收运系统将分类完的包装废弃物通过定时收集、转运等方式，运输至专门的处理中心进行再生利用。所以，从生产者责任延伸制的角度来说，日本的生产业主为自身包装需要做的主要在再生利用环节，因为回收环节更多地可以结合各个县市的垃圾分类体系。

（三）韩国的 PRO 和 KECO 组织

韩国于 2003 年颁布了《促进资源节约和再生利用法案》，以及《电气电子废物资源循环利用和报废汽车法案》（见表 2-1），确立了生产者责任延伸制度的法律基础，并明确了覆盖产品范围、各方角色责任分配以及运行机制。

表 2-1　韩国废弃物回收法律基础及对应类别

法律基础	目标项目	类别
《促进资源节约和再生利用法案》	包装类（4 类）	用于包装食物和饮料、农产品、水产、畜产品、清洁剂、药物和化妆品等的包装物（金属罐、玻璃瓶、纸箱、合成树脂包装材料）
	产品（11 类）	电池、轮胎、润滑油、荧光灯、聚苯乙烯漂浮物
《电气电子废物资源循环利用和报废汽车法案》	产品（27 类）	电视机、冰箱、洗衣机、空调、计算机、音响、移动电话、复印机、传真机、打印机、自动售货机、净水机、电烤箱、微波炉、餐厨垃圾处理器、洗碗机、坐浴盆、空气净化器、电炉、电饭锅、软水器、加湿器、电熨斗、电风扇、搅拌器、吸尘器、录像机

其中，参与废弃物管理的主要是韩国政府、PRO（生产者责任组织）和

KECO（韩国环境公团）。其中 PRO 组织的建立是用以支持管理地方政府和 KECO，并协调和解决利益相关方之间的矛盾。PRO 通过生产者或者进口商可以自行委托或者通过资助受环境部认证，代为开展废弃物回收和再生利用活动，并定期向 KECO 提交履责情况报告。KECO 作为半公立的管理机构，对生产商、进口商以及 PRO 的回收利用行为进行核查和监督。并对 PRO 的基金使用情况进行审核。

（四）中国台湾地区

中国台湾地区"四合一"的资源回收体系如图 2-1 所示。

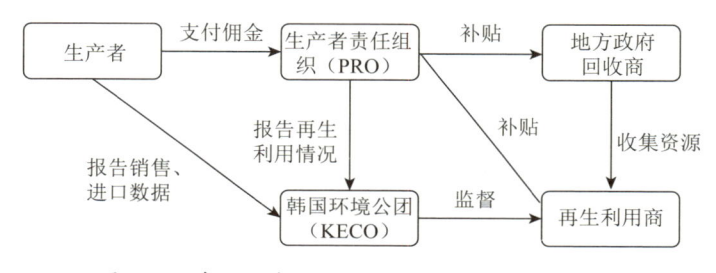

图 2-1 中国台湾地区"四合一"的资源回收体系

我国台湾地区的固体废弃物减量的成效首先归因于法律强制源头分类和生产业者承担起责任。事实上，台湾资源回收也经历了三个不同的阶段。第一个阶段是 1988 年之前，可以称为自由市场阶段。这个阶段非常类似于我们大陆地区早期的废品买卖阶段，即有价值的废品可以进行市场交易，在资源匮乏的年代，这样的体系非常有效率。但是，随着生活水平的提高，以及废品价值的波动，越来越多的废品混入生活垃圾中。这样一来，这个体系的效率和效益也就大大降低了。第二个阶段是业者共同组织阶段，由各个不同行业的生产制造商自主自发地组织资源回收，但是也易受到外界质疑，其公信力、规模、回收覆盖面和实际回收率都存在很多问题。第三个阶段是资源回收四合一，也是迄今为止台湾地区最行之有效的体系。其结合社区民众、地方政府清洁队、回收商和回收基金这四方的力量，做到全社会动员，而这其中的"回收基金"就是生产业者基于回收费率缴纳给基金管理委员会的，用于不同行业、不同品类的废弃物回收。而回收基金的管理和运用则有一套非常严谨和复杂的流程，共有三个委员会对回收基金负责，分别是费率审议委员会、回收基金管理委员会、稽核认证团体监督委员会。这其中费率审议委员会主要就生产制造商、经销商、零售商应该就某类废弃物支付什么样费率进行审议，并对其缴费情况进行检查，与责任业者一起努力协商出合适的费率，并由业者缴纳至回收管理基金中。回收基金管理委员会则负责基金的日常管理，包括整个基金的收入、支出的管理以及日常行政开销。稽核认证团体监督委员会则负责检查回收系统，包括回收商和处理商的回收数据是否准确，回收系统的成本、绩效等问题。给予回收系统各个环节最为合适的补贴。

当然，在台湾也并非所有废弃物都是需要收费的。有些废弃物，如废纸、废铁、铝、玻璃、塑胶、光碟片、手机等由于本身回收系统比较顺畅，其回收费率为零，补贴也为零，即不需要生产制造商支付费用，回收商也没有补贴。而生产制造商需要交费的品类则主要包含以下几大类：容器（包装）、干电池、机动车辆、轮胎、铅蓄电池、润滑油、电子电气、照明光源等。而其中，容器类（包装类）又包含铁容器、铝容器、玻璃容器、纸容器、塑料容器和农药废容器。

台湾各个区域的垃圾分类、清运方式并不相同，比如台北市、新北市是随袋征收垃圾费，其他城市则是随水征收垃圾费。但是，在资源废弃物的回收方面，整个台湾地区是一致的，都有专门的资源回收物清运车辆，从居民端进行回收，再进行分类运送至不同的处理商那里被再生利用。这套体系既包含在垃圾分类的大体系中，又不同于环卫的清运车辆，因为其运行成本是从回收基金里支出的，是由生产制造商、经销商作为生产者责任的体现。

（五）中国大陆地区

中国大陆地区的低值包装废弃物回收目前仍处于初级阶段，目前还没有像欧盟或日本等地区分类得那么详细。但是，已经从一些热点包装入手，并设置回收体系了。如张玉霞、杨涛[①]提到国家层面，最近的 2020 年 7 月 17 日，国家发改

---

① 张玉霞，杨涛．关于构建塑料包装废弃物的分类、收集与管理体系的思考[J]．中国塑料，2021，35（8）：21-29．

委和生态环境部等九个部门联合印发《关于扎实推进塑料污染治理工作的通知》，提出2021年1月1日起，在各市及计划单列城市建成区的商场、超市、书店、药店等公共场所，禁止使用一次性塑料餐具和不可降解的塑料袋等制品。该通知也强调了属地管理责任，要求地方于2020年8月中旬前出台各省级实施方案，做好分解任务和日常监管。此外，国务院办公厅于2020年12月14日转发了国家发改委等部门发布的《关于加快推进快递包装绿色转型意见的通知》，强调坚持强化政府监督管理，对快递类包装的绿色转型提出了要求和引导。

虽然有了这些政策法规的出台，但是总体来说，我国大陆地区的包装废弃物回收还是处于初级阶段。针对包装废弃物回收和再生利用的法律法规要求主要还是针对塑料包装、快递包装等特殊领域。也可能是因为这些包装废弃物的问题更多突出，魏文潞[①]也提到，当下我国电商发展迅速，电商快递包装的回收比例极小，所用纸板和塑料实际回收率不到10%，包装物总体回收率不到20%。其中纸箱只有不到一半被回收，而电商包装中使用的填充物、胶带、塑料袋等物品都是一次性产品，导致无法回收。

大部分的包装废弃物，尤其是低值包装废弃物仍然依托各省市自身的垃圾分类体系，大部分的低值包装废弃物仍然混在其他垃圾中被填埋或焚烧。因为包装物的材质、需求、环境影响、末端处置方式都不同，从国家层面来说，还是需要一部关于包装废弃物的法律法规。类似于德国的《包装废弃物避免法》来综合引导包装废弃物的避免和回收处置。

三、包装废弃物回收再生的驱动力及回收方式

（一）内部驱动及外部驱动

内部驱动一般指企业自己提出的包装废弃物回收目标，并付诸实施，以此推动循环经济。而外部驱动是指由于外部环境的影响，如政策法规、客户需求、零

---

① 魏文潞. 电商产品包装的回收与再利用设计研究[D]. 沈阳：沈阳师范大学，2020.

售商需求、消费者意愿引发企业重视并驱动其参与包装废弃物的回收。需要说明的是，内部驱动和外部驱动并不是非黑即白的，很多时候这两种驱动力是互相影响、互相支撑的。

1. 内部驱动

内部驱动指包装生产企业和使用企业自身设定的包装废弃物回收指标和再生利用指标。比如，可口可乐公司已经在 2018 年的时候提出"World Without Waste"的全球可持续包装战略，目标在 2030 年实现所有饮料包装 100% 等量回收再生。可口可乐的这个举动将覆盖整个饮料包装行业。

瑞典利乐公司在 2010 年的时候提出其在全球各地生产的包装在 2020 年要达到 40% 的回收率的目标。为此利乐公司在全球各地支持了 160 多家再生利用企业和回收企业，并与很多行业协会、环保团体建立了回收项目合作。

达能公司宣布了争取在 2025 年前实现其包装 100% 可回收，包括其使用的包装达到可回收、可重复使用、可堆肥的标准。针对其旗下部分品牌，如依云已承诺，到 2025 年将 100% 回收塑料制成其塑料瓶。百事可乐宣布力求在 2025 年设计出可被 100% 回收利用的包装，并与合作伙伴合作，提高包装回收率及再生利用率。

外卖垃圾中的一次性包装、餐具也以极高的速度在生活垃圾的比重中增长。饿了么、美团、盒马、京东到家等外卖服务平台虽不是包装物的生产和使用方，但却肩负起了研究外卖垃圾源头减量的问题，包括新材料研发、商业模式创新等。

针对快递包装回收问题，多个电商企业已推出相应行动。赵静茹[①]提到，目前已经有很多企业巨头如菜鸟、苏宁、京东等企业开始在快递包装回收利用方面进行创新，提出了一些项目并实施。其中，菜鸟绿色联盟对天猫超市使用的快递纸箱作回收，符合标准的回收箱会贴上专属标签后进行二次使用。苏宁物流推出了可折叠并带自身企业 LOGO 的快递盒，消费者当面签收后，快递盒由配送员折叠后带回，做成共享快递盒。并摸索共享快递盒在一些快递柜、超市、便利店

---

① 赵静茹. 垃圾分类背景下快递包装回收再利用模式及策略研究 [J]. 河南科技学院学报，2021，41（9）：44-51.

设置回收站的方式。而京东物流也做出了很大的努力，它先后采用了自主回收、自建循环回收系统、青流循环箱三种方式。除此以外，京东物流还和第三方合作，促进多渠道逆向物流。

在日化用品行业中，宝洁对于其产品包装的规划是 100% 可再生或使用可循环材料。联合利华也提出使用可重复使用、可循环使用或可降解塑料包装，并提高包装物的回收与循环利用率，提高包装物中回收成分含量。而美宝莲更是提出了 2030 年所有美宝莲塑料包装都将采用 100% 回收塑料的目标。

2. 外部驱动

外部驱动更多是因为企业受到政策法规、竞争对手、客户需求、零售商需求、消费者意愿的影响，促使企业制定自身的包装废弃物回收目标，并付诸实施。基于目前中国现阶段的实际情况，国内很多品牌企业和包装企业，受到政策法规和跨国企业的影响较大，逐渐对自身产生的包装废弃物问题开始重视并逐步推进实施。外部驱动的特点是会关注眼前的实际影响和应对策略。但长期来说，很多企业都是从外部驱动转化为内部驱动的。很多国际级企业在发现自己的客户、客户的客户、供应链、消费者、政府部门甚至竞争对手已经开始有这样的趋势的时候，就会把这部分工作转化为自身的目标，设立专职部门，协同整个供应链的资源予以支持，这就完成了外部驱动到内部驱动的转变。

（二）市场驱动和政策驱动

包装废弃物的再生产业链，有些是依靠经济利益驱动的，比如废纸箱、废弃塑料饮料瓶、易拉罐等。但是，也有一些是经济利益无法驱动，需要依靠政府出台政策法规才能运行的。我们把它们分为市场驱动和政策驱动。基于原油和大宗商品和价格，市场驱动和政策驱动也不是固定不变的，而是根据市场情况在不断变化中。

1. 市场驱动

市场驱动的包装废弃物回收是指，在此包装废弃物的再生产业链上，每一个环节都是有经济价值并足以推进至下一环节的。即包装物废弃后，从消费者开始到回收商、清运商、分拣转运商、再生处置商每一个环节都可以利用经济利益驱动。比较常见于一般的可回收物，如纸箱板、塑料饮料瓶、易拉罐等，这类包装物每一个环节都可以利用经济利益驱动其回收和再生，形成了一个"买卖关系"产业链，属于典型的市场驱动型。

2. 政策驱动

政策驱动是指，在市场驱动不足以打通回收产业链的所有环节，需要依靠政府的政策法规进行强制或者给予一定的补贴才能将再生产业链完善，使其运作。比较常见于低值包装废弃物之中。这样的包装类型有泡沫塑料、玻璃瓶、各类复合包装等。通常来说，在各个城市的垃圾分类政策中，这些包装废弃物都属于可回收物，但如果拿这类废弃物去回收商、废品收购商那里去做交易时，往往会碰壁，或者他们愿意出资收购的价格，远低于回收的成本。这就使得"买卖关系"无法继续。各级不同的政府也出台了一些政策，用以支持这类包装废弃物的回收，我们称为政策驱动。

两网融合的补贴政策：两网融合是指垃圾分类体系中可回收物的部分，主要涉及垃圾收运的网络及废品回收的网络，尤其指可回收物中低价值的部分。以上海为例，各个行政区对于低值可回收物是有补贴政策的，每个区的可回收物收运的主体企业，可以根据回收到的低值可回收物申请政府补贴，比较典型的是泡沫塑料和玻璃瓶这种包装废弃物，每个区的补贴在 200～250 元/吨不等。

生产者责任延伸制：生产者责任延伸制度（EPR）是一项重要的环境政策，该制度将生产者的责任延伸到其产品的整个生命周期，特别是产品消费后的回收处理和再生利用阶段。我国第一个与包装物相关的 EPR 是《饮料纸基复合包装生产者责任延伸制度实施方案》（简称《实施方案》），《实施方案》包括总体要求、主要延伸责任、保障措施三部分，提出了在饮料纸基复合包装领域实施生产者责任延伸制度的基本原则和主要目标，明确了开展生态设计、加强信息公开、规范回收利用和发布履责报告等四项主要延伸责任，提出了落实管理责任和加强行业自律等保障措施。对纸基复合包装的回收和再生是一种促进。

（三）不同类型的包装废弃物的回收方式

1. 废品交易模式

废品回收行业目前仍存在于不少地区，主要依靠原供销社体系下的物资回收公司，其主管部门是各个地方的商务委。这种回收模式主要运作在高价值废品，也包含高价值的包装废弃物，如废纸箱、塑料瓶、易拉罐等。其中塑料瓶包含饮料 PET 瓶、日化用品的 HDPE 瓶、PP 瓶等。

2. 垃圾分类模式

跟废品交易模式不同的是这类包装废弃物没有那么高的经济价值，并不足以让废品回收企业或个体经营者进行回收。更多需要依靠城市的垃圾分类体系，需要居民将其分类并投入可回收物垃圾桶，然后依托市政的可回收物清运和分拣团队对其进行收集、分类，并交付再生利用企业。这部分以低值包装废弃物居多。如玻璃瓶、纸基复合包装、泡沫塑料包装等。

3. 企业自发项目性质的回收模式

企业出于自身的宣传、教育、市场活动、回收试点等不同诉求，会对其自身的包装废弃物进行回收。有些属于阶段性质，不是长期持续的，我们就称为活动性质的回收。回收实例如图 2-2～图 2-4 所示。

高露洁通过与环保企业合作，通过线上和线下的活动，鼓励消费者寄回口腔护理产品的包装，获取积分回馈，积分又可以兑换其产品。

三精蓝瓶搞过一个回收蓝瓶，赢取新加坡旅游大奖的活动。全国范围做宣传，还设置了一个"送三精蓝瓶回家"的活动口号。把包装物环保回收和自身的市场营销活动做了结合。

图 2-2

雀巢的胶囊咖啡也为自己的咖啡胶囊设置了一个包装回收的渠道。在线下，消费者可以通过胶囊咖啡的销售点把用完的咖啡胶囊进行回收；而在线上，随着咖啡胶囊的销售，消费者会收到一个收集袋，消费者可以把用过的咖啡胶囊装入袋中，当袋子装满之后，扫描袋子上的二维码就会有快递小哥上门取走，直接送到再生利用工厂。这其中的运输成本，都由雀巢公司承担，消费者还能获取一定的环保积分和蚂蚁能量。

图 2-3

脉动通过与环保公司合作，用上门回收和智能回收机等方式，鼓励消费者将饮用后的空瓶进行回收处置，并可以获得脉动产品的优惠券。

图 2-4

光明乳业在 2020 年将牛奶纸盒回收的项目从上海推向全国 81 座城市，利用自身的社区资源，开始线下和上门回收两种模式。线下将每月 5 日、15 日、25 日定为"牛奶纸盒回收日"，不限规格、不限品牌地开展牛奶纸盒的回收。居民只需要集齐 10 个任意品牌的牛奶纸盒，经工作人员确认后符合可回收物标准，即可参与兑换一盒光明的牛奶。同时，在第十届中国花博会上出现的"网红"长椅，也是光明乳业纸盒回收的行动成果之一，这条长椅就取材于牛奶盒，称为全国最长的观花长椅。

很多品牌企业对自己的包装废弃物都曾经开展过环保回收的活动，以上只是挑选了很少一部分作为案例。而且随着时间的推移，各个品牌企业对环保回收的定义、目标设定、操作方式也发生了变化。一般来说，大部分的企业是从环保宣传、教育引导入手，也有一些考虑到了市场营销，跟自身的产品结合，还有很多企业将这个事情做成了长期、持续的工作，融入了企业的可持续发展目标之中。

四、发展和展望

（一）包装废弃物回收的发展

1. 相关政策的出台

包装废弃物的回收政策正在逐步完善之中，而与之相关的政策法规也相继出台，如垃圾分类方面，2018年1月出台了《关于加快部分重点城市生活垃圾分类的通知》，2018年8月出台了《城市固体废物分类评估暂行办法》，2019年1月出台了《关于全面开展地级以上城市生活垃圾分类工作的通知》。而在塑料废弃物和废弃物管控方面，2019年1月出台了《中华人民共和国固体废物污染防治法》，2020年1月出台了《关于进一步加强塑料污染控制的意见》。2020年12月出台了《关于印发〈饮料纸基复合包装生产者责任延伸制度实施方案〉的通知》。与包装废弃物回收和再生利用相关的政策法规正在不断完善，包括一些地方标准和团体标准也在紧锣密鼓地出台之中。如王海瀛[①]提到随着快递绿色包装相关政策的密集出台，针对快递包装标准的制定也加快了速度。与快递相关的标准体系主要有《快递绿色包装标准体系》和《邮政业标准体系》。2020年，国家标准化管理委员会出台《快递绿色包装标准体系建设方案》。同一年，市场监管总局、

---

① 王海瀛. 基于全生命周期理念的快递包装回收利用标准体系构建研究[J]. 标准应用研究，2021（12）：90-95.

发改委、科技部、工信部、生态环境部、住建部、商务部、邮政局也出台了《关于加强快递绿色包装标准化工作的指导意见》。可见，政府部门在大力推进各细分包装领域的绿色转型。

2. 生产业者支持力度的提升

虽然，我国生产者责任延伸制目前仍处于试行阶段，且只针对饮料纸基复合包装，但是，却引起了包装行业及品牌企业的广泛关注。包装的生产企业和使用企业对自身的包装废弃物有责任和义务进行回收再利用，也已经形成了行业共识。随着跨国企业，如利乐、安姆科、可口可乐、百事可乐等制订了自己的包装废弃物回收计划，越来越多的本土企业也开始做相关的工作，如光明的奶盒回收行动等。这样的趋势，也使得包装废弃物回收的力量越来越壮大，有了真正的"责任主体"。

3. 回收行业关注度的提升

在我国，传统的回收行业偏向"贸易"类型，也就是低价从居民和消费者手中买入，高价卖出给再生利用企业。所以，一直以来回收行业的主管部门是各个城市的商务委，中央层面是商务部。但是，随着低值可回收物的种类和数量越来越多，这部分的可回收物无法进入"贸易"类型，两网融合的概念也就随之而出。即把住建部管辖下的垃圾分类收运的网络和商务部管辖下的废品交易网络进行融合。以目前上海的两网融合实际情况来看，可回收物的收运、分拣、处置都已经由市容绿化局负责，而商务委则负责执照和证件的审核。在这样的一个大背景下，越来越多原来专注于做"贸易"的在商务委管辖下的回收企业，也开始关注这些低值可回收物了。因为，一方面这是他们获取两网融合证照的先决条件，另一方面这也是他们获取相应补贴的潜在机会。

4. 民众参与度的提升

随着垃圾分类和低碳生活越来越深入人心，民众对于低值包装废弃物的回收参与度也与日俱增。在以前的观念里，居民参与废品交易是因为废品可以变卖后获取一定的收益，补贴家用。而现在越来越多的民众，尤其是青年群体，他们参与废弃物回收不完全是因为有经济收益，而更看重回收过程中的"荣誉感"和"愉悦感"。比如，有很多纸箱、饮料空瓶回收，用户并不能直接拿到收益，但是可以获取象征碳减排的蚂蚁能量，而这些蚂蚁能量又能够在线上种树，平台会在线下以用户的名义去种一棵真实的树，这也让很多人趋之若鹜。因为参与环保回收，获得碳减排还能种树，让他们获得了荣誉感。而蚂蚁森林种树的设置，还能和朋友一起互动，又很像游戏，也很有愉悦感。又比如，喜茶和美团搞的回收奶茶杯盖的活动，也是典型的低值包装废弃物回收活动，回收后的奶茶杯盖被做成了钥匙扣、手机壳等物品，又通过抽奖和活动的方式回馈到了用户手中，极大地激发了大家参与的热情。

（二）低值包装废弃物回收再利用的展望

1. 依托垃圾分类体系

垃圾分类体系是回收的源头，也是低值包装废弃物回收从市场驱动转型到政策驱动的关键节点。任何一个企业、细分行业都很难单独建立一条自己专属的回收渠道。常态化的回收工作，现阶段仍需要借助公共回收体系。一个适合低值可回收物收集、分拣、转运、处置的垃圾分类体系是低值包装废弃物回收的基础。发达国家颁布实施差别化垃圾收费支付、焚烧填埋税费制度，从而在市场机制作用下调动可回收物分类回收和资源化利用。相比较来看，我国大陆地区当前虽然开展了垃圾分类立法和强制实施，但是尚未完善垃圾收费制度和垃圾处置税制度。这些工作仍然需要政策引导和实施，才能对低值可回收物的分类起到更大的作用。[①]

2. 发展再生利用技术

低值包装废弃物的再生利用并非易事，在利乐公司十几年的努力扶持下，我国建成了8家纸基复合包装的再生利用企业，并逐步走上正轨。那么玻璃、软塑包装、复合类包装这些低值包装物也需要有相应的再生利用厂家和相应的再生利用技术。以软塑复合包装为例，其材质种类多，包含PE、PP、PET、PVC、BOPP、PLA等塑料，还有些覆铝膜或纸张。而且其复合的方式多种多样，有3～5

---

① 黄文芳，任恺，彭世昕，等. 低值可回收物资源化利用路径探索——以包装废弃物为例 [J]. 再生资源与循环经济，2021，14（9）：22-26.

层的，有 6～7 层的，甚至更多层的。这样的排列组合，使得软塑复合包装回收后很难按照材质分拣，也就造成了没有合适的再生利用技术。之前曾经尝试过使用挤出塑木的技术来处理软塑包装，可以做成桌椅板凳和户外地板等型材。这样的再生利用技术受制于其最终产品的市场规模较小和处置成本太高，很难扩大处理产量。随着化学回收技术的推出和不断优化，用低温低压催化裂解的方式来处置软塑包装，将其中的塑料裂解成小分子，并将铝脱离出来，纸张变成炭黑，这样可以解决塑料品类过多、过杂的问题。如果能够稳定成品的质量和生产成本，对这一类的低值包装废弃物的回收将是一个决定性的利好消息。但这样的技术仍需要时间来验证其安全性、稳定性和经济性。同理，不同的低值包装物类型需要优化其再生处置的方式，以达到循环利用的经济可持续性和环境可持续性。

3. 健全生产者责任延伸制

放眼全球把包装废弃物回收和再生利用做得比较好的市场和地区，都有相关的政策规范作为支撑。这其中生产者责任延伸制度（EPR）的完善程度起到了至关重要的作用，包括本文第一张第二小节提到的欧盟、日本、中国台湾地区的 EPR 制度，以及其形成的完整的基金管理制度、费率征收核算制度和费率补贴核算支付等。目前，中国大陆地区还处于尝试阶段，包装废弃物的 EPR 系统也仅仅只有一个饮料纸基复合包装类别，且尚处于行业自治阶段。它的运行经验将有助于其他的低值包装物，如软塑复合包装、玻璃包装、其他复合类包装等 EPR 制度的设立。

五、总结

综上所述，低值包装废弃物的回收和再生利用产业链在我国仍处于摸索阶段，我们要做的工作还很多，包括体系建设、规律法规的健全、营造回收的氛围、优化再生利用技术等。目前，政府已经针对性地做了很多调研工作，并颁布了基础的政策法规。更多的实施性细则，如地方标准、团体标准需要责任业者共同完成。有了政府的决心、生产企业的支持、回收企业的助力、民众的参与，减少包装废弃物的产生，促进循环经济的发展是一定可以实现的。

塑料包装绿色发展的思考与展望

闫鹏　王娇娇[①]

随着一系列塑料污染防治相关政策的出台，行业当中掀起了又一次"禁塑""限塑"的讨论。其实我国长期以来，一直是塑料生产大国，有关部门陆续颁布了相关政策来逐步减少塑料产品的使用。2008 年，国务院办公厅就下发《关于限制生产销售使用塑料购物袋的通知》，超薄塑料袋被禁止生产和销售并实行塑料袋有偿使用制度。2015 年 1 月 1 日开始，吉林省正式施行"限塑令"，成为我国施行"限塑"六年以来首个全面"禁塑"的省份。随后各地陆续开展了"限塑"及"禁塑"相关工作。2020 年 3 月，海南省发布了《海南省禁止生产销售使用一次性不可降解塑料制品名录（第一批）》（简称《名录》），相比此前发布的政策而言此次海南省发布的措施更加严苛，不允许工厂生产销售一次性塑料制品。本报告围绕塑料污染来源、塑料包装的作用、产业链如何协同绿色发展、法规和标准以及长三角地区塑料包装发展趋势几个方面探讨思考如何贯彻塑料包装在安全、环保、低耗、高效、可复用、易回收、可再生、可降解绿色发展理念指导下不断努力。"塑料"并不可怕，它只是帮助我们实现美好生活过程中的一种材料，只要方法得当，就一定能够和谐相处。

---

① 闫鹏，男，工程师，上海市包装技术协会塑料包装委员会秘书长，研究方向：高分子材料；王娇娇，女，咨询师，总监，研究方向：法律法务。

资料来源：中国塑料加工工业协会。

图 2-5　2015—2021 年全国塑料制品产量

资料来源：中国包装联合会、上海市包装技术协会。

图 2-6　2016—2020 年塑料包装与包装行业产值

一、塑料污染的来源

塑料包装主要分为软包装和硬质包装。其中软包装主要是塑料薄膜、薄膜复合袋、编织袋等。硬质包装主要是塑料瓶、塑料桶、塑料箱、塑料盒、塑料板等。在纸、木、金属、玻璃、塑料各类包装材料中塑料包装是起步最晚但发展最快的包装材料。在食品、医药、日化、电子和工业制造领域应用越来越广泛。如图 2-5

所示，2021年全国塑料制品产量为8004万吨，同比增长5.9%，产量恢复增长。其中约六成为塑料包装制品，产量约为4800万吨。在整个包装行业的产值占比也在不断提升，如图2-6所示，预计到2022年我国塑料包装行业规模企业工业产值将达4830亿元。实施"限塑"政策两年为何塑料产量有增无减。

塑料污染主要包括对环境以及对人类健康两个方面。这也是我们呼吁"限塑、禁塑"的主要出发点。在很多媒体上都能看到的塑料垃圾污染海洋、河流、湖泊、土壤的图片以及不断发酵的"双酚A""塑化剂"事件，很多时候让消费者谈"塑"色变。塑料制品是由多数来源于石油提炼的高分子聚合物合成树脂配合抗氧剂、稳定剂、增塑剂等化学助剂填料经过塑化加工而形成的产品。在高分子聚合反应过程中有催化剂参与，在加工过程中有各种助剂参与，这其中就会引入一些对环境和人体有害的重金属或微量元素。在塑料软包装复合制袋印刷环节中使用的胶黏剂和油墨溶剂会引起VOC排放。此外大量的塑料垃圾来源于消费者的随意丢弃和社会缺乏行之有效的塑料回收再生利用的体系，由此造成"白色污染"和"微塑料"等污染现象。由此可见塑料污染主要来源于塑料包装制品加工本身以及塑料包装消费后的消费者行为和体系建设。

二、客观看待塑料包装

塑料包装非常便捷同时价格低廉，用于食品包装后减少食物腐败浪费。塑料瓶装水提高饮用水安全。塑料药品包装造福百姓。塑料日化品包装走进千家万户使生活多姿多彩。在快递外卖这些新业态领域塑料包装更是功不可没。如图2-7所示，快递行业2020年达到833.6亿件，4年增长166%，人均快递业务量达到60件。2020年，全国外卖行业总体订单量超过171亿单。近些年随着个性化消费升级以及疫情之下消费者对于安全卫生考虑更为周全，"小包装"盛行带动了塑料包装进一步增量。塑料包装以其良好的性价比在不断的"以塑代纸""以塑代木""以塑代金属""以塑代玻璃"的竞争中获得优势，行业快速发展不断壮大。这得益于我国石化合成树脂行业作为塑料包装的基础原料近些年不断地扩能增效。塑料包装材料不仅原料得到保障而且单品成本不断降低。同时塑料包装机械行业的技术进步大大提高了塑料包装的生产效率。更为重要的是在改革开放四十年中不断地对外合作交流沉淀积累一批塑料包装技术人才为塑料包装的不断技术创新、产品创新提供了人才资源。这也不难理解文章伊始提及的塑料包装在2021年继续保持增量的原因。就像硬币的两面，塑料发展至今不过百余年历史，我们对它的了解还在不断进步和发展的过程中。塑料包装加工生产过程中的助剂添加和使用以及由于消费者的过度使用、随意丢弃、缺乏有效回收体系等人为原因产生了"白色污染""微塑料"和"有害添加剂"也是客观存在不可忽视的现象。

年份/年	2015	2016	2017	2018	2019	2020	2021
快递总量/亿件	206.7	312.8	400.6	507.1	635.2	833.6	1085

资料来源：国家邮政局。

图 2-7　2015—2021 年全国快递总量

三、产业链协同绿色发展

发挥塑料包装的优势特长在环境友好与人友好绿色发展不断创新原则下塑料包装行业整个产业链一直在努力。针对前述塑料污染的来源分析，上下游产业都在积极行动尽力减少或消除污染根源。在原料合成树脂方面：随着我国树脂合成技术的进一步提高，使用高效绿色催化剂减少残留和提高聚合度。截至

2021 年我国聚乙烯树脂年产能已经达到 3500 万吨，其中茂金属催化剂蓬勃发展成为可能；聚丙烯年产能 3346 万吨，聚氯乙烯年产能 2568 万吨，其中无汞催化剂大量应用；聚苯乙烯年产能 380 万吨，丙烯腈丁二烯苯乙烯年产能 442 万吨，五大通用树脂合计年产能 10236 万吨。基础树脂基本实现了国内自给。在塑料制品加工方面：绿色化助剂体系比如淘汰聚氨酯泡沫塑料行业含氢氯氟烃（HCFC-141b），挤出聚苯乙烯泡沫塑料行业淘汰 HCFC-22/142b 发泡剂，淘汰六溴十二烷（HBCD）阻燃剂，替代全氟辛酸（PFOA）、短链氯化石蜡、UV328 等加工助剂。聚氯乙烯铅盐热稳定剂被钙锌热稳定剂逐步替代。非邻苯类增塑剂替代邻苯类增塑剂。在塑料软包装方面：大力研发推广使用水性油墨。五色套印印刷速度可达 350 米/分，印刷效果和色牢度都非常好，减少了 VOCs 排放且成本降低了。塑料复合包装中大力研发应用水性胶黏剂。水性丙烯酸树脂胶黏剂以及水性聚氨酯树脂胶黏剂发展迅速。水性聚氨酯胶黏剂在对材料结构、油墨的适应性、初黏性和耐高低温性能优于溶剂型双组分聚氨酯胶黏剂。无溶剂复合技术已经在塑料软包装行业全面推广，技术装备日趋完善。塑料彩印包装领域无溶剂 UV 油墨和 EB 油墨印刷正在积极探索，行业当中也有可喜进展。塑料软包装企业末端 VOCs 治理装备、工艺不断进步迭代。通过热力氧化技术（RTO/RCO/CO）和热能系统组成解决方案实现减风节能、常温回收、回收精制回用、节能降耗的全过程绿色化。数字化技术进步在线检测和数字化印刷技术提升彩印行业印刷效率，推动印刷绿色化发展。[1]在塑料硬质包装方面：全电动注塑机、多点控制吹塑机、高效挤出机的全面推广大大提升了硬质包装塑料制品的加工效率，降低单品能耗的同时在塑料制品减量化方向一直在不断挑战极限。运用 3D 打印技术在硬质包装模具设计和新品开发中减量化模拟提高效率降低次品率。

我国自 20 世纪 90 年代以来，在减少超薄塑料袋、发泡塑料餐具、聚乙烯塑料购物袋等一次性塑料包装使用，以及治理废塑料回收、再生行业污染方面，相继采取一系列措施。经过二十多年的努力，在塑料制品产量倍增的情况下，"白

---

[1] 汪伟.软包装产业链绿色化技术发展的实践与探索[J].今日印刷，2016（11）：3.

色污染"明显减少,大批"散乱污"企业、作坊得到整治,废塑料再生行业的环保水平显著提升。[1] 有研究表明塑料包装的物理回收或者化学回收依旧比直接作为垃圾焚烧在碳减排方面贡献突出。相比于化学回收物理方法回收再利用塑料包装废弃物是当下无论在碳减排还是成本因素考虑性价比最好的绿色化方向。一直以来困扰塑料包装物理回收循环利用的障碍主要来自两个方面:一是塑料包装废弃物尤其是软包膜袋类产品价值低廉无法实现无补贴状态下的闭环循环,二是由于对包装功能性的追求而致复合材料的广泛使用,阻碍了现有高效物理回收的循环过程。令人高兴的是包装行业同人正在积极努力探索实践塑料包装材料单一化材质,为后续物理抑或化学回收创造有利条件。黄山永新、金丝楠膜等一批包装企业积极推广双向拉伸聚乙烯复合膜技术;元亨利公司的聚乙烯表面交联化技术都是这方面的典型代表。巴斯夫等许多化工企业也在上海积极探索具有经济价值的塑料包装的化学回收工艺路线和装置。化学回收可以有效解决物理回收降级使用的技术瓶颈,利用改性技术可以赋予材料更好的性能。末端的绿色化最值得推崇的是可重复使用的塑料包装。"丰·BOX"是使用"PP(聚丙烯)+布"作为外包装的循环快递产品。"丰·BOX"取代现有一次性包装,建立标准化单元包装体系,促进物流运输系统的标准化、模块化、智能化,响应国家绿色发展战略需求。据了解"丰·BOX"可以循环使用数十次乃至上百次,不但结实,甚至还增加了防静电、防水、阻燃、隔热保温等特殊性能。[2] 除了不断开发可以重复多次使用的塑料包装制品,还需要回收、循环、再利用平台和体系建设的企业贡献力量。上海数智绿色包装研究所、上海睿斯科环保技术有限公司积极尝试社区塑料包装废弃物的激励回收、安全循环、有效利用取得了很多有价值的实践经验。此外值得关注的还有在生物降解塑料方面,我们取得的不断突破和进展。资本投入带来的可生物降解树脂的产能不断增加,不仅为可生物降解塑料包装制品提供了具有竞争力的平价原料,还为广大科技工作者提供了进一步研究生物降解塑料的有力机会。安全、环保、低耗、高效、可复用、易回收、可再生、可降解构成

---

[1] 韦洪莲. 加快塑料包装废弃物减量化,推进绿色低碳循环发展 [J]. 资源再生,2021(7):13-15.
[2] 施懿宸,朱杨莹,包婕. 塑料包装产业绿色发展与案例分析 [J]. 中央财经大学绿色金融国际研究院,2021.

了塑料包装绿色发展的指导思想。整个产业链都在努力协同绿色发展。

四、法规、标准助力塑料包装绿色发展

没有规矩不成方圆。仅仅依靠民众环保意识增强解决不了客观存在的现实问题，还需要配套法规不断完善，标准体系建设不断丰富，做到有法可依、有标可循的良好氛围。国民经济"十四五"规划和"2035 远景目标"要求加强塑料污染全产业链防治。《中华人民共和国固体废物污染环境防治法》《中华人民共和国大气污染防治法》《中华人民共和国食品安全法》《中华人民共和国药典》等相关法规都对塑料包装绿色化提出了明确指导方向和要求。上海市包装技术协会在塑料包装绿色发展方面通过标准化手段引导企业参与并实践绿色包装的创新突破。《上海市绿色包装产品认证实施规则 第 1 部分：通用规范》《上海市绿色包装产品认证实施规则 第 2 部分：塑料包装产品》《全生物降解购物袋》《全生物降解快递袋》《全生物降解垃圾袋》《单一材质聚烯烃包装材料》等多项塑料包装方面的绿色标准的制定与实施对于塑料包装的绿色发展起到积极推动作用。当然法规和标准需要在执行和贯彻过程中不断完善。这里也呼吁政府能够积极探索委托监管机制授权行业组织或者第三方政府购买服务的形式运用市场化手段推进绿色监管和引导，落实法规和标准化执行情况。形成常态化的监管与督导，促进行业养成绿色化的自觉习惯。只有这样才能营造一个公平秩序健康的企业营商和生存环境。优质企业守法有社会责任进行环保投入增加成本，一些不投入环保设施的企业反而具有成本优势赢得市场，出现劣币驱逐良币的不健康现象才能得以杜绝。让企业把主要精力放在技术进步和产品品质提升上面，不断为用户和消费者提供安全、方便、快捷、绿色的包装制品。法规与标准作为推进塑料包装绿色发展的重要制度保障意义重大。

五、长三角塑料包装绿色发展

长三角地区是我国经济发展的动力和引擎。2021 年经济数据统计三省一市国民经济生产总值均突破四万亿元，经济增速高于 8%。长三角不仅具有活力，同样也是塑料包装的产业基地。生产、流通、消费的强劲凝聚力吸引着来自全国和全世界的资源、人才、资本到此聚集。塑料包装制品对于终端品牌和用户的伴生状态非常明显，随着越来越多的食品、医药、日化生产基地从上海迁出，与之配套的相关塑料包装供应商也外迁至江苏、浙江、安徽。形成了诸多塑料包装产业基地，比如江阴和安徽桐城的塑料彩印基地，浙江的塑料编织产业基地，常州和吴江的大中空塑料制品产业基地等。

长三角地区有着先进的塑料包装理念，国际水平的塑料包装产业链和制造水平在塑料包装绿色发展方面同样坚持不断地进行创新和探索。聚酯塑料瓶回收再生成涤纶短纤在长三角地区早已成为闭环产业。江浙两省聚集着大量再生纺企业消纳长三角乃至域外的瓶片废料，完成了从废塑料到衣服的华丽转变，成为塑料可再生的成功案例。近期华东理工大学的废纺纤塑型材技术业已产业化，进一步完成了废衣服到建材的深度绿色化。安徽界首资源再生产业园同样拥有一批进行废塑料再生造粒成型的企业，它们以聚烯烃塑料为主，成为塑料包装消费后循环再生利用的产业基地。鉴于绿色发展已经是塑料包装行业共识，所以长三角区域企业更应发挥区位优势、技术优势、产业优势抢占先机。在安全、环保、低耗、高效、可复用、易回收、可再生、可降解等方向重点发力，进行技术创新、产品创新。发展的过程中也发现还存在不少短板，比如：塑料彩印环节 VOC 的超低浓度回收处理、塑料薄膜金属蒸镀和滚塑容器工艺仍然能耗偏高、200L 和 IBC 吨桶减量化还需提高、水性里印油墨的产业化技术突破、塑料编织后道缝袋工艺自动化、全生物降解塑料包装的堆肥产业化、示范性塑料包装回收企业和基地缺少持续扶持等一些有待不断完善的绿色化工作需要包装行业同人和来自政府、协会、产业界的关注和支持。

六、结语

总之，塑料材料从 1909 年诞生至今彻底改变了我们的生活，成为与我们生活息息相关的重要的加工材料。人们日常生活离不开塑料制品。塑料包装行业一直在绿色发展方向努力，无论环境友好还是与人友好。当下存在的"塑料污染问题""微塑料"和"有害添加剂"是人类过度使用资源、随意丢弃、缺乏循环回收体系等人为因素造成的。既然我们意识到问题的严重性，就像全球温室气体治理一样。同样我们有能力想出解决方案。"塑料"并不可怕，它只是帮助我们实现美好生活过程中的一种材料，只要方法得当，就一定能够和谐相处。

可持续包装：现状、机遇与挑战

肖翔[1]

包装在现代生活方式中起着关键作用。如果没有包装，大多数产品在到达商店之前就会过期或损坏。随着经济的高速发展，让人类对自然资源的需求达到空前的高度，包装的使用量也急剧增加。与此同时，由于人类活动造成的全球性的环境和健康问题如气候变化、废物污染、疫情肆虐等，已经给人类敲响警钟。因为 80% 的包装在一次性使用后即被废弃，丢弃量非常大，包装废料成为亟待解决的环境问题。可持续包装被品牌所有者、包装制造商、零售商、消费者、政策制定者等提上日程。欧美发达国家已开始纷纷立法，促进包装的可持续发展。消费者的环境意识逐步提升，在享受包装所带来的便利的同时，尽量减少包装对环境造成的负面影响。

在众多包装材料中，塑料包装的应用非常广泛，约占整个塑料工业的 30%。中国是全球塑料生产和消费量最大的国家，2018 年中国塑料产量占全球总产量的三分之一。2019 年中国塑料制品产量为 8184.2 万吨，主要分布在长三角和珠三角地区，约占总量 40%。与此同时，由于回收系统的不完善以及包装材质和设计的不合理，大多数的包装并没有被回收再利用。据统计，全世界生产的塑料制品中仅有 9% 得到回收。没有被回收的普通塑料大约需要 200 年才能被自然降解，这期间对土地、水体的污染很大，成为公认的环境风险之一。由于塑料包装的产业链较长及终端应用领域广泛而分散，即使我国已经建立了有关塑料包装和再生

---

[1] 肖翔，女，可持续发展专家，在亚太区可持续发展领域拥有 15 年丰富经验。主要研究方向包括可持续商业实践、可持续包装和循环经济等。

资源回收的系列政策和规划以及总体目标，但仍然缺乏针对塑料包装物回收的具体法规和生产者责任延伸制体系，实施效果不尽理想。尽管如此，可持续包装仍是未来包装行业发展的必然趋势。在全球可持续发展的大趋势下，可持续包装也是包装产业链上众多企业的机遇所在。

改革开放以来，长三角地区一直是中国经济增长中最具活力、增长潜力最大、科技引领作用最强的地区。无论从经济规模、人口数量和质量、科技发展水平或是市场化和国际化等体制因素来衡量，长三角已经成为带动中国经济稳步前进的火车头。进入 21 世纪以来，长三角经济的发展开始面临着诸多挑战，其中资源短缺和环境污染问题成为影响长三角可持续发展的重要因素。

正是在这样的背景下，本报告试图向读者解读可持续包装的概念和常见误区，梳理与可持续包装有关的市场和政策趋势，以及面临的挑战，最后提出可行性建议。通过提高包装产业的可持续发展意识，助力长三角区域包装绿色产业健康发展。

一、 什么是可持续包装

可持续发展的概念于 1987 年由世界环境与发展委员会的布伦特兰报告《我们共同的未来》提出。布伦特兰报告将可持续发展定义为"既满足当代人的需求又不损害后代人满足其需求的能力的发展"。可持续包装首先被定义是由澳大利亚可持续包装联盟（Sustainable Packaging Alliance，SPA）支持的利益相关者调查研究的结果，该联盟成立的目的是通过包装行业的科学工具和战略促进可持续包装及其实施。SPA 旨在通过与主要利益相关者合作，促进制定适合澳大利亚的可持续包装战略。可持续包装的另一个定义已被广泛接受，即可持续包装联盟（Sustainable Packaging Coalition，SPC）的定义。SPC 是一个以利益相关者为基础的组织，它设想"所有包装均以负责任的方式采购，在其整个生命周期内都保持有效和安全、满足性能和成本的市场标准，完全使用可再生能源制造，并且一旦使用，就可有效地回收利用，为子孙后代提供宝贵的资源"（SPC 2011 年）。

可持续包装涉及环境问题的诸多方面，如生物多样性、温室气体排放、水污染管理、土壤污染等，且涵盖了包装的整个价值链，从原材料供应商到包装生产者和加工者、零售商、消费者以及其报废处理过程。对于食品、饮料和医药产品，还包括包装的有效性、安全性等。其实，包装本身就对可持续发展做出了重要贡献。包装使食品保存时间更长，大大减少了食品浪费和在运输仓储过程中受到破坏。

（1）在其整个生命周期中，对个人和社会都是有益、安全和健康的

可持续发展包括经济获利、社会平等和环境有益三大方面。除了经济获利外，包装从原材料采购、生产、运输到废弃处置阶段，要尽可能地不对环境和社会产生消极影响。企业社会责任和可持续报告的出现也反映了大家对企业公民、诚信和透明度的关注。例如，公司为包装回收创建经济可行的闭环系统、平等用工、为员工提供安全的工作环境等都是对环境和社会有益的实践行为。

（2）在性能和成本上符合市场标准

持续盈利是可持续商业实践的基础要素之一。可持续包装要通过设计使其尽可能高效和安全，从而将整个包装体系的成本降至最低。包装成本正变得越来越复杂，因为生产者需要承担越来越多的间接成本，如废弃物处置带来的社会成本和排放带来的环境成本。随着法规、税收和监管规定的不断变化，这些成本正变得越来越高。因此，在包装设计中要充分考虑包装体系的综合成本。

（3）采购、制造、运输和回收使用可再生能源

如今，大部分的包装材料和加工均主要依靠石油基能源，在整个包装价值链从石油燃料转变为可再生能源需要在很多方面做出改变，同时也取决于当地市场可再生能源的供给情况和国家的能源政策，因此不可能在短时间内实现。2019年中国做出"力争2030年前实现碳达峰，2060年前实现碳中和"的目标，并于2021年10月24日发布《关于完整准确全面贯彻新发展理念做好碳达峰碳中和工作的意见》，就确保如期实现碳达峰、碳中和做出全面部署。社会各界为实现这一目标采取积极行动，这必然会加快可再生能源的供给和使用。

（4）尽可能使用可再生和回收材料

使用回收或负责任来源的生物基材料，可以减少不可再生资源的消耗（如石

油），确保后代有足够赖以生存的资源。此外，回收材料或可再生材料通常比原生材料在材料获取过程中产生更少的碳排放，缓解气候变化。

（5）使用清洁生产技术和最佳实践加工制造

清洁生产采用环境友好实践和技术，减少加工制造过程对环境的影响，包括有毒物质的使用和排放。它代表了环境负责任实践，且适用于包括包装生产在内的任何工业活动。

（6）使用的材料在整个生命周期中对人体健康都是无害的

包装中可能含有某些化学物质，会在其生命周期中释放有害化学物质。这些化学物质通常使用的剂量很小，但大量包装及其废料集中在一起，就会造成显著危害。因此要确保所有成分，包括添加剂、油墨、胶水和涂层等对人体和环境都是安全的，这是可持续包装设计的一个重要方面。

（7）在物理设计上充分利用材料和能源

通常公司在设计包装时，首先考虑的是关键成本、性能、市场和法规要求。而包装的可持续发展设计则是从材料选择开始，辅以考虑材料在整个生命周期的影响。这包括：包装使用周期中的能源使用、废弃物处理过程中的材料影响、包装设计对材料回收设备的适用性。另外还应该在设计阶段考虑消费者的行为习惯和回收体系的发展趋势。

（8）在生物和 / 或工业闭环体系里可以有效回收和利用

有效的回收和利用意味着有效的收集以及尽可能高地恢复废料的价值，使其在经济上可行。这需要价值链上下游进行强有力的协作，建立良性的包装生态系统，包括倡导有利于回收的包装设计，和品牌所有者、消费者、零售商、市政等共同合作发展回收设施等。

由此可见，与 SPA 定义不同，SPC 的可持续包装定义不仅仅意味着要在产品设计层面考虑其产品配方、概念、形状、尺寸等，同时要考虑其经济上的可行性和社会影响。例如，不能将未使用有效材料和能源优化开发，不符合市场标准和盈利能力的可堆肥包装视为可持续的，将其推广为可持续包装将产生误导作用。发展可持续包装需要在整个行业构建生态系统，让包装形成一个良性的闭环回收流，更需要包装价值链上的所有参与者和利益相关方进行战略转型、技术和商业模式的创新。

二、可持续包装发展的产业背景

（一）关注环保和可持续发展是当今世界的主流呼声

随着全球气候变化和环境资源紧缺等问题日益严峻，可持续发展已经成为全球共同关注的话题，国际领先企业已将可持续发展理念融入发展战略以及生产经营过程中。中国政府承诺"30·60 双碳"目标，将绿色低碳发展提升到重要的战略高度。中国领先企业也开始提供更低碳的产品服务，以可持续商业行为带来正面的社会和环境影响。

品牌企业，特别是一些大型消费品公司和零售公司，如沃尔玛（Wal-mart）、联合利华（Unilever）、宝洁（Procter & Gamble）等，在推动落实可持续发展目标的进程中发挥着关键作用——这种作用不仅限于提供资金支持，企业运营的各个方面都有可能对落实可持续发展目标带来重大影响。例如，品牌企业可以通过实施绿色采购、对绿色商业机遇进行投资来推动整个供应链的可持续发展，降低自身碳足迹并为气候行动做出贡献（SDG13）。企业处于技术、创新的前沿，因此在应对发展挑战并加速落实可持续发展目标方面具有潜力。全球许多成功案例都表明，通过将可持续性考量融入决策过程，企业能够开拓新市场、提升品牌价值并降低企业风险。

另外，非常明显的是，以 Z 世代为代表的全新消费者正在崛起，他们的态度与偏好尤为鲜明：更愿意为具有社会价值的产品和品牌埋单，但过高的产品溢价仍会阻碍对于可持续包装的选择。全球 13%、中国 25% 的 Z 世代消费者特别关注品牌在环保方面所采取的行动（欧晰析消费者报告）。在如此的消费趋势下，可持续包装可以开发出无限可能：引导消费者了解更多环保包装材料的发展与应用，通过提升消费者的环保行为而影响他们的消费行为向更可持续的方向改变。

由此可见，可持续包装是顺应国际环保和可持续发展趋势的产物。

（二）可持续包装特别是塑料包装相关的立法逐步完善

一般来说，包装的寿命较短，其包装功能的特别属性导致 80% 的包装在一次性使用后即被废弃，丢弃量非常大。塑料包装是包装产品中重要的组成部分，广泛使用塑料包装大幅度提升了人们的生活质量和便利程度。中国是全球塑料生产和消费量最大的国家，以 2018 年为例，全世界的塑料产量是 3.59 亿吨，中国塑料产量占全球总产量的三分之一。2019 年中国塑料制品产量为 8184.2 万吨，主要分布在长三角和珠三角地区，约占总量 40%。中国包装行业位列 38 个主要工业门类的第 14 位，塑料包装应用广泛，是包装领域未来发展的趋势，为包装 5 大子行业之一，塑料包装的产业链很长，从上游的树脂生产商，到塑料制品企业，再到包装应用行业，塑料包装约占整个塑料工业 30%。然而，塑料包装制品虽然给人们生活带来很大的价值和便利，但是由于种种原因，塑料废弃物回收渠道和基础设施不完善，再加之缺乏科学的回收利用手段，塑料污染和末端处置问题近年来逐渐凸显。前端大量生产，后端焚烧和填埋造成资源的浪费、对环境的污染和对气候变化的影响，造成塑料价值链的不可持续性。此外，塑料制品的源头均来自石油，石油本身为一种不可再生资源，随着石油的开采，自然界中的石油资源将会逐渐枯竭，大气中的二氧化碳含量也随之增加。

随着塑料带来的环境问题越来越凸显，国际上对于塑料包装生产和处置相关的环境影响政策也随之增加。例如，欧盟委员会针对循环经济一揽子计划的修订提案，循环经济战略提出了高于当前的回收率的目标，建议到 2030 年将城市固体废物回收和再利用的目标提高到 65%。到 2025 年，塑料包装废物的回收目标将提高到 60%。

中国政府也积极开展了一系列塑料污染防治的措施，主要包括：2007 年，中国政府相继制定了《再生资源回收管理办法》和《再生资源回收体系建设中长期规划（2015—2020 年）》；2016 年，工业和信息化部和商务部印发了《关于加快我国包装产业转型发展的指导意见》，该指导意见提出：到 2020 年初步建立包装废弃物循环再利用体系；2017年，国家发改委联合有关部门推出《循环发展引领行动》，该文件中提出开展物流业包装标准化和分类回收利用试点。同年5月在《关于加快推进再生资源产业发展的指导意见》中专门制定鼓励废塑料再生政策，提出到2020年国内产生的废塑料回收利用规模达到2300万吨。此外，还有相应的财政政策给予合规企业退税。塑料包装很大部分是属于一次性塑料，在《循环发展引领行动》中提出要制定发布限制生产和销售一次性消费品名录及管理办法；2019年9月，中央全面深化改革委员会办公室通过了《关于进一步加强塑料污染治理的意见》；2020年1月，国家发展改革委、生态环境部公布《关于进一步加强塑料污染治理的意见》，意见明确提出到2020年，率先在部分地区、部分领域禁止、限制部分塑料制品的生产、销售和使用；2021年发布的《"十四五"循环经济发展规划》明确了六大重点行动，其中第四是塑料污染全链条治理专项行动，第五是快递包装绿色转型推进行动，到2025年，电商快件基本实现不再二次包装，可循环快递包装应用规模达1000万个。《"十四五"塑料污染治理行动方案》则进一步细化，提出聚焦重点缓解、重点领域、重点区域，积极推动塑料生产和使用源头减量、科学稳妥推广塑料替代产品，加快推进塑料废弃物规范回收利用，着力提升塑料垃圾末端安全处置水平，大力开展塑料垃圾专项清理整治，大幅减少塑料垃圾填埋量和环境泄漏量，推动白色污染治理取得明显成效的总体要求。此外，在塑料包装物回收标准方面，已制定一些关于进出口废塑料判定、产品污染控制、检验检疫及运输的标准。

（三）数字化智能化推动可持续包装的发展

数字化是包装印刷行业未来的发展方向。包装的数字化可以让包装更具灵活性和个性化，形成"按需印刷"的包装生产模式，大大减少了包装行业对资源的浪费。而且，数字印刷技术可以实现一次打印所有颜色，提高了包装生产效率，从而推动包装价值链向更加可持续的方向发展。

互联网、大数据、人工智能等数字化技术在包装材料本身或者包装价值链上的应用，可以帮助人们对包装从原料、制品、使用、废弃、再生，全过程、全领域、全品类进行追溯。例如，在包装回收领域，推广"回收+互联网"的商业模式，将传统包装废料回收与互联网结合，建立一套物联网智能监控的管理平台。能够有效地把生产、消费、包装使用的数据透明化，把大数据和回收体系关联起来，可以大大降低包装回收的运输成本和垃圾分拣的人工成本，提高资源回收效率。

三、发展可持续包装面临的挑战

（一）企业和地区之间发展不平衡

1. 企业之间差距明显。可持续包装发展之初，为了满足国际市场对环保产品和包装的需求，一些以出口型为主的包装企业迅速调整发展战略，率先研发可持续包装产品，以满足国际市场的需求。这类企业由于接触国际发达市场较早，最先受到发达市场环保法规的约束，因此在产品及其整个价值链上率先发展。而其他一些以国内市场为主的包装企业则对可持续包装的反应较为迟缓，近几年在可持续发展的热潮中才开始涉足可持续包装产品。

2. 地区间发展不平衡。经济发达的地区，特别长三角地区，可持续包装发展迅速，而经济较为落后的中部和西部地区绿色包装未能得到足够的重视和宣传，发展缓慢。在对包装废弃物的处理上，各地的政策和法规也存在较大差异，造成包装污染物和污染风险较大的生产环节向经济不发达地区转移。

（二）成本过高影响可持续包装商业化

近年来，越来越多的公司进行包装创新，使包装在环保和可持续的方向得到了前所未有的突破。然而，由于采用先进技术并受到企业生产规模的限制等原因，可持续包装产品往往比传统的包装产品成本更高，因此在与传统包装产品竞争时，不具备价格优势。以新型环保餐具为例，纸浆模塑餐具产品成本每个 0.3 元以上，植物纤维（稻麦壳）餐具每个在 0.2 元以上，纸板餐具的成本较高每个在 0.4 元以上，而一次性发泡聚苯乙烯餐具成本仅为 0.07 元。正是价格上的劣势使得可持续包装产品在与传统包装产品竞争时很难赢得市场，严重影响了企业淘汰掉传统包装采用可持续包装的决心。

（三）国内现阶段可持续消费市场不足

包装业能否走上可持续发展之路依赖于市场的调节和导向。我国可持续消费市场潜力巨大，但是由于可持续消费在我国起步较晚，实际行动不充分，践行程度不理想，普通消费者的行为习惯没有养成。为了个人便利，大部分消费者仍然优先选择一次性包装和餐具。特别是全国各地区之间经济发展和法规实施不均衡，在全国各中小城市和农村集镇"白色垃圾"仍然泛滥。目前国内环保类餐具的年产量大约是 60 亿，其中 80% 的产品用于出口，主要销往日本、美国、新加坡等；另有 20% 的内销面向铁运和航运系统。出口市场的供不应求和国内市场需求（消费）的严重不足形成鲜明对比。此外，可持续消费的市场体系不充分。例如，有些省市出台一系列推进电子商务市场绿色发展的政策措施，然而，由于快递包装物回收网点覆盖率有限。即使很多消费者愿意参与快递包装的绿色回收，但回收途径和渠道并不完全畅通。不过，如前文所述，随着 Z 世代开始步入社会，成为带动消费增长的主力军。更倾向于购买可持续产品并愿意为此支付更多的 Z 世代，将会大力推动环保产品消费市场的发展。与之相关联的可持续包装的消费也会大幅提高。

四、包装产业的循环经济发展模式

据统计，中国每年废弃塑料约 5000 万吨，回收利用回收再生量约为 1600 万吨，废塑料的回收利用率只有 20% 左右（见图 2-8）。虽然有 2000 万吨塑料左右进入垃圾处理系统，但仍有 5%～10% 被有意或无意地释放到自然环境中，这些废弃物中多数为塑料包装制品，尤其是一次性塑料用品。

图 2-8　2011～2018 年中国塑料产量和废塑料回收量

随着全球各国的行动和倡议的加强，塑料回收成为当今世界全产业链共同参与协作最为深入的话题，也是推动循环经济发展最为重要的领域。塑料价值链上的循环经济模式正在企业、行业、全社会三个层次涌现。一是企业内的闭环，即企业在供应链管理、产品回收设计和材料选择上的循环经济模式；二是行业内的闭环，即从包装到物流运输等的循环管理模式；三是消费者消费后的塑料包装不再泄漏到环境中，得到有效回收，在整个社会形成闭环。这三个闭环的构建才能在包装领域形成一个完整的循环经济模式。

与此同时，包装行业的循环经济发展模式，在整个产业的低碳转型进程中扮演着不可或缺的角色。根据艾伦·麦克阿瑟基金会 2019 年发表的《循环经济——应对气候变化的另一半蓝图》一文中指出，循环经济可以从三个方面减少温室气体排放。下文将就包装行业进行具体举例分析。

（1）从设计之初就考虑避免废弃和污染来减少温室气体排放

在包装设计中，无论是可再生易拆卸或减重设计，还是在包装材料中不使用 PVC 等有害成分（避免材料无法成为下一轮循环的原料），都是为了减少原材料的投入和废弃物的产生，从而降低因材料废弃带来的温室气体排放。例如，可重复填充瓶身设计，与传统一次性产品相比，可以减少 80%～85% 的温室气体排放。

（2）延长产品和材料的使用周期来保留其蕴含能量

通过重复使用和延长产品的使用寿命，让包装材料能在整个价值链内尽可能长地循环，这样可以充分保存包装材料在生产过程中消耗的能源。与原生材料相比，回收材料在能源消耗上略胜一筹，如回收 1 吨塑料与使用化石原料生产 1 吨塑料相比，可以减少 1.1～3.0 吨二氧化碳当量的碳排放。

（3）促进自然系统再生来通过土壤和产品储存碳

例如，新型包装材料，如纸张和可再生塑料，会使用越来越多的可再生资源如树木，在供应链管理中要确保木材来源的可持续性。如果木材来自可持续经营的林地，通常会采用合理的轮伐、间伐等管理措施，确保林地的肥力和生物活性，从而增强土壤和树木的碳封存能力，增加林地含碳量。此外，林地和树木的含碳量也会影响到材料和产品的温室气体排放。例如，取自可持续经营和生态系统良好的林地的生物基塑料的碳排放可以达到负值。每生产 1 千克生物基聚乙烯（PE），相当于减少 2.2 千克二氧化碳当量，而每生产 1 千克化石基聚乙烯，相当于排放 1.8 千克的二氧化碳当量。

综上所述，包装产业的循环经济模式，能够在应对气候变化方面产生显著效果。

五、加强包装可持续发展的建议

（一）增加对新型替代材料和技术的投入

近几年，新型的包装替代材料和技术层出不穷，化学回收也方兴未艾。然而，这些新材料和新技术的大规模应用尚不具备充足的条件，仍有许多技术难关有待研究与探索。如果新型材料无法进行大规模量产，包装的成本就无法降低，可持续包装就是无稽之谈。增加对新型替代材料和技术的投入，不是各家闭门造车开展研究，而是要打通资源，更多地投入到全产业链合作上来。

（二）推动中国包装生产者责任延伸制的建立

我们的生产者责任延伸制在立法方面尚不健全，缺乏具体的实施细则且覆盖的范围狭窄。需要借鉴国际先进经验，借鉴欧盟 WWFD 或日本循环经济法的相关要求，结合我国的包装废料现状，探索适合我国的生产者责任延伸制度和操作规范，并在更多的行业进行强制性实施。

（三）规范资源再生行业

我国的废料收集和再生体系中，非正式的个人和不规范的个体户占相当大的比例，他们曾经为我国废料收集和回收率的提高做出了巨大贡献。然而，随着资源回收行业法规和市场的完善，中国的物资再生体系需要形成正规行业，提升行业技术水平和资源利用效率，鼓励包装回收商或正规的第三方公司运营。资源再生行业整体水平的提高，才能为再生材料的大规模应用奠定基础。

（四）培养可持续产品消费市场和需求

有针对性地在公共采购中向再生塑料制品倾斜，在公共设施和基础设施建设中，尽可能地采用再生材料；开展消费者教育和宣传活动，刺激消费者对可持续包装和含有回收成分的产品的需求；对可持续产品或包装实行差别化增值税率。

（五）推动标准的制定

从制度层面推进可循环包装国家标准建立和回收塑料在食品包装应用领域的检测标准，推行再生塑料含量标准及标签的使用，制定更符合物流行业的绿色包装规范，推进绿色包装回收体系建成。最近几年，我国已开始加强制定海洋塑料、易循环设计、回收塑料以及可再生材料等的认证和检测标准，并积极与欧洲、美国等行业标准开展相互认可工作。

（六）加强国际合作，推动创新

包装产业链与全球贸易体系密切相关。一直以来，中国作为最大的废塑料回收再生国家，在包装和回收塑料产业链上占据重要地位。中国应加强官方和民间的技术合作创新，助力产品设计开发，对标准和政策进行更新，以推动技术的发展。目前，很多中国企业相继在发达国家和东南亚国家建立塑料再生工厂，并开始积极参与国际塑料污染治理行动公约，加强国际间的合作与交流，促进国与国之间相互沟通，贡献中国在固体废弃物资源化利用和塑料污染治理方面的实践经验。

碳中和经济下我国绿色包装产业生态发展

崔庆斌[①]

2021年，我国包装产业发展总体平稳有序发展。截至2020年年底，中国包装行业规模以上企业（年营业收入2000万元及以上全部工业法人企业）数量达到8831家，较2020年增加648家，同比增长7.92%。2019～2021年，我国包装行业规模以上企业利润总额呈逐年增长趋势，据中国包装联合会数据，2021年全年包装行业规模以上企业累计完成利润总额710.56亿元，同比增长13.52%。转瞬间疫情常态化已是第三年，我国的经济面临诸多挑战，包装产业作为国民经济中不可缺少的一部分，同样面临着消费收缩带来的阵痛。严峻的经济形势背后的多项数据显示，我国经济的韧性相比于西方国家更为强劲，产业规模进一步扩大，绿色产业变革的成熟期已经到来。2021年是我国碳中和经济全面发展元年，势如破竹的绿色思潮遍布所有产业，在疫情环境的不确定下，绿色转型看似艰难的背后，极可能是产业结构升级的重大机遇期。

包装产业作为一个独立的行业体系，其发展已被列入国民经济和社会发展规划，国家相继出台了一系列相关政策支持包装行业的发展。随着我国对包装行业发展重要性的认识不断提高，相关政策陆续出台，包装行业的地位进一步提升[1]。各项支持性产业政策不仅为我国包装产业的发展指明了发展思路和方向，也为我国包装工业向绿色、可循环方向发展创造了优越的政策环境[2]。2022年中国

---

① 崔庆斌，上海出版印刷高等专科学校包装工程技术专业教研室主任、中国包装联合会专家委员会及专家库成员、上海市绿色包装专业技术服务平台副主任、上海包装杂志社常务副主编，研究方向：绿色包装产业研究。

进入第十四个五年规划发展周期，从"十一五"首次提出发展绿色包装产业，到"十四五"规划明确提出到2025年基本建立资源循环型产业体系，为中国绿色包装的发展进一步明确目标[3]。

国内包装行业有着几十载的发展历程，其中有了许多突破，甚至国际创新。但这种成果毕竟是少数的，整体上仍与发达国家的包装行业发展水平差距明显，其主要表现在包装设计概念与包装材料研发能力[4][5]。在全球环境问题日益突出的国际背景下，世界自然保护联盟（International Union for Conservation of Nature，IUCN）、全球环境基金（Global Environment Facility，GEF）、绿色和平组织等国际组织制定了国际环保协议和章程，列明各种标准和排放限额，并得到各国环保协会的积极响应，其中 ISO 14000 为沿用至今的国际通用标准[6]。为符合国际绿色环保标准，国内在食品业、电子机械业、家电业、建筑业等行业均运用了绿色标准，而包装业相较其他行业起步慢，成长时间短，仍需一段时间与过程来达到领先水平。

在人均包装材料耗费量上，我国人均仅为30千克，而国外的人均量一般在100千克以上，其中日本高达200千克。但是，作为人口大国，拥有庞大的消费人口基数，我国在包装材料耗费和包装生产废弃物的总量上仍然十分巨大。其中可回收的包装物少，大部分都没得到充分的回收利用而形成环境垃圾，对自然生态造成不可忽视的破坏。我国在绿色包装的应用上还存在着诸多需要改善之处，中国包装产业绿色发展仍有很大的进步空间[7]。

以快递包装行业为例，快递业务量未来几年仍会保持高速增长，到2025年快递业务量预计将达到1644亿件（2018—2025年复合年均增长率18.3%），而快递包装耗材也会随着快递业务量的增长而增长，预计2025年快递包装的消耗量将达到2746万吨，占城市生活垃圾清运量的8%。

快递包装基本是纸类或者塑料，一般都是通过焚烧和填埋处理这类包装的，因此会产生二氧化碳。在维持目前回收率（低于20%）、不适用循环快递箱的情况下，预计处置快递包装（基本是填埋和焚烧）产生的二氧化碳将会从2018年的527万吨增长至2025年的1536万吨，复合年均增长率为16.5%[10][11]。但如果能够推动包装减量、重复使用和回收利用，碳排放量会有明显的下降。假设到 2025 年：我国快递包装回收体系逐步健全，回收率提升 40%；二次包装减少与智能算法带来单件快递包装减量 15%；循环使用快递箱突破 1000 万个，快递包装的碳排放量在 1536 万吨的基础上减少 32.2%（对应约 495 万吨）至 1041 万吨，其中回收率提升带来的碳排放减少最为明显，占到总体减量的 61%[12]。

包装产业发展的同时要兼顾产业经济健康发展，不仅要推动绿色包装的转型，而且须尽可能不影响现有经济的政策运转，尽可能不单独增加企业的使用成本，甚至社会一次性成本，这是需要系统思考的。

一、摇篮到摇篮，绿色包装产业发展体系解析与重构

当下，物流业发展迅猛，与之相关的包装需求不断增加的同时，绿色生态包装成为物流业实现高效益、可持续发展的必然途径，更是物流业长远发展必须践行的战略要领。在产品从生产、抵达市场、送达消费者手中的过程中，产品的包装始终存在且不可或缺。它是产品的外在保护，确保产品在运输与配送过程中完好无缺；它是产品的使用说明，包装上注明着产品的安全信息、使用要求和使用人群等；它也是商家的营销手段，巧夺眼球的包装增加了消费者的购买欲望。包装兼具着产品自身所不具备的功能与作用，它的优势对产品影响巨大，是产品不可缺少的部分。在符合和满足包装的基本要求及作用下，精简包装、大力发掘绿色包装的优势，具有巨大的市场发展潜力，是时代发展趋势与要求，对各行业有着广而深的影响[13]。

包装产业立足于市场的核心需要与对人文、生态的考虑，提出节约资源、保护环境的包装生产与使用方针，落实现代绿色包装的 4R1D 原则［减量（Reduce）——包装在满足保护、方便、销售等功能的条件下，材料使用量最少，运输过程中不浪费空间。从生产源头就注意节约资源和减少污染。宜家的平板包装就是很好的例子；再利用（Reuse）——制造的包装容器能够以初始的形式被反复使用。比如说包装盒做成收纳盒；循环再生（Recycle）——包装在

完成其使用功能后能重新变成可以利用的资源，如纸盒回收做成纸浆；能源回收（Recover）——通过垃圾焚烧等方式对前三个 R 无法进一步回收利用的进行能源的回收利用；可降解（Degradable）——包装要易于自然降解，对人体和生物无毒害。在这方面，纸制品包装具有优势。]，并将循环再生（Recycle）作为核心的考虑要点，降低污染物的排放和废弃物的处置，以应对当下包装过剩和资源配置不均的社会矛盾[9]。

随着国内包装产业的日渐庞大，我国作为世界制造强国，包装制造业也开始与国际接轨，并从包装大国不断向包装强国迈进。包装产业绿色发展符合国际发展的要求，符合生态发展的需求，符合企业获利的原则[14]。国内包装产业向绿色包装模式的转型与绿色包装消费观的建立已成为国内包装业发展的根本方向。

从包装产业在国际大环境的发展来看，欧美国家的产品包装从 2017 年较前 5 年的包装层次更简约，总重量更轻，在饮品上的包装重量更是降低了 80%。2015 年发布的《绿色食品：包装通用准则》（NY/T 658—2015），对食品包装的原纸卫生，瓷器容器铅、镉允许溶出值，玻璃器皿铅、镉、砷允许溶出值和包装产品过度包装的情况作了要求和说明，甚至对包装物上使用的标记材料和用量作出了规定，并列出不允许使用某种材料的情况，如：塑料制品不允许采用聚氨酯，发泡聚苯乙烯等作为包装材料，除此外，包装附属使用物（黏合剂、涂料）要求无毒且不直接与产品（食品）接触[15]。

每逢中秋佳节、市面上月饼的数量众多、销售渠道各异。在 2015 年之前，月饼包装奢华成风，节后残余的月饼包装物占据了生活垃圾总量的一半以上，造成严重的资源浪费。2015 年年末，国家颁布了《月饼国家标准》（GB/T 19855—2015），对月饼包装相应作出了规定：（1）包装成本应低于月饼出厂价的 25%；（2）单粒包装空位应小于单粒总容积的 1/3，且单粒包装与外盒包装内壁间平均距离应小于 2.5cm；（3）保鲜剂与脱氧剂不应和月饼产生直接性接触[8]。

月饼包装标准化和规范化，作为对包装产业的调整与完善，体现出政府部门对包装行业的要求，反映出包装产业绿色发展的必要性，同时也是我国包装产业绿色发展的起步标志。除了食品行业外，还有物流运输业等其他行业也陆续补充了对产品包装的要求。绿色包装的影响范围和对行业的影响力逐渐增大，我国要进入包装强国行列，更要具备绿色发展的思维，调整战略方针。在国民经济高速发展的同时，以包装产业绿色发展为手段，保证对环境友好、降低对生态的破坏以及贯彻对资源的节约[7]。

二、我国绿色包装发展的长期矛盾

包装产业的发展在国内起步晚、政策辅助不足，加之国内包装制造业长期以来模式单一，在当下的市场环境中，呈现出了以下特点。

（1）技术水平低下、管理能力不足。在相同的基础设施条件下，人员的生产能力和产品质量与国外存在明显差距，且国内高品质的产品数量市场份额低，企业大部分以生产中低端产品作为主业务。在人员技术水平不过关的情况下造成资源浪费，企业以次等或劣等产品为主的生产链同时造成对环境的严重污染，在生产链不断循环往复的加工和制造中，能源的耗费与材料的浪费不但加剧企业的资金投入，更达不到环保要求。

（2）专业人才队伍缺乏，难以适应产业发展。我国万亿的包装产业背后是捉襟见肘的包装专业发展。包装产业一直给人以资本门槛低、人才层次低下等印像，其实随着经济水平的不断提高，包装人才需求已不仅仅停留在生产制造领域，更是向制造业的前端、后端不断地延伸发展，其中包括绿色设计、可降解材料的研发、智能生产、产业数字化管理以及包装的消费、回收、再利用、供应链优化等。从摇篮到坟墓都应该是包装专业人才队伍所涉猎的。

（3）工作效率低下。针对包装产业总体的人均产值，我国的人均产值不到发达国家的十分之一，工作时间长，产品附加值低，致使我国包装制造始终脱离不了低端制造的怪圈。我国经济发展水平参差不齐，以长三角为例，包装产业总体已进入人与智能设备融合发展阶段，并逐步优化产能，以标准化思路，用数字化设备替换人，然而在中西部、西南地区，包装企业总体发展水平低下，由于需求的压制，中低端劳动人口在产业制造过程中占比较大，因此人均产出低下，发展竞争力较弱，受社会环境影响波动显著。

（4）恶性竞争突出。在包装产业中，企业盈利往往是依靠规模化的生产实现的。包装单品的利润极低，且行业门槛低，进入市场的包装企业数量庞大、参差不齐。在 20 世纪 90 年代，国家还没对包装企业进行规范，缺少与包装相关的法律法规，出现了一大批污染极大的包装企业。它们长期在微利中挣扎存活，彼此间进行价格打压从而形成恶性市场竞争，直至今日，这种局面仍未得到有效遏制。除了包装企业的不良竞争外，包装产业产能过剩，也是形成这种不良局面的重要原因。

（5）龙头企业缺乏。由于国内包装企业分散，且以中小型规模的包装企业居多，缺乏带头企业，造成产业集中度不高，自然而然形成了长尾型的产业格局，不能有效发挥地理自然资源与劳动力优势，更不能实现与国际企业的互动、接轨，还远不能充分对国际先进的包装技术进行消化吸收。

（6）包装企业智能化发展缺乏。国内包装产业人才的缺乏，导致了一定的短视格局。产业进入门槛低直接导入了"良性"的退出机制看似特别完善。长尾结构中，企业有一大部分是以人员成本思考包装长期价值的，企业的信息化、数字化长期停留在浅显认知的程度，更别提智能化。有些有想法的包装企业一把手可能想干，但缺乏主动性，缺少长期价值的认知水平，而一次次错过发展机遇期。

（7）包装标准多，但执行差。包装面对的是物质生产所有门类，因此生态极为复杂。随着产业标准化思维的盛行，各行业、各部门、各组织、各企业都制定了五花八门的行业标准，导致了国家标准门槛低，行业标准、地方标准、团体标准流于形式，难以开展切实有效的实施推动，缺乏像西方国家的抱团认可的闭环环境。牵头行业、团体标准的企业更是将其作为企业竞争力优势的武器，而非更多的兼顾行业平稳有序发展。

我国包装行业存在以上弊病，这不仅是长期以来成为拖累和制约包装产业发展的关键因素，更是我国包装产业需绿色发展的迫切原因。在新时代的技术和背景要求下，包装产业绿色发展更具有现实可行性和发展必然性。

包装产业绿色发展之所以符合时代命题，除了对生态环境的保护外，更重要的是它所起到的循环经济的效用。1996 年 10 月，由德国带头订立的《循环经济法》，深刻地影响全球行业、企业对资源与环境的认识。近 10 年之后，提出了《中华人民共和国循环经济促进法》，意味着我国正式将废物再生、节约资源与高效利用纳入国家层面考虑，这是国家对环境的责任，更是企业与个人对地球生态的义务[18]。21 世纪，中国不仅负有全球第二大经济体的责任与义务，而且兼具着全球"绿色浪潮"的推广与落实的任务，致力于改善全球各国家、地区经济发展与自然资源掠夺的尖锐矛盾。

三、科学评价、制度完善、行业标准实施，提升对绿色包装的认知

当前，我国民众对包装产业绿色发展的认识还存在不足，错误认为当所使用的包装材料或制品是易于分解或后期处理的即是绿色包装物，忽视包装产品的生产过程产生的有毒物或污染物，以及制造过程中产生的资源浪费现象，对包装产品的后期回收和利用不予关注[19]。更有甚者，将使用纸质包装视作绿色包装，而塑料材质包装则为非环保、非绿色的包装；将 PE 材料与 PVC 材料都视作有毒材料，要求不使用塑料制品作为包装物的"绝对性"评价。除了人为观点或认知的错误，绿色包装相关的基础设施和研发投入都严重不足、政策支持力度弱，这两者都制约了包装产业绿色发展的可能性和潜力。

我国包装产业基础实力薄弱，且大部分制定的包装产品质量标准均以当地市场要求为准，没有统一化的标准，成长历程也大不相同。其中，个别包装企业以国外市场为主展开出口贸易，这部分企业的市场嗅觉灵敏，能较快应用国外先进的包装技术和手段，在绿色包装发展上领先国内同行企业[21]。而只针对国内地区供给的包装企业（尤其中西部地区），在制度不规范、条件不理想的情况下，对绿色包装灵敏度不够，也不具有包装绿色化发展的能力。当然，对产业整体而言，经济发展水平始终是包装产业绿色发展最核心和关键的影响因素。在我国中西部等经济落后地区，包装产业绿色发展难以推动，这种制约主要的来源并非观念而是经济原因。所以要发展绿色包装产业，需要国家推动地区的经济发展，发

展特色产业并合理配置地方资源。

四、结论

　　碳中和经济对我国未来产业发展将产生深远影响，居安思危考虑未来的可持续发展，是包装企业能否由大转强突围的关键一步。目前我国包装产业在国民经济产值中位列 11 位，2.3 万亿元的总产值看似规模巨大，但其在国际话语权上缺乏影响力，例如：目前的包装印刷产业中，虽有企业因为服务外贸订单利润颇丰，但生产、工艺、产品质量标准都由国外主导，企业必须严格遵守[22]。面对未来全球化的碳中和革命，是否国外会拿起绿色制裁大棒敲打中国企业，仍然未知，但风险时刻存在。深谋远虑，提前变革对冲不确定的风险是包装行业需要时刻预判和思考的。

参考文献

[1] 徐雅姝. 绿色包装是物流可持续发展的必由之路 [J]. 中国储运，2020（9）：141-143.

[2] 绿色包装四大要素：低碳、节能、环保、安全 [J]. 中国包装，2020, 40（6）：15.

[3] 姚鸿林. 绿色供应链对企业战略绩效的影响路径分析 [D]. 呼和浩特：内蒙古大学，2021.

[4] 陈丽清，姜鑫冉. 新消费引导下绿色包装接受意愿的影响研究 [J]. 物流工程与管理，2021, 43（6）：135-140.

[5] 谢慧珺. 价值链视角下我国包装产业国际竞争力研究 [D]. 上海：东华大学，2021.

[6] 周斌，卞玲玲. 碳中和背景下绿色快递物流发展应对策略研究 [J]. 营销界，2021（39）：66-67.

[7] 王宏巍，范宝栩. 碳达峰碳中和目标下限制产品过度包装的路径分析 [J]. 太原城市职业技术学院学报，2022（1）：31-33.

[8] 段雨婷. 基于绿色包装理念的月饼包装设计研究 [J]. 绿色包装，2022（2）：93-96.

[9] 崔望妮. 绿色低碳背景下快递包装标准化体系建设 [J]. 现代商业，2021（22）：9-11.

[10] 杨艺楠，王欣欣. 绿色包装可持续设计重要性及其发展途径解析 [J]. 大众文

艺，2021（19）：84-85.

[11] 刘芳卫，徐晓晴，闫英伟，等.推进快递包装绿色转型解析 [J].绿色包装，2021（4）：25-29.

[12] 盛光华，戴佳彤，岳蓓蓓."绿色"的联想：绿色产品包装颜色影响消费者绿色购买意愿的权变机制研究 [J].外国经济与管理，2021,43（5）：91-105.

[13] 英琪，张琛，武金朋，等.制约快递包装回收体系发展的人为因素探讨与对策研究 [J].绿色包装，2020（8）：57-60.

[14] 陈岳飞，赵鑫，方向.快递业绿色包装的多维困境及其优化路径 [J].环境与可持续发展，2021,46（3）：188-194.

[15] 丛冠华.绿色包装设计的发展趋势 [J].现代食品，2021（13）：4-6.

[16] 孙俊军，鄂玉萍，田亚利.基于产品全生命周期的纸包装绿色生态发展模式 [J].包装工程，2022,43（1）：259-265.

[17] 王海瀛.基于全生命周期理念的快递包装回收利用标准体系构建研究 [J].标准科学，2021（12）：90-95.

[18] 于建红，刘卓莹.快递行业绿色物流生态环境系统模型构建分析 [J].物流工程与管理，2022,44（2）：6-8+13.

[19] 杨逢海，潘旭.绿色物流趋势下快递包装发展路径分析 [J].中国物流与采购，2021（23）：76-77.

[20] 乔瑞良.我国快递绿色包装立法问题研究 [D].株洲：湖南工业大学，2021.

[21] 曾朦瑶.循环经济模式下绿色物流包装探析 [J].现代经济信息，2020（9）：150+152.

物流包装的绿色可持续发展

黄昌海[①]

我国电商行业的飞速发展，拉近了物流与消费者之间的距离，进一步推动物流行业在国民经济中的地位与发展。包装可看作生产的终点，物流的起点，物流包装衔接了生产制造与物流，贯穿了产品在生产后的装配、仓储、运输、转运、分销，甚至消费的始终。包装产业在其全生命周期里，对资源的开采、能源的消耗，以及后期对环境资源的占用及污染都有不小的伤害。低碳经济、绿色环保以及可持续发展等概念逐步普及并为消费者所接受。综上，推动物流包装的绿色可持续发展迫在眉睫，也势在必行。

社会经济的发展及物质生活水平的提升，电子商务消费模式的普及使得物流行业迎来了前所未有的好局面，但随之而来的便是物流包装的大量使用及废弃。我国在2016年的统计数据显示，每600万吨垃圾中可回收利用的只有30万吨。有资料显示，95%的包装材料是一次性消耗品，这些一次性消耗品最终的结局多是变成垃圾然后进行焚烧和掩埋，这些垃圾很难降解，它们一次又一次地造成生态污染。2018年习近平总书记提出的五位一体总体布局中，生态文明建设已经成为全国经济工作中高质量发展的重点工作之一。与此同时越来越多关于低碳经济、循环经济、绿色可持续发展等环保和生态文明建设理念逐步为人们所理解并接受，因此如何让高能耗、高污染、废弃物多的物流包装行业实现绿色可持续发展成为大势所趋。

[①] 黄昌海，上海市包装技术协会物流包装委员会秘书长，高级工程师，研究方向：物流运输包装的整体包装解决方案、包装结构设计方案的模块化研究。

一、物流包装绿色可持续发展的定义

绿色包装又可以称为无公害包装和环境之友包装，也指对生态环境和人类健康无害，能重复使用和再生，符合可持续发展的包装。其理念涵盖了保护环境和节约资源两方面的内容，因此针对物流包装采用绿色可持续发展的理念，有助于减少最终废弃物对环境的污染和资源占用。

物流包装的绿色可持续发展是让物流包装在其整个生命周期中对关联的个人、企业以及社会环境是有益的、安全的和健康的，在前期设计中确保物流包装的保护性能和成本能够满足市场的基本要求，尽量采用绿色、可再生或者可循环材料，采用清洁生产技术进行生产制造，尽量使用可再生的能源进行仓储、运输、分销以及回收利用，从根本设计上优化材料使用和能源利用，在生物和/或工业闭环中有效循环、回收和再利用。

二、物流包装绿色可持续发展的现状

对于物流包装而言，其绿色可持续发展的方向和定位，暨可以遵循绿色包装的"4R1D"（即 Reduce 减小包装使用量、Reuse 重复利用包装、Recycle 循环利用包装、Recover 回收利用包装、Degradable 包装可以降解腐化）原则，也可以根据上下游使用方对物流包装实际需求，同时依托于循环经济的概念，构建物流包装在全生命周期使用上的大循环。因此，物流包装绿色可持续化的定位可以基于优先服务好物流包装上下游企业，并基于绿色物流供应链的需求，扩展并突出包装在整个产品物流链中的价值，从服务于产品向为产品提升附加值转变。

据国外资料显示，全球所有物流运输相关包装材料支出中在 2019 年预估达到 2711 亿美元（1.626 万亿元人民币），组成见表 2-2。其中美国占全球物流运输包装需求的近 24%，可达 760 亿美元；亚洲占全球运输包装需求的近 46%，可达 1457 亿美元，其中中国约占亚洲物流运输包装需求的 41%，总体看接近 3066 亿元人民币。

表 2-2　2019 年全球物流运输包装产值估值

组成分类	2012 年实际 / 百万美元	2019 年估值 / 百万美元	2019 年占比 / %
瓦楞纸箱	133487	176211	64.99
托盘	38535	54171	19.98
木箱	13253	16101	5.94
防护包装	—	—	—
气垫缓冲	943	1514	0.56
气泡垫包装	2506	3490	1.29
发泡塑料缓冲	2641	3649	1.35
现场发泡	874	1284	0.47
颗粒充填	1103	1466	0.54
纸缓冲	2248	3148	1.16
防护邮件袋	2927	4293	1.58
冷链运输容器	1754	2559	0.94
纸浆模	1755	2407	0.89
其他	739	854	0.31
总计	202765	271147	

从上述数据可以看出，中国在整个工业制造以及物流供应链中产生了至少 3066 亿元规模的物流包装。从中国包装联合会数据来看，从 2019 年到 2021 年，2000 万以上规模包装企业完成的总营业收入及同比增速如表 2-3 所示。

表 2-3　主营业务收入

年份	主营业务收入 / 亿元	同比增长 / %
2019	10032.53	1.06
2020	10064.58	−1.17
2021	12041.81	16.39

可见，物流包装在整个包装工业中的占比不低，市场规模不小，但物流包装在使用与应用层面却存在不少问题，主要体现在以下几组矛盾性的问题。

（一）过度包装与包装质量不过关

之所以把过度包装与包装质量不过关这对矛盾问题放在首位来介绍，重要的就是包装的使用者对包装的科学性认知和认识不足。大部分对包装技术不熟悉或认知不足的人士会直接把包装材料"不好"与"质量不过关"直接挂钩，这就导致了很多"包装减量化"项目难以推行和执行。

首先，包装的科学性认识中最基础的一条认知就是：物流包装的首要作用是确保产品的运输保护安全；因此专业的包装企业提供物流包装时更关注的是包装材料的强度性能及相关技术指标，而不是单纯的包装材料用料。例如：在瓦楞纸板材料的使用上，大部分人只关注原纸材料的定量，认为 $230g/m^2$ 定量的箱板纸就一定比 $250g/m^2$ 定量的箱板纸差，而 $230g/m^2$ 定量的箱板纸耐破等级远高于 $250g/m^2$ 定量的箱板纸，出现低克重定量箱板纸性能高于高定量箱板纸的状况；这中间就存在了包装技术认识和理解上的误区，间接造成了"包装质量不可控风险"。

其次，站在不少包装生产者角度上来说，也存在着一个比较突出的过度包装问题。一方面，有不少企业未能用科学的手段来评估评价现在的产品所选用的包装材料是不是合理的、合适的，间接导致了过度包装问题；另一方面，不少企业采用甲方思维，认为自己定义的包装材料规格和要求是合适的，不太能接受包装企业给的专业建议，还会有些企业认为包装企业所谓的专业建议是变着法子用差的材料替代他们现在好的材料达成降价提高企业的利润。这两方面因素直接促使了过度包装。

（二）包装技术创新与采购成本

针对绿色包装的技术创新与研发，与其他行业的技术研发投入情况会有类同之处。通常技术含量高、研发成本高的一些新材料、新技术、新方案在开始市场化初期时，其包装材料的采购成本相对较高，很多企业与个人不太会为此埋单，这就导致在绿色包装技术创新与研发投入较大的企业很难通过扩大生产规模来形成规模经济，从而降低成本。总体来说，目前物流包装技术及包装产品的创新力不强，很大程度在于付出与回报不对等，这样就导致不少有创新技术和能力的中小企业失去信心，只能把这些新技术、新材料、新方案作为储备。

（三）标准化与定制化

我国在物流包装领域上一直存在着定制化与标准化的矛盾点，从产品对物流包装保护性的需求来看，物流包装被主观定位在为产品服务，基本上都是一物一包装，一物一设计，因此包装的标准化一直较难推行。这个从我国物流用联运托盘的实际使用角度来看，就较为显著地体现出了标准化推行的困难，但欧洲一直在推行的欧洲标准托盘，不仅在尺寸上实现了标准化，而且在托盘的结构设计、制作材料，甚至制作工艺上都实施了标准化。因此，如何根据物流环境的实际需求，从大物流角度实现模组的标准化，然后再基于模块进行定制化，将有利于推动物流载具器具的标准化，从源头降低物流运输货损风险，达到定制化保护性设计的减量，这是将标准化与定制化有效结合的实施方法之一。

三、物流包装绿色可持续化发展的驱动力

（一）内部驱动及外部驱动

内部驱动一般指企业自己提出的绿色可持续发展计划或目标，并付诸实施，以此推动企业产品的创新研发。而外部驱动是指由于外部环境的影响，如政策法规、客户需求、市场趋势等引发企业重视并驱动开发绿色环保、具有可持续发展概念的物流包装产品。需要说明的是，内部驱动和外部驱动并不是非黑即白的，很多时候这两种驱动力是互相影响、互相支撑的。

1. 内部驱动

内部驱动指包装生产企业和包装材料终端使用企业自身设定的对物流包装绿

色可持续发展的计划或目标。

针对物流快递包装的绿色可持续发展问题，多个大型电商企业及平台已推出相应行动。早在 2016 年，阿里巴巴启动"绿动计划"，希望在阿里平台上 50% 的包裹塑料袋替换为完全可降解的包装材料，截至 2017 年 12 月底，已发出 2000 万个绿色包裹。2017 年京东就发起了"青流计划"，同样希望京东物流 50% 以上的塑料包装包裹将使用生物降解材料。多家快递物流巨头还在快递包装箱的重复再利用方面进行了诸多尝试与实践。苏宁物流推出了可折叠共享快递盒，在消费者当面签收后，共享快递盒由配送员折叠后带回，然后经处理后重复使用到下一次快递订单中；京东物流也做出了很大的努力，它先后采用了自主回收、自建循环回收系统、青流循环箱三种方式来减少一次性物流包装包裹的使用量。除此以外，京东物流还和第三方合作，促进多渠道逆向物流。

日化用品行业中，宝洁对于其产品包装的规划是 100% 可再生或使用可循环材料。宝洁针对其电商渠道售出的产品，与多家电商平台联动，推出了直发包装概念，极大减少了电商快递二次包装箱的用量。更是在 2021 年进博会上首次推出宝洁自主研发的创新产品"空气胶囊"。如图 2-9 所示，"空气胶囊"是采用 100% 单一可回收材料制成，无须再额外套纸箱，也无须胶带，对比传统电商包装，可减少 40% 以上材料使用量；同时它也非常可靠，包装的特殊结构可缓冲产品在快递过程中受到的外力冲击，并减少雨淋对包裹的影响；同时它的抗压能力足够，即使一个成年人站在上面，里面的产品也能完好无损。消费者通过撕拉线即可开启包裹。

图 2-9 宝洁的"空气胶囊"包装组图

2. 外部驱动

外部驱动更多是因为企业受到政策法规、竞争对手、客户需求、市场需求、社会责任等因素的影响，促使企业制定自身的包装产品的绿色可持续发展计划与目标，并付诸实施。从目前国内的实际情况来看，主要是一些国外品牌以及国内大型企业，在受到政策法规以及社会责任的影响下，逐步实施并推进绿色包装可持续发展。

其实外部驱动对于很多企业而言，最终是会把外部驱动转化为内部驱动。当诸多企业在发现自己的客户、供应链、政府部门甚至竞争对手已经开始把绿色可持续发展作为企业产品的一个必选项时，就会把绿色可持续发展也作为企业自身的目标，协同企业内部及外部供应链的资源去执行与推进时，就完成了外部驱动向内部驱动的转化。

（二）市场驱动和政策驱动

物流包装的使用很大程度都是基于对成本以及保护性的性价比要求，所以不是以使用绿色包装以及可持续概念为主导；实际上就是以经济利益为主要驱动。因此，单纯靠经济利益无法驱动时，就需要依靠政府出台相应的政策法规才能运行的。因此，把它们分为市场驱动和政策驱动。当然市场驱动和政策驱动也不是固定不变的，而是根据市场情况在不断地变化与调整。

1. 市场驱动

市场驱动的物流包装使用与产品附加值的大小相关，同时也与终端用户企业对物流包装材料的熟悉程度有关，与包装材料产品是否处于完全市场竞争的程度相关。有些产品还未处在一个充分的市场竞争中时，成本和价格往往不那么敏感，如采用绿色环保、可持续发展等起到一定引领概念的产品可以起到降维打击作用。但处于一个完全竞争的市场中时，绿色材料的使用完全取决于该物流包装材料的成本与保护性的性价比。

2. 政策驱动

政策驱动是在市场驱动不足以推动一些相对高价格的物流包装材料在产品保

护领域的使用时，或者无法与非绿色环保物流包装材料进行充分市场竞争时，需要依靠政府的政策法规进行强制或者给予一定的补贴才能将市场规模扩大，完善生产链降低生产成本，使其得以具备充分竞争的能力。因此，各级政府也出台了一些政策法规，限制对环境不够友好的包装材料的使用，这即为政策驱动，例如，"禁塑令""塑料税"等。

欧盟自 2021 年 1 月 1 日开征"塑料包装税"，对于一次性塑料包装按照每千克 0.8 欧元（约 6.4 元人民币）的税率加征塑料包装税。欧盟表示，开征塑料税，是希望通过法治渠道来减少塑料的使用，以此减少塑料类包装对环境造成的污染。

早在 2018 年，欧盟就决定向一次性塑料包装征税。当时欧盟官员称，由于中国禁止洋垃圾入境，欧盟塑料垃圾出口受到影响，欧盟希望通过征税减少使用一次性塑料包装并增加欧盟财政收入。新冠肺炎疫情暴发后，欧盟拟筹措巨资重启经济，开征"塑料包装税"变得更为紧迫。此前有媒体估算，按照每千克 0.8 欧元的税率，欧盟每年可新增 40 亿～80 亿欧元税收收入。

与此相呼应的还有英国，英国税务与海关总署（HMRC）发布了一项旨在促进在商品包装中使用再生塑料的税收，即塑料包装税（PPT），适用于在英国生产或进口到英国的塑料包装。该决议已在 2021 年《财政法案》中得到了立法，将从 2022 年 4 月 1 日起生效。其中相对明确地提到了，出现以下情况的塑料包装可以不收取该税：塑料包装里具有 30% 或更多的再生塑料含量；由多种材料制成，按重量衡量，塑料的重量不是最重的；生产或进口用于直接包装许可的人类药物；用作物流运输包装，以将产品进口到英国；出口、填充或未填充、除非将其用作物流运输包装以将产品出口到英国。

四、物流包装绿色可持续发展的实施路线

基于上述关于物流包装的现状介绍，其实可以发现推动并实施物流包装绿色可持续发展是有多种方法和路线，而且不少实施路线也是"显而易见"的。但在这些"显而易见"的实施路线中，到底哪些路线会更合适呢？

（一）政策引导、树立、构建绿色可持续发展理念及体系

当前我国与包装相关的法律法规不够健全，这里就需要政府充分发挥引导与监管作用，颁布相关的法律法规，明确对物流包装的各项规定，还要结合我国当下包装物流行业的发展情况。把相关法律法规内容要落到实处，要能接受理论的支撑和实践的考验。同时，还需要加大在整个体系构建，专门人才培养、普及普惠性地做好宣传与引导，这样才能有效地推动物流包装绿色可持续发展。

（二）引导和树立绿色可持续发展理念

引导和树立物流包装的绿色可持续发展理念可以从三个方面来考虑。首先，物流包装用户企业要明确自身责任，不能一味地追求经济效益，需要有社会责任意识，坚持经济和社会效益的统一，倡导和树立绿色环保、可持续发展和循环发展的理念。其次，物流包装生产制造企业需要将"绿色"作为企业文化的一部分，将可持续发展作为文化宣传主题，将其体现在企业的各个方面，通过潜移默化的方式，引导员工树立好正确的绿色可持续发展观。最后，物流企业也要加大对绿色物流、绿色包装的宣传力度，物流企业起到了产品物流转运的重要作用，物流企业也应树立和秉承全物流链路的绿色化和可持续发展理念，宣导和督促物流包装的绿色化。

（三）构建绿色可持续发展体系

政府应该发挥主导和监管作用，一方面大力构建绿色可持续发展体系，另一方面还需要监管各企业及单位在该体系下的实际运作情况。构建和监督执行一定要并行，缺一不可。体系的构建可以从政策法规、社会责任、企业使命、人才教育、市场宣传、研发财政补贴、税收补助、金融激励等多方面入手，迅速破局执行。也可以通过行政手段实行物流包装的绿色可持续发展认证，并由第三方贯彻执行认证，通过绿色可持续发展包装认证的执行，并使用具有显著标识性的认证标志的普及及推广，可以相对有效地并利于企业地推广执行，同时消费者也可以

比较直观地理解。

（四）研发及推广绿色可持续发展方案

我国的绿色可持续发展起步较晚，在绿色可持续化的技术层面也有一定滞后及落后，离专业化尚有一段距离，需要从技术研发入手才能实现弯道超车，跟上绿色可持续发展的脚步。从技术层面来看，研发新的绿色物流包装材料、绿色物流包装产品，研发和开发新的绿色可持续发展方案及经营模式，从产品及方案设计源头就开始执行绿色可持续化研发理念，这些都是可执行的路线措施。若再辅以政府资助政策，就可以加大企业研发投入的热情，以及推广使用绿色可持续化理念的积极性。如对一些在绿色材料、绿色产品、循环经营模式等研发成本高、技术投入资金大等项目上，给予明确的扶持政策。

从物流包装材料角度来看，绿色可降解化、减量化、轻量化、跨界新型材料应用都是主流研究方向和开发的重点。从物流包装产品角度来看，结合绿色包装材料，开发具有易操作、可提升操作效率、可实现机械自动化、轻量高强度等产品都是主要的开发重点。从物流包装经营模式角度看，循环包装以及循环往复使用的经营模式也值得大力推广及应用，相较于前两者，循环包装经营模式相对成熟，可操作性强，已经在汽车零部件等工业产品领域实现了成熟方案；扩展到其他工业产品领域时，可以根据产品特点、企业特色、可选循环路线的特点等，从小循环到大循环，从内循环到外循环等多种组合形式与方式都值得探讨和推广。

（五）深度理解"物流包装"与"包装物流"

物流包装是强调物流中对包装的使用要求，这是一种现状，这是一种大家普遍认为的定位。但基于包装产业角度来看，包装需要进一步体现自我价值，在整个商品的物流供应链中发挥更大的作用。在以前的销售模式和认知中，这种包装的价值体现还不够清晰，但从现有的包装行业趋势来看，包装已经具有了一定引领和导向能力。因此，我们可以推出并强调"包装物流"这一概念。包装物流是强调包装通过创新，去主导或引导物流方式的调整与转变。包装从产品装配一直到消费使用全过程之间，去影响每个商品的物流活动，强调包装对商品与物流之间接口及纽带作用，不单单是载体。

这里结合物流包装现状特点及趋势特色，将物流包装在整个全过程之间的主要功能特征影响分成九个（如图 2-10 所示），九大包装特征影响及情况如下。

图 2-10　物流包装九大特征示意图

产品保护：最基础的特征，就是强调包装的保护作用，以确保产品在物流运输全过程流转后可以正常使用。

单元化：追求获得适应物流、转运、仓储多环节的最佳包装单元，通过单元化可达成并建立物流运输标准化的规格尺寸或模数，以满足通用化的需求。

识别性：传统情况是通过对外包装的印刷或贴标方式让人更容易识别，但新的趋势还需要让机械设备容易识别、快速识别，体现出高效性。

信息沟通：传统的情况是固定的展现形式，一旦实施其信息是固定不变的；但智能包装趋势所带来的最大冲击便是从固定展现方式转变到交互式消费体验，让消费者有了更多参与感，这就对包装所传递信息的量以及方式有更多要求。消费者参与越多，所沉淀的消费群体数据越多，可进一步挖掘数据的价值越大，越容易推动品牌宣传的精准性。

可堆叠强度：传统物流运输方式，是以集合堆码形式为主，是以包装箱四个角的角均布载荷的方式；但电商快递方式下，堆叠状态就很零散，大部分时候是无法预知的不固定的堆放形式。

体积重量效率：追求适应多种物流方式以及全链条多环节的最佳体积重量值，因为物流、转运、仓储、配送等多种方式下，对于产品包装的体积大小以及重量会对应不同的流转方式下的成本。传统物流方式下的体积重量比相对稳定，但电商物流方式下更加注重寻找最佳的体积重量值。

重新包装：产品在传统包装方式下是从企业到企业的物流配送，但是电商快递的模式，延伸和改变了部分产品的终点，导致了二次包装和重新包装的需求，但这种情况所花费的人力过多，容易造成瓶颈阶段，因此减少二次包装和重新再包装的情况，加大直发包装也成为新探讨的方向。

分配分拣：更小的包装单位需求、更零散多变的订单需求，导致需要进一步的分配以及分拣，以匹配消费者订单需求。

包装废弃：包装可持续发展要求，需要进一步减少包装废弃物、增大包装可循环性、使用绿色环保包装材料，减少废弃物处理负担。

五、物流包装绿色可持续发展趋势和展望

（一）物流包装绿色可持续发展的相关政策

近些年来，政府进一步提高了对环境治理的力度，让绿色的生活方式与企业经营理念进一步深入全社会及个人。从政治环境和政策角度来看，对绿色物流包装的影响方式主要分为两个层面：温和的有效引导与强行的规制标准。与物流包装相关的政策法规正在不断地完善，包括一些地方标准和团体标准也在紧锣密鼓地出台之中。为了大力推进物流包装各细分领域的绿色可持续化转型，政府多部委针对不同领域及行业面临的物流包装绿色可持续发展的实际情况分别发布了相关的政策、法规、管理办法（见表2-4）等，以此从政策面来推动和加快物流包装的绿色可持续发展进程。

表 2-4　相关政策法规主要内容、出台时间及发布单位

序号	法规名称	主要内容	出台时间	发布单位
1	《邮件快件包装管理办法》	按照规定使用环保材料对邮件快件进行包装，优先采用可重复使用、易回收利用的包装物，优化邮件快件包装，减少包装物的使用，并积极回收利用包装物；鼓励寄递企业采购使用通过绿色产品认证的包装物	2021 年 2 月	交通运输部令 2021 年第 1 号
2	《关于加快推进快递包装绿色转型的意见》	要求强化快递包装绿色治理，加强电商和快递规范管理，增加绿色产品供给，培育循环包装新型模式；制定《邮件快件包装管理办法》	2020 年 12 月	国家发改委、国家邮政局等八部门
3	《固体废物污染环境防治法》（简称《固废法》）	对生活垃圾分类回收、过度包装、塑料污染治理等做出了针对性规定	2020 年 4 月	十三届全国人大常委会第十七次会议审议通过，2020 年 9 月 1 日起施行
4	《关于进一步加强塑料污染治理的意见》	提出到 2020 年年底，我国将率先在部分地区、部分领域禁止、限制部分塑料制品的生产、销售和使用，到 2022 年年底，一次性塑料制品的消费量明显减少，替代产品得到推广	2020 年 1 月	国家发展改革委生态环境部
5	《绿色包装评价方法与准则》	针对绿色包装产品低碳、节能、环保、安全的要求，规定了绿色包装评价准则、评价方法、评价报告内容和格式，并定义了"绿色包装"的内涵	2019 年 5 月	国家市场监督管理总局、国家标准化管理委员会
6	《完善促进消费体制机制实施方案（2018～2020 年）》	要求壮大绿色消费，推动绿色流通发展，倡导流通环节减量包装、使用可降解包装	2018 年 9 月	国务院办公厅

续表

序号	法规名称	主要内容	出台时间	发布单位
7	《关于积极推进供应链创新与应用的指导意见》	倡导绿色消费理念，培育绿色消费市场。鼓励流通环节推广节能技术，加快节能设施设备的升级改造，培育一批集节能改造和节能产品销售于一体的绿色流通企业。要求开发应用绿色包装材料，建立绿色物流体系	2017年10月	国务院办公厅
8	《中国包装工业发展规划（2016～2020年）》	将绿色包装、智能包装、安全包装确定为包装工业的"三大方向"，并确定"十三五"时期中国包装工业的主要目标是包装工业规模持续增长，质量素质增强，区域协调发展，结构调整优化，动力逐步转换；"十三五"时期包装业的核心目标是提升对国民经济和社会发展的支撑能力和贡献能力，提升品牌影响力和国际竞争力	2016年12月	中国包装联合会

（二）社会及行业关注度的提升

生态文明建设逐渐成为人们关注的焦点，在潜移默化中影响着人们的思想观念，绿色化物流包装也逐步成为生态文明建设的重点关注项。这也使得不少社会群体及消费个体对环境的热爱与保护意识增强，更具有绿色理念，加上近年来政府在大力推动垃圾分类与回收政策，对于现在开始实施绿色物流包装的支持度也增加了，甚至有不少消费者愿意为绿色物流包装埋单。可以说，现在的社会环境对于促进物流包装的绿色可持续发展有着积极的推动作用。

（三）明确发展突破点

基于上述的内容及趋势分析，目前我国物流包装绿色可持续发展的路径与措施有很多，但有以下几个关键路径和措施可视为现阶段或长期发展的突破点。

科学减量。不少个人及企业对物流包装的认知不足，认为物流包装仅仅是产品、物流的附加及附属，这就造成无法用科学的方法来评估和评价包装。目前各行各业均面临着原材料与人工上涨的双重压力，但对产品的成本却要求不断降低，这两者之间的矛盾剧烈增加。一味粗暴地降低物流包装采购的成本，势必伤害到对产品的保护。利用科学的方法，有效合理的设计手段，达到使用更少量的包装材料达到相当的保护效果，从而达成产品保护以及成本的双需求。

循环利用。物流包装大部分都是一次性地使用，所以也导致了很多材料在使用完成后直接废弃，因此针对物流包装需要关注三个循环利用概念，也就是上面提的"4R1D"中的"3R"（Reuse 重复利用包装、Recycle 循环利用包装、Recover 回收利用包装），后两者关注的重点会在包装材料自身，更多会与废弃物回收结合起来看；而重复利用对现有工业产品的物流包装更有借鉴意义及价值。这就与现在提到的循环包装息息相关。循环包装其实就是使用耐用的、可循环再生的包装材料，有目的地为完成多次往返或循环使用而设计的，可以通过清洗、消毒、修复等手段延长使用寿命，且不改变其设计初始的包装结构和功能保护性包装或容器的统称。这就可以极大地减少原料资源的投入，减少了废弃与浪费。

材料替代与新材料研发。物流包装主要是在一些电商快递物流上使用了很多一次性的包装以及塑料膜类包装材料，而塑料膜类材料因为用在电商快递物流上，所以也被列于被"禁塑"的范围内。因此采用更多的绿色材料（可降解材料）替代对环境不友好的包装材料。而现在可替代用于物流包装的绿色材料还不够，需要更多地研发新材料，引进新产品并应用，这才会形成良性的竞争。

六、总结

在双碳经济和循环经济的全新时代背景下，要在物流包装领域中充分实现绿色可持续发展，把原本对资源的高消耗量减少，并降低对环境的破坏程度。可以通过研发出有效的绿色物流包装材料和产品，确保物流包装在物流过程中的高效装载，加强对物流包装的反复使用以及多次应用，为产品的物流运输提供有效保障。从而充分确保物流包装行业实现经济、社会和生态文明的共赢。

第三章
行业政策与标准解读

国外绿色包装产业发展相关政策及启示

印莲华[①]

绿色包装符合循环经济发展的理念,是目前全球包装行业整体的发展趋势。为促进绿色包装的发展,国际上很多国家、组织出台了相关政策、法规,规范绿色包装产业的发展。尤其欧盟、美国、日本等发达国家和地区组织,由于经济发展起步早、增长快,较早地制定了绿色包装相关政策、法规,并取得不错成效,对我国的绿色包装产业发展具有良好的借鉴意义。

一、国外绿色包装相关政策介绍

(一)欧盟

欧盟作为世界上一体化程度最高的经济性区域组织,其绿色包装相关的政策、法规,作用范围广、要求严格,切实推动了欧洲绿色包装的发展。

1. 欧盟包装与包装废弃物指令

1994 年颁布的《欧盟包装与包装废弃物指令》(Directive 94/62/EC)是欧盟管理包装产业的共同体级指令性文件,对各成员国有强制性的约束作用。指令适用于所有在欧盟市场上流通的产品包装(包括出口到欧盟的产品包装)及其废弃物。指令有两个主要目标:一是保护生态环境,防止包装产生的废物对环境产生

[①] 印莲华,女,上海出版印刷高等专科学校教师、工程师,上海市绿色包装专业技术服务平台兼职研究员,研究方向:绿色包装产业政策研究。

危害；二是确保欧盟内部市场按照一定标准有序运转，避免绿色贸易壁垒。指令要求欧盟成员国统一执行，并要求各成员国通过国家立法将其具体要求转化为各国的法律，从而防止包装对环境造成不良影响，并确保欧盟内部市场的有序运行。

欧盟包装指令（Directive 94/62/EC）正文部分包含基本原则和 25 个具体条款，正文外还有 3 个附件。正文条款第 1～4 条为指令制定目标、适用范围、相关用词的定义和预防措施；条款第 5～8 条分别为包装再使用系统，回收和再循环，退回、收集和回收系统，标志与识别系统；第 9 条明确了成员国实施时遵循的基本要求；第 10～25 条为标准化工作，包装物中的重金属含量，信息系统，向包装物使用者提供的信息，管理方案，通报，报告义务，投放市场的自由度，适应科学技术进步，具体措施，常设委员会工作程序，国家法律实施以及指令生效等相关事宜。另外，指令附录列出了标识体系、有关包装物成分和可重复使用或可回收利用包装特性的基本要求、包装废物相关资料（包括各成员国资料）等内容[①]。

欧盟包装指令自颁布以来修订多次：2003 年进行了第一次修订 [Regulation（EC）No 1882/2003]，此次修订调整了指令第 21 条欧盟技术委员会工作程序；2004 年第二次修订（Directive 2004/12/EC），本次修订调整了包装的概念。回收再生利用相关问题进行了修订调整，内容包括提高回收利用和再处理比率等，此外，组织与程序规则也做了一定调整[②]；2005 年第三次修订（Directive 2005/20/EC），修订了包装指令的第 6 条，规定欧盟的新成员国可以延迟达到某些回收利用目标的期限（自己选择一个日期）；2009 年第四次修订 [（EC）No 219/2009]，调整了欧盟委员会监管权限和程序；2013 年第五次修订（Directive 2013/2/EU）对包装和包装废弃物指令的附录Ⅰ进行了更新；2015 年第六次修订（Directive（EU）2015/720），修订围绕减少轻型塑料袋的消费这一核心任务，附录Ⅱ中塑料袋标识进行了调整[③]；2018 年为最新一次修订 [Directive（EU）2018/852]，此次修订是以欧盟废弃物框架指令（2008/98/EC）为根据，并将"为

---

① 谭伟. 欧盟包装与包装废物指令研究 [D]. 长沙：湖南大学，2010.
② 王莹. 绿色《包装法》立法探讨 [D]. 咸阳：西北农林科技大学，2009.
③ 张越. 欧盟限塑政策：内涵特征与启示 [J]. 国际论坛，2016，18（6）：66-71+79.

向循环经济转变做贡献"加入到包装指令中。

最新修订的欧盟包装指令［Directive（EU）2018/852］根据新的发展需要进行了多项调整，特别是提出了比较严格的"回收加工使用"目标，为包装厂家绿色化提供了更加具体的产品要求指标，同时对出口欧盟的包装厂家也提出了严峻的挑战。结合包装产业绿色转型发展的政策指导需要，本文重点介绍新指令有关绿色包装产业的条款要求：（1）预防。新指令要求应用预防原则制定各类措施，包括生产者责任延伸制方案、采纳欧盟废弃物框架指令中所列出的为激励实施废弃物管理等级原理所采用的经济手段和其他措施等。（2）可再使用包装。提出采用"押金退还"制度、设定相应目标、使用经济激励手段、设定可再使用包装的最低占比等措施，增加可再使用包装份额及其在环境友好型体系中的份额。（3）回收及回收再加工。新修订指令在回收和回收再加工使用部分为回收设定了较长期的"回收加工使用"目标，引导各国及其包装产业向该方向努力，以达到欧盟设定的"回收加工使用"绿色环保目标。（4）达标的计算规则。只有经过简单处理将废弃物变成可用物品，当其可进一步加工成品、材料或其他物质时才能计入"回收再加工利用"的废弃物。（5）退回、收集和回收系统。要求包装废弃物高质量回收，并且应满足要求行业的质量标准。（6）引进了废弃物管理等级原理。氧化可降解塑料已不作为可生物降解对待[①]。在欧盟包装指令规范下，欧盟包装产业在节约资源、环境友好以及市场有序运行等方面均取得显著成效。

2. 塑料包装税

塑料是包装材料的重要组成部分，欧盟每年都产生大量的塑料垃圾且被回收利用的比例偏低，大多数采用焚烧或填埋处理，甚至是流入河流和海洋。特别是中国禁止洋垃圾入境后，欧盟塑料垃圾出口面临着困境，欧盟希望通过税费征收的手段，降低一次性塑料包装的使用。2020年3月欧盟发布的循环经济行动计划2.0文件中，计划针对在包装、建筑等领域中的塑料设定减少消费和再生使用的目标。欧盟在制定新的预算方案中，率先提出要针对无循环使用的塑料包装向

---

① 董夫银，卢体康，李和平，等.欧盟新修订的包装和包装废弃物指令解读[J].绿色包装，2019（1）：59-63.

成员国征收塑料包装税，具体措施为：自 2021 年 1 月 1 日起，对一次性的塑料包装按每千克 0.8 欧元的税率征税 ①。

（二）德国

德国绿色包装相关的法律法规和保障政策发展较早，其绿色包装产业发展一直处于世界领先水平，包装产品的再生利用率处于世界领先地位。

1991 年，德国颁布了《包装条例》（VerpackV），条例对包装废弃物的处理、回收再利用及其利用率提出了相关规定。强制包装材料生产者、包装商品经营者等相关包装产业责任主体对包装废弃物进行无偿回收，并消除因包装而产生的环境污染或资源浪费，并且自行承担相关处理所需要的费用。该条例将包装产业全过程相关主体均进行责任的划分，充分调动各方的责任意识提高包装回收再利用，减轻包装及其废弃物对环境造成的不良影响。以立法形式确立了相关生产者的责任制度，要求包装生产厂家必须负责包装产品的回收。同时，条例对包装废弃物重新利用率、包装材料回收率等也制定了相关要求 ②。

随着《包装条例》深入推行，德国"双轨制"包装废弃物回收再生系统（简称 DSD）应运而生，对德国绿色包装产业发展产生了深远的影响。DSD 系统是一个专门回收利用包装废弃物的非政府组织，包装厂家可通过向 DSD 付费获得"绿点"包装回收标志的使用权，委托 DSD 公司对他们的产品和包装进行回收。缴纳的费用与产品材料的环保性和体积重量相关，制造商会努力在包装产品生产源头上尽量避免产生污染物。DSD 经评估分类，将能直接回收使用的返还给制造商，将不能直接回收使用的材料转去再生处理。DSD 系统符合循环经济理念，基本做到全民参与，极大促进了德国绿色包装产业和制度的发展 ③。

德国《包装条例》为适应欧盟相关规定和环境保护的需要，适时进行补充和修订。2019 年 1 月，德国新的《包装法》（VerpackG）生效。新《包装法》引

---

① 乔羽. 欧盟 2021 年 1 月开征"塑料包装税"[J]. 广东印刷, 2021（3）：3.
② 费悦. 循环经济原则下的商品包装法律问题研究 [D]. 北京：中国地质大学（北京），2020.
③ 张晓辉. 绿色包装法律问题研究 [D]. 石家庄：河北地质大学, 2019.

入了包装中心注册制度，该制度强制包装生产商和分销商（包括电商和进口商）等企业都必须在包装中心注册基金会的 LUCID 数据系统进行注册登记并缴纳税费，注册内容包括公司信息、产品名称、包装材料种类等，相关的企业必须参与 DSD 系统，并将签订的合同数据录入 LUCID 数据系统。VerpackG 增加了可回收包装的种类并制定了更高的回收目标，要求饮料外包装必须注明是一次性还是重复使用的。还有两点值得关注：①电商平台的产品若没有注册号，也将会被下架。②网络交易产生的快递运输包装也纳入注册范畴，电子商务零售商和所有企业一样，也必须为其所销售的产品包装支付许可费。总之，任何商品包装在德国都必须进行注册并获得许可，否则将不被允许在德国境内进行销售与流通。若有商家违反新包装法的规定，将会面临高达 20 万欧元的罚款和销售禁令[①]。

（三）美国

美国全社会对包装与环境相关问题的关注由来已久。早在 20 世纪 80 年代末就提出包装减量化及回收利用等政策规定，出台了包装废弃物回收处理的意见[②]。各州以包装与环境保护总政策为原则，根据其自身情况制定相应的政策标准，以地方自治为主，较为典型的地方制度主要有：

1. 加州

加州政府专门制定了《饮料容器赎金制》，规定所有的硬塑料容器必须减少 10% 的原材料用量或者包含至少 25% 的可回收成分。

2. 佛罗里达州

佛罗里达州政府积极推行了《废弃物处理预收费法》（ADF），ADF 法规定对出售的饮料容器征收 5 美分的预付处理税并由消费者自行承担，若容器可回收率达 50% 以上即可免除预收费，以鼓励企业保证包装产品的高回收利用率[③]。

---

① 陈卓. 快递包装回收中生产者责任延伸制度的责任承担：德国新包装法的启示 [J]. 连云港职业技术学院学报，2021, 34（4）：41-44.
② 高丽波. 政府驱动快递包装绿色化问题研究 [D]. 长沙：湖南大学，2018.
③ 卓小力. 包装废弃物资源化法律制度研究 [D]. 兰州：甘肃政法学院，2019.

3. 北卡罗莱纳州

北卡罗莱纳州州立法律规定包装企业包装物中的可回收材料应达到一定的比例，如有违反，将禁止企业使用聚苯乙烯进行包装扩大生产，另外，可回收材料在包装物中的占比越高，可享受的税收优惠越大，以此鼓励企业提高可回收材料的占比①。

美国各州经过多年的实践，在相关政策激励和约束下，产品包装材料及其废弃物对环境造成的压力有所减轻，同时还提高了经济利益和就业机会。

（四）日本

日本作为资源相对稀缺的国家，非常注重生态环境保护，是世界上最早进行环保立法和制定环保政策的国家之一。同时，日本包装产业发达，政府很早就开始关注包装对环境的影响，充分调动社会各方力量积极参与包装容器的回收利用，出台相关的政策、法规规范相关主体的责任，为包装产业绿色化发展提供了良好的政策支持，其绿色包装产业发展取得了令世界瞩目的成绩。

1. 环保法律体系

从 20 世纪 90 年代开始，日本为建设环保型社会，集中制定了一系列的法律法规，并且经历了"具体—概括—再具体"的过程，目前其法律体系从基本法、综合法、专项法律法规 3 个层面推行：第一层面是基本法。2000 年颁布《循环社会形成推进的基本法》，基本法首先规定了建设循环性社会的计划和基本原则，并规定了相关主体的责任，特别是扩大企业应承担的责任。第二个层面是综合法。主要以《废弃物处理法》和《资源有效利用促进法》为代表，这两部法律主要针对废弃物分类管理和促进废弃物减量化、再利用、资源化等。第三个层面是专项法令。专项法令是针对包装材料、建筑材料、电器等产品的循环利用所作的特别的法律条文规定，包括《容器包装回收利用法》《建筑及材料回收法》《家用电

---

① 曹化梁. 快递企业包装绿色化法律对策研究 [D]. 兰州：兰州理工大学, 2021.

器回收再利用法》等①。日本环保型社会建设法律体系层次清晰、覆盖面广，政府、企业和消费者的职责明确，民众绿色环保意识强，具有较强的操作性。

2. 容器包装回收利用法

日本环境保护相关的制度体系中与绿色包装最为相关的是《容器包装回收利用法》，《容器包装回收利用法》于 1997 年正式实施后，经多次修订，目前实施的是 2008 年的修订版本。该法立法目的是促进包装产品的分类回收和循环利用，通过包装减量化和循环利用的方法，充分利用资源以提高资源的利用率。《容器包装回收利用法》内容主要包括以下几个方面：（1）责任主体的确定。法规指出相关主体为国家、地方政府、生产者和消费者。（2）分类回收。主要包括回收计划的制定，地方回收责任、促进分类回收的落实等。（3）再商品化。主要包括标准制定、实施等。（4）明确再商品化义务。再商品化计划制订，再商品化的认可以及再商品化的实施和促进。（5）法人指定。规定能够正确且切实履行规定的再商品化业务者，申请后可以为指定法人。（6）环保教育。通过环保教育、环保学习以及宣传活动加深国民对再商品化相关标准和环保价值的理解。（7）促进其他容器包装废弃物的分类回收及再商品化。（8）法律责任。容器包装使用者、容器包装制造商等如不遵守相关规定，将会处以处罚或罚款②。日本在《循环社会形成推进的基本法》《资源有效利用促进法》等为代表的综合法以及《容器包装回收利用法》等为代表的专项法规的强制规范和引导下，包装材料回收利用率高，国民环保意识强，相关主体责任明确，推动包装产业绿色化取得了突出成效。

（五）英国

据报道，2022 年 4 月 1 日起，英国正式征收塑料包装税（PPT），该项税收政策适用于在英国生产或者进口到英国的塑料包装。英国税务与海关总署表示，

---

① 王永明，任中山，桑宇，等. 日本循环型社会建设的历程、成效及启示 [J]. 环境与可持续发展，2021，46（4）：128-135.
② 曹永甲. 日本容器包装废弃物回收利用法律制度研究 [D]. 郑州：郑州大学，2010.

这项新税收政策旨在提高塑料废物的回收，主要内容包括：再生塑料少于 30% 的包装，税率为每吨 200 英镑；12 个月内生产或进口塑料包装少于 10 吨的企业可免；纳税责任方，需要在英国税务及海关总署（HMRC）注册；税收的收取和执行方法等。法令还规定部分类别的塑料包装产品可不予征收，例如：再生塑料含量超过（含）30%、塑料重量不占最大比例的包装产品、有许可的人类药物直接包装等。凡英国的塑料包装生产商、进口商及相应的商业客户等均有税款缴纳责任[1]。

二、国外绿色包装相关政策对我国的启示

（一）完善配套法律和监管体系

目前我国的绿色包装管理还面临着很大的挑战，究其原因，缺乏相对完善的、具有强制效应的法律法规的约束。如本文第一部分所述，当前许多发达国家已基本形成了较为完善的绿色包装法律体系。如德国、日本以及美国的地方政府等根据各国环保型社会建设的需要，针对包装绿色化管理制定了专门的法律法规，对包装产品原材料的使用、减少包装废弃物产生、包装材料可回收的比例、废弃物的处理回收等提出了具体的要求和规定，并具强制性的法律效应，以约束企业和消费者的行为。国外发达国家和地区组织绿色包装法律法规的制定从细化各相关主体的责任入手，确保法令的有效实施，让企业和消费者全员参与绿色包装，这对于我国优化配套法律制度具有十分重要的借鉴意义。

配套法律是否能切实有效推进绿色包装的发展，在于执行的可操作性、有效性。因此，构建强有力的监督管理体系十分必要。政府部门可以联合行业协会、新闻媒体以及广大群众的力量，建立相应的监督管理体制，监督以国家标准和政府政策法规为依据，形成政府、企业、行业协会、公众、媒体共同参与的全方位监督机制。此外，政府各主管部门应注意部门间的协调、合作，为相关政策落地

---

[1] 英国发布塑料包装税 [J]. 绿色包装，2020（12）：17-18.

提供强有力的保障。

（二）构建绿色税收和奖惩机制

包装企业绿色化转型的动力除企业自身的环保使命、越来越高的国际贸易"绿色门槛"外，企业是营利性组织，政府的政策和财政扶持也是激励企业包装绿色生产重要一环。相反，对不遵守环保规范的企业和消费者征收相应税费或处以罚金，促使包装企业绿色化生产。

综观国外发达国家的做法，例如，美国各州政府在国家环保政策的指引下，结合各州地方绿色包装发展的实际情况，制定了税收优惠的激励措施，鼓励包装生产商控制包装原材料、进行包装废弃物回收，有效提高了包装废弃物的回收率，并推动了当地经济发展；德国 DSD 组织严格按照包装物的体积、重量和材质等收取费用，相关的减免和优惠政策，也极大地鼓励了包装生产商进行环保型包装生产；日本《容器包装回收利用法》规定的包装制造商如不遵守相关规定，将会处以处罚或罚款的规定，借助惩罚措施促进包装废弃物的回收。鉴于国外经验，国家可对响应绿色政策的包装企业给予适当的税收优惠或政策扶持，对不遵守绿色包装规范的企业或消费者施以一定的处罚措施。

我国要实现包装产业绿色化转型升级，建立奖励和惩罚机制。具体可从两个方面着手：一是实行绿色税收。为鼓励企业技术创新，政府可出台税费优惠政策，激励企业往绿色化转型道路发展。而对于以污染环境、浪费资源为代价进行生产的企业征收环境税或包装税等新税项，根据环境破坏程度确定税费收取额度。二是建立奖惩机制。为限制包装企业生产对环境造成影响，政府可通过专门的机构监测包装产品生产对环境造成的伤害，并根据情况严重程度，对企业进行不同等级的罚款。同样地，若消费者在包装回收环节不遵守绿色包装相关规定，亦可参照相应标准进行适当罚款，以督促消费者的行为。筹集到的罚款可用于绿色包装研发经费或者用于奖励对绿色包装事业有贡献的企业。总之，政府可结合绿色税收、奖惩机制等经济手段引导包装企业及相关责任主体为包装绿色化负责。

（三）完善绿色认证和回收系统

国外绿色包装产业发达国家，相应的包装废弃物回收系统趋于完善，尤其德国在 DSD 双轨制回收系统的支撑下，政府、企业、民众共同参与包装回收处理，是经典的成功实践案例，有效促进了德国绿色包装产业事业的发展。我国包装品市场大，建立一个全社会共同参与的包装废弃物回收体系十分有必要。鉴于德国经验，基于政府的法律要求，明确企业回收责任，建立专业的回收系统，企业通过支付一定的费用，将回收义务转给回收机构，该模式可减少企业的回收成本，也提高了包装回收的参与度。

为提高包装产品回收的可操作性，对包装产品按统一标准进行绿色认证至关重要，一方面便于企业和消费者识别包装产品的环保级别，进行后续的回收处理，另一方面也降低了环保监督部门监管包装产品是否符合环保标准的难度。因此，我国也可参考德国经验，依托国家环保政策，委托专业机构对包装产品进行绿色认证，通过绿色标志赋予包装产品"绿色身份"，具备"绿色身份"的包装产品方可进入后续的再回收环节。回收利用是实现绿色包装的重要举措，完善的回收体系需要政府、企业、消费者共同参与，其中任何一方责任缺失都不能实现包装产品有效的循环利用。政府应明确企业和消费者的回收义务，强制要求相关主体必须履行包装回收的责任，在此基础上建立配套的回收体系。回收系统可由政府主导建立，也可委托第三方机构（政府监督），利用现代互联网信息技术，追踪包装产品处理动态，实现谁生产谁负责，谁使用谁负责。完善包装产品的绿色认证和相应的回收体系，是真正实现我国包装产品的绿色化转型的重要途径。

（四）普及绿色包装宣传教育

包装要实现绿色化转型，企业作为包装产品的生产方和使用方，应充分认识环境保护的重要性，积极进行绿色化转型。我国经济的快速发展带动了消费，消费者如何选择保障产品对企业生产起着重要的导向作用，消费者选择环境友好的、可回收利用的绿色包装产品，会激励企业也朝着绿色化方向发展，反之，若消费者环保观念淡薄，亦会导致绿色包装发展缓慢。因此，政府应发挥各方主观能动性，对企业、消费者等意识形态进行引导。日本包装回收相关的法律法规十分重视对公众的引导，国民的绿色环保意识非常强；德国的DSD系统作为政府、企业、消费者有序配合，绿色包装良性发展的典型案例，离不开德国企业、民众较强的环保观念。这些国家的经验值得我国学习借鉴，政府积极开展绿色包装宣传教育工作尤为重要：第一，政府可充分利用电视、网络、政府报告等平台或者渠道，宣传环境保护的重大意义；第二，政府可开展绿色环保活动，在全社会营造具有绿色环保意识的氛围，提高全社会的环境保护认识水平；第三，政府应普及消费者环保责任意识，通过公益广告、社区传单等途径宣传消费者的环保责任，并加强包装循环使用操作方法的宣传推广。总之，政府应积极宣传循环经济理念，提高国民的生态文明意识，努力引导企业绿色生产，全民积极参与包装产品的回收再利用，促进我国包装产业绿色化发展。

三、结语

目前循环型经济是全球经济发展转型的核心，绿色包装体现了保护环境、节约资源的思想，符合可持续发展、循环型经济的核心内涵。各个国家、组织围绕绿色包装生产、回收、废弃物处理等出台了相关的政策、法规，对我国绿色包装政策的制定具有重要的借鉴意义。我国是包装大国，伴随着中国企业全球化进程加快，以及国家"碳达峰""碳中和"等战略的提出，应尽早制定、完善绿色包装相关的政策、法规，规范行业发展。具体可从完善配套法律和监管体制、构建绿色税收和奖惩体制、完善绿色认证和回收体系、加强绿色包装教育宣传等方面展开，积极应对国际各国和组织不断升级的绿色包装要求，促进我国绿色包装产业转型升级。

长三角地区绿色包装产业相关文件政策解读

张琦琪[①]　葛惊寰[②]

党的十八大以来，党中央、国务院高度重视生态文明建设，提倡绿色、低碳、循环、可持续的生产生活方式。习近平总书记倡导的绿色低碳生活理念已然深入人心，正逐渐改变着人们的生活方式和思想观念。绿色包装产业的发展是加快推进我国生态文明建设的重要一环。长三角一体化的发展规划为江浙沪皖三省一市的包装产业发展创造了大好机遇。三省一市该如何把握绿色包装在区域发展的方向及重点，实现"优势互补，资源共享，区域联动，协同发展"，把自身发展与加快长三角一体化进程结合起来首先需要在法律标准和政策体系建设方面深入贯彻国家出台的有关指导文件，明确具体任务，量化指标，确保政策落实。

一、长三角"绿色包装"政策文件概览

2020年是国家"十三五"规划收官之年，也是"十四五"规划即将开局之际，为贯彻落实党中央、国务院决策部署，进一步加强快递包装治理，推进快递包装绿色转型，国家发展和改革委员会、国家邮政局、工业和信息化部、司法部、生态环境部、市场监管总局等多个部门围绕"绿色""双碳""快递包装"等主题，先后颁发和出台了一系列指导文件，稳步推动我国绿色包装产业的健康发展。

2020年以来，国家各部委关于绿色包装产业发展出台的指导文件，以及江浙沪皖三省一市贯彻国家文件指示，结合各省市实际需求制定的地方性实施办法和工作方法的政策文件和发布时间如图3-1所示。

---

① 张琦琪，女，博士，上海出版印刷高等专科学校讲师，研究方向：绿色供应链。
② 葛惊寰，男，上海出版印刷高等专科学校副教授，研究方向：包装印刷、绿色包装。

第三章 行业政策与标准解读

2020年1月，国家发展改革委、生态环境部公布《关于进一步加强塑料污染治理的意见》。

01

2020年3月，市场监管总局联合国家邮政局发布《关于开展快递包装绿色产品认证工作的实施意见》。

02

2020年7月，国家市场监管总局等八部门联合印发《关于加快推进快递绿色包装标准化工作的指导意见》，对未来三年我国快递绿色包装标准化工作作出全面部署。

03　01　2020年7月，江苏省发改委和江苏省生态环境厅联合印发了《关于进一步加强塑料污染治理的实施意见》（下称《江苏实施意见》），明确江苏进一步加强塑料污染治理的时间表和具体措施等。

2020年10月，国家邮政局发展研究中心发布了《中国邮政快递业绿色发展报告（2019～2020年）》。

04　02　2020年9月，浙江省发改委、省生态环境厅起草《浙江省关于进一步加强塑料污染治理的实施方法》，其中对邮政快递业绿色包装治理提出6项具体任务。

2020年11月，国家发改委等八部门联合发布了《关于加快推进快递包装绿色转型的意见》，明确了进一步加强快递包装治理、推进快递包装绿色转型的指导思想、基本原则、主要目标和重大举措。

05

2021年2月，国务院印发《关于加快建立健全绿色低碳循环发展经济体系的指导意见》。

06

2021年2月，国家交通运输部正式公开发布《邮件快件包装管理方法》。

07　03　2021年3月，安徽省发改委会同省有关单位研究制定了《安徽省加快推进快递包装绿色转型工作方案》。

04　2021年4月，浙江省落实《关于推进快递包装绿色转型的意见》，具体明确34项细化措施。

05　2021年8月，上海市发改委等八部门印发《上海市关于加快推进快递包装绿色转型的实施方案》，细化推进国家方案在上海的落地实施。

06　2021年8月，《江苏省"十四五"现代物流业发展规划》由省政府办公厅正式印发实施，提出要发展绿色物流新模式并构建逆向物流新体系。

07　2021年9月，江苏省发改委等八部门印发《江苏省加快推进快递包装绿色转型的实施意见》，细化推进国家方案在江苏的落地实施。

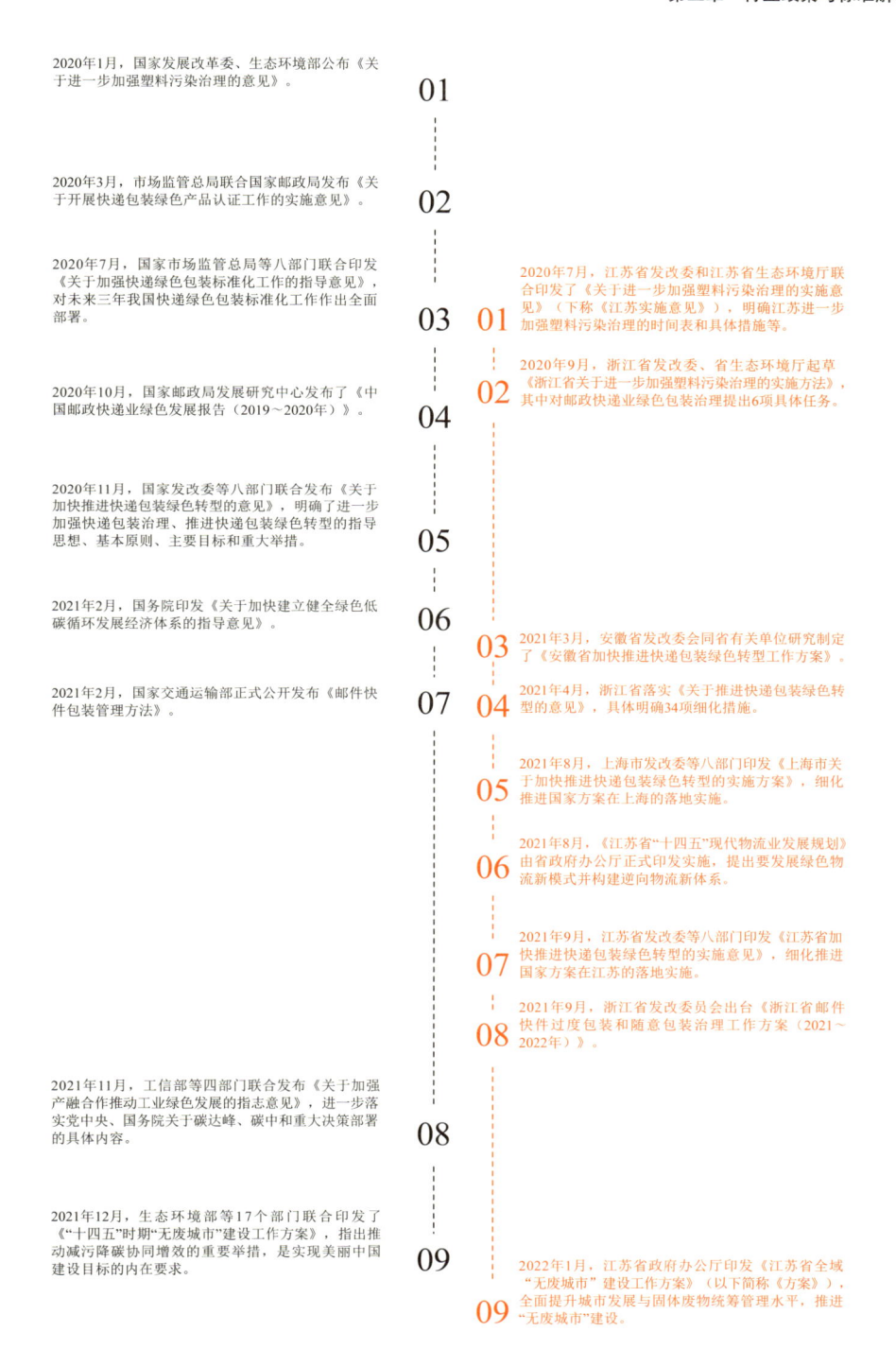

08　2021年9月，浙江省发改委员会出台《浙江省邮件快件过度包装和随意包装治理工作方案（2021～2022年）》。

2021年11月，工信部等四部门联合发布《关于加强产融合作推动工业绿色发展的指导意见》，进一步落实党中央、国务院关于碳达峰、碳中和重大决策部署的具体内容。

08

2021年12月，生态环境部等17个部门联合印发了《"十四五"时期"无废城市"建设工作方案》，指出推动减污降碳协同增效的重要举措，是实现美丽中国建设目标的内在要求。

09　09　2022年1月，江苏省政府办公厅印发《江苏省全域"无废城市"建设工作方案》（以下简称《方案》），全面提升城市发展与固体废物统筹管理水平，推进"无废城市"建设。

图3-1　国家与长三角各地对绿色包装产业发展的指导文件发布时间轴

二、政策解读

2020 年 11 月，国家发改委、国家邮政局等八部门联合发布《关于加快推进快递包装绿色转型的意见》并由国务院办公厅转发。与 2017 年印发的《关于协同推进快递业绿色包装工作的指导意见》相比，《关于加快推进快递包装绿色转型的意见》明确具体时间点，在实施力度，措施强度和预期效度上更加具体直观，明确了进一步加强快递包装治理、推进快递包装绿色转型的指导思想、基本原则、主要目标和重大举措。这是一份快递包装绿色转型方面统筹推进的指导性政策文件，在新时期为快递包装绿色转型提供综合性、纲领性的指导。《关于加快推进快递包装绿色转型的意见》对于促进行业绿色发展、防治快递包装污染等方面具有里程碑式的意义，它为地方各级政府部门有序推进治理工作明确了目标路径、提供了政策支持。

（一）长三角关于快递包装绿色转型政策概述

长三角区域是我国快递业务起步较早的地区，作为我国包装产业发展的主阵地，具有体量较大、总部众多、网络健全、融合度高等特点。三省一市各地方政府部门作为国家部委《关于加快推进快递包装绿色转型的意见》的制度供给关键主体，结合本地区快递包装绿色发展的现状，将有限的资源配置到合适的绿色包装产业发展领域，制定合理的细化政策，为下属市县提供具体指导，对长三角区域快递包装产业发展的绿色转型至关重要。2021 年，各地方政府先后出台了地方性实施方案或细化措施，认真贯彻落实《关于加快推进快递包装绿色转型的意见》。

2021 年 3 月，安徽省发改委连同有关单位研究制定了《安徽省加快推进快递包装绿色转型工作方案》，通过 39 条具体引导寄递企业落实主体责任，努力实现快递包装绿色化、减量化和可循环，加速行业绿色转型升级进程，助推行业高质量发展。

2021 年 4 月，浙江省为落实国家发改委等部门《关于推进快递包装绿色转型的意见》具体提出 34 项细化措施，指明浙江省各级政府职能部门、快递头部企业、行业协会包括普通消费者的责权。

2021年8月，上海市发改委等部门印发《上海市关于加快推进快递包装绿色转型的实施方案》，对标国家目标，提前加码，从生产、使用、回收和利用等方面制定21条细化措施，推动快递包装全链条各环节绿色转型。

2021年9月，江苏省发改委等部门印发《江苏省加快推进快递包装绿色转型的实施意见》，通过22条意见推进国家方案在江苏的落地实施，紧密结合江苏省包装快递业情况以及塑料污染治理、固废法贯彻执行等工作，对国家相关工作部署和要求进行了推进细化。

通过地方性指导文件，以深入践行习近平生态文明思想，推进快递包装"绿色革命"为指导思想，以"绿色发展、创新引领、协同共治"为基本原则，各地方政府通过设置多个时间节点明确了未来"十四五"规划期间绿色包装转型具体工作的阶段性目标，并从本地快递包装行业转型升级以及实现社会经济可持续发展的实际需求出发，从五大方面部署具体工作。一是完善法律标准，进一步压实主体责任，健全监管手段，建立有利于快递包装治理相关制度定型完善的法律体系；加快制修订重点领域标准，强化实施效果评估，提高标准约束力。二是强化绿色治理，落实快递行业塑料制品禁限要求，推动包装材料源头减量，淘汰劣质包装，避免过度包装，减少电商快件二次包装。三是加强电商快递规范管理，推动快递企业完善分拣、投递、封装等操作规范，加强快件收寄管理，推行绿色供应链，提升行业绿色发展水平。四是推广可循环快递包装，鼓励相关企业创新技术和商业模式，推行可循环快递包装规模化应用，完善回收基础设施建设，逐步降低运营成本。五是规范包装废弃物回收和处置，推行绿色设计，提升快递包装可回收性能；结合实施生活垃圾分类，规范快递包装废弃物分类收集和清运处置。

针对以上五个方面的工作任务，各地政府还进一步明确指出重点任务，具体要求和细化措施，指明应当遵循的现有政策依据和地方性法规；同时，确定各项任务对应的管理责任单位，对工作提供具体的支撑和保障，并对工作的组织实施进行了详细安排。

（二）长三角关于快递包装绿色转型政策比较

参照国家八部委《关于加快推进快递包装绿色转型的意见》（下称《意见》）对长三角各地在《意见》出台后发布的相关工作方案或细化措施进行对比分析。

1. 文本形式分析

表 3-1 列出了江浙沪皖四地基于国家《意见》发布的地方性工作方案或细化措施的文本形式比较。

表 3-1　政策文本形式比较

文件名称	发布时间	发布机构	行文框架
《安徽省加快推进快递包装绿色转型工作方案》	2021年3月	安徽省发展改革委 安徽省邮政管理局 安徽省经济和信息化厅 安徽省司法厅 安徽省生态环境厅 安徽省住房城乡建设厅 安徽省商务厅 安徽省市场监管局	主要目标 任务举措 支撑保障 组织领导
浙江省落实《关于推进快递包装绿色转型的意见》细化措施	2021年4月	浙江省发展和改革委员会 浙江省邮政管理局 浙江省经济和信息化厅 浙江省司法厅 浙江省生态环境厅 浙江省住房和城乡建设厅 浙江省商务厅 浙江省市场监督管理局	表格形式 ——主要目标 ——重点任务 ——具体要求 ——细化措施 ——相关依据 ——责任单位
《上海市关于加快推进快递包装绿色转型的实施方案》	2021年8月	上海市发展和改革委员会 上海市邮政管理局 上海市经济和信息化委员会 上海市商务委员会 上海市市场监督管理局 上海市绿化和市容管理局	总体要求 ——指导思想 ——主要目标 任务举措 支撑保障 组织领导

续表

文件名称	发布时间	发布机构	行文框架
《江苏省加快推进快递包装绿色转型的实施意见》	2021年9月	江苏省发展改革委 江苏省邮政管理局 江苏省工业和信息化厅 江苏省司法厅 江苏省生态环境厅 江苏省住房城乡建设厅 江苏省商务厅 江苏省市场监管局	总体要求 ——指导思想 ——基本原则 ——主要目标 任务举措 支撑保障 组织领导

四地指导文件均紧跟国家《意见》于2021年发布。与国家《意见》相比，苏沪皖三地指导文件着眼于国家意见的贯彻落实，均以工作实施方案的形式提出。颁发单位均以各地发改委会同有关部门联合发布，其中上海市由于是直辖市的原因，颁发机构略有不同；行文框架大至由"主要目标/任务举措/支撑保障/组织领导"四部分组成。但浙江省并未印发工作方案，而是直接转发国家《意见》并以表格附件的形式给出了落实《意见》的细化措施，通过结构化的形式简洁直观地指明具体要求、细化措施、相关依据和责任单位，为下属各级部门解读宣贯、推进落实以及管理考核提供依据。

2. 政策内容分析

（1）目标分析

相对于国家《意见》提出的2022年年底和2025年年底快递包装绿色转型的量化目标，安徽、江苏、上海三地的文件结合当地实际发展需求，进一步明确了各省市的快递包装绿色转型主要目标，浙江只有细化执行措施并未对照国家目标明确提出地方性目标，如表3-2所示。从表中可以看出，皖沪两地的快递包装绿色转型主要目标在设置上顺承了国家的两阶段设置，其中上海市结合自身快递包装治理前期工作的良好基础，将两个阶段目标的完成时间点均提前了1年；而江苏省依据本省创建国家生态文明试验区、建设"强富美高"新江苏的指导思想，将国家2022年年底和2025年年底两阶段的目标规划进一步细化为2021年年底、2022年年底和2025年年底三个阶段性目标规划。

表 3-2　国家与沪苏皖三地政策对比

时间点	国家 2022 年	江苏 2021 年	江苏 2022 年	安徽 2022 年	上海 2021 年
宏观目标	1. 快递包装领域法律法规体系进一步健全，基本形成快递包装治理的激励约束机制； 2. 制定实施快递包装材料无害化强制性国家标准，全面建立统一规范、约束有力的快递绿色包装标准体系； 3. 电商和快递规范管理普遍推行，快递包装标准化、绿色化、循环化水平明显提升			1. 严格落实快递包装材料无害化强制性国家标准，电商和快递规范管理普遍推行； 2. 逐步降低不可降解的塑料胶带使用量，快递包装标准化、绿色化、循环化水平进一步提升	1. 电商和快递规范管理普遍推行； 2. 快递包装标准化、绿色化、循环化水平明显提升
具体指标	1. 电商快件不再二次包装比例达到 85%； 2. 可循环快递包装应用规模达 700 万个	1. 电商快件不再二次包装比例达到 95%； 2. 力争可循环快递箱（盒）使用量达 50 万个； 3. 不可降解的塑料包装袋、一次性塑料编织袋使用率不高于 50%，持续降低不可降解塑料胶带的使用量		电商快件不再二次包装比例超过 90%	1. 电商快件不再二次包装比例达到 90%； 2. 可循环快递包装应用规模达 30 万个
时间点			2022 年		
宏观目标			1. 全省快递包装标准化、绿色化、循环化水平明显提升，力争全面建立快递绿色包装标准体系； 2. 快递网点全面禁止使用不可降解的塑料包装袋、一次性塑料编织袋等		

续表

	国家	江苏	安徽	上海
	2025 年	2025 年	2025 年	2024 年
宏观目标	1. 快递包装领域全面建立与绿色理念相适应的法律、标准和政策体系，形成贯穿快递包装生产、使用、回收、处置全链条的治理长效机制；2. 包装减量和绿色循环取得重大进展，新业态发展取得重大进展，快递包装基本实现绿色转型	1. 全省快递包装领域绿色理念与绿色相适应的法规、标准和政策体系进一步完善，形成贯穿快递包装生产、使用、回收和处置全链条的治理长效机制；2. 包装减量和绿色循环取得重大进展，新业态发展取得重大进展，快递包装基本实现绿色转型	可循环快递包装应用规模进一步扩大，快递包装基本实现绿色转型	本市快递包装基本实现绿色转型，全市快递包装全面建立与绿色理念相适应的法规制度和标准体系，包装减量和绿色循环取得新模式、新业态发展取得重大进展
具体指标	1. 电商快件基本实现不再二次包装；2. 可循环快递包装应用规模达 1000 万个	1. 电商快件基本实现不再二次包装；2. 快递网点全面禁止使用不可降解的塑料胶带	1. 电商快件基本实现不再二次包装；2. 邮政快递网点禁止使用不可降解的塑料包装袋、一次性塑料编织袋	1. 电商快件基本实现不再二次包装；2. 可循环快递包装应用规模达 50 万个
具体指标		1. 电商快件不再二次包装比例达到 97%；2. 不可降解的塑料胶带使用率比 2021 年降低 20%		

161

从具体的量化指标上看，相较于国家具体给出的不再二次包装比例的数据指标（85%），苏皖沪三地给出的地方性指标在完成时间点和完成数量上均有所提升，安徽省要求2022年年底达到90%；上海市要求2021年年底达到90%；江苏省要求2021年年底达到95%，并进一步要求在2022年年底达到97%。江苏省还对"限塑"提出明确目标，其中，不可降解的塑料包装袋、一次性塑料编织袋在整个快递包装中的使用率提出不高于50%的限定使用要求，并进一步对2022年相较于2021年不可降解塑料胶带的使用率提出降低20%的要求。在可循环快递包装应用规模上，苏沪两地分别根据本省市快递包装的总体量给出使用50万个中转箱的推进目标。此外，在最终实现绿色转型的第二阶段目标设置上，苏皖沪三地提出电商快件基本实现不再二次包装和快递网点全面禁止使用不可降解的塑料胶带的目标，以及全面建立与绿色理念相适应的法规制度和标准体系，包装减量和绿色循环的新模式、新业态的宏观目标。

（2）任务举措分析

地方政府在贯彻落实国家《意见》的过程中基本遵循国家政策体系结构来制定文件，江浙沪皖四地都针对国家《意见》中的五项重大任务举措编写了地方版的政策条例，从关注点的角度来说，地方政府的关注点与中央政府基本保持一致；在具体要求和细化措施的制定上，地方政府依据各地绿色包装产业发展的实际情况、当地经济和生态相协调发展的需求以及长三角区域一体化的发展规划，制定了具体的措施，充分体现出地方性政策的侧重点与特色。

第一，法律法规与标准建设。

在法律法规等制度供给方面，江浙沪皖四地均严格贯彻落实《快递暂行条例》《邮件快递包装管理办法》等国家政策，浙江省还在此基础上，提出推进《浙江省快递业促进条例》立法工作。除了安徽省，其他三地还在任务描述中提出要推动本地电子商务、邮政快递等地方性法规与《中华人民共和国电子商务法》《中华人民共和国固体废物污染环境防治法》等有关法律法规有效衔接，明确市场主体法律责任和政府监管责任的要求。

关于标准建设，江浙沪皖四地在贯彻国家《关于加强快递绿色包装标准化工作的实施意见》的基本要求下，提出鼓励结合各地方特色出台地方标准作为补充。上海市提出要充分利用电商、快递等行业企业总部集聚优势，支持行业协会联合龙头企业发挥行业影响力，制定团体标准，并积极推动标准在长三角地区互认共享。浙江省作为我国快递包装产业最发达的省市之一，更加注重加强标准化工作的顶层设计，提出建立快递绿色包装标准化联席会议制度，专题研究快递绿色包装标准化工作并对现行快递包装标准进行全面梳理评估，并重点清理一批与行业发展和管理要求不符、内容互不衔接的标准。江苏省提出要围绕地方特色和标准制定权限，组织开展相关地方标准制修订，鼓励相关社会团体和企业制定高于国家标准、行业标准、地方标准技术要求的团体标准和企业标准。

第二，快递包装绿色治理。

源头减量化是绿色包装治理的首要任务，江浙沪三地不约而同将"限塑""禁塑"的治理放在首位，提出禁止或逐步降低不可降解塑料包装袋、一次性塑料编织袋和不可降解塑料胶带使用的要求。对于总部设在江浙沪三地的电商平台，各地工作方案中明确提出要督促企业建立一次性塑料制品使用、回收报告制度。

关于快递包装产品规范化水平的提升，江浙沪皖四地均对推动快递包装产品实现标准化、系列化和模组化，提高与寄递物的匹配度，防止大箱小用，减少随意包装等问题进行部署，并提出以专向整治等活动的形式全面禁止使用重金属含量、溶剂残留等超标的劣质包装袋，禁止使用有毒有害材料制成的填充物。上海市还特别提出实施包装绿色产品认证和标识制度，引导电商、快递企业开展绿色采购。

二次包装是指货物进仓库后，再拆分、重新包装，这个过程就是二次包装。江浙沪皖四地对电商和快递企业与商品生产企业之间的上下游协调工作均有部署。江苏省更加强调要充分依托本省农业、制造业及电子商务优势产品和资源，鼓励电商平台、企业选择一批商品品类，推广电商快件原装直发，推进产品与快递包装一体化，提升电商快递包装收寄、包装一体化嵌入式服务水平，有效减少电商商品在寄递环节的二次包装，相对其他三地的工作方案更加全面并注重过程性。

围绕强化绿色包装治理工作，在以上三个方面的具体任务要求上，相对于苏沪皖三地的工作方案，浙江省给出的细化措施通过设置时间点、指标量等数字信息使得任务的部署更加明确，方便浙江省各级政府职能部门、快递头部企业、行业协会包括普通消费者明晰各自责权，表 3-3 是浙江省确立的绿色包装治理各项任务及相关指标。

表 3-3 浙江省绿色包装治理指标

治理方向	治理项目	指标描述
推进快递包装材料源头减量	塑料包装治理	• 到 2022 年年底，全省邮政快递网点禁止使用不可降解塑料包装袋、一次性塑料编织袋，降低不可降解塑料胶带使用量。 • 到 2023 年底，全省邮政快递网点禁止使用不可降解塑料胶带。
	电子运单覆盖	• 电子运单使用率 99% 以上，其中一联电子运单使用率 40% 以上。
	免胶带纸箱使用	• 到 2023 年年底，全省免胶带纸箱应用比例达使用纸箱总量的 10% 以上。
提升快递包装产品规范化水平	包装器封装	• 包装空隙率不超过 20%。 • 印刷面积不超过总表面积 50%。
	重金属等禁用	• 2021 年 6 月前完成重金属和特定物质超标，确保超标包装物全面清零。
减少电商快件二次包装	二次包装比例	• 到 2021 年年底，电商快件不再二次包装比例超过 85%。 • 2022 年底，电商快件不再二次包装比例超过 90%。

第三，电商和快递规范管理。

在快递操作规范方面，江浙沪皖四地提出要督促完善快递行业末端分拣、投递流程并建立管理台账等，江苏省明确提出将《邮件快件包装基本要求》《邮件快件绿色包装规范》等有关规范纳入从业人员上岗培训和定期培训内容，而对于不规范的投递分型行为，江苏省还在将其纳入日常监管内容的基础上，适时组织开展相关专项整治，明显加强了政府部门的监管力度。

关于快递收寄管理，江浙沪皖四地政策均积极推动快递企业将包装减量化、绿色化等要求纳入收件服务协议，加强对电商等协议用户的引导。江苏省还提出鼓励电商平台、企业配合快递企业按照《固体废物污染环境防治法》《邮件快件包装管理办法》《邮件快件绿色包装规范》等使用合法合规包装材料。此外，江浙沪皖四地还鼓励电商平台、快递企业通过积分奖励、优惠激励等方式引导消费者选用绿色包装，上海市明确提出在电商平台应用程序（App）上增加消费者对商品绿色包装的评价选项，引导入驻企业积极践行绿色包装相关要求，从而形成消费者与平台双向的绿色引导与评价体系。

绿色供应链管理涉及供应链中各个环节的环境问题，强调促进经济与环境保护的协调发展。浙江和上海两地在国家《意见》的基础上都提出建立产业联盟的管理办法。其中，浙江省的产业联盟由包装生产、电商、快递等企业形成；而上海市则在包装生产、电商、快递等企业主体以外，鼓励联合科研单位、金融机构等，建立产业联盟，制定绿色发展自律公约，建立合格供应商制度，更加强调产业联盟的辐射和引领作用。

第四，可循环快递包装应用。

在可循环快递包装的推广工作上，江浙沪皖四地均提出了建立试点的推进方式。浙江省和上海市还根据本地实际情况在工作方案中进一步明确了先行示范的区域、拟开展模式、过程推进等。浙江省提出在绍兴试点省内异地快递使用可循环包装，逐步推广省内异地快递使用可循环包装。上海市鼓励寄递企业应用可循环可折叠快递包装、可循环配送箱和可复用冷藏式快递箱等，并提出到2024年开展100个以上相关试点，明确在"五个新城"、低碳发展实践区、低碳社区、绿色园区率先开展相关试点示范；明确提出党政机关要带头使用可循环包装器具，同时探索开展与海南自由贸易港互寄普通包裹应用可循环可折叠包装试点，在本市实现包装可循环的基础上，推进跨省试点项目。此外，浙江省在快递包装可循环新模式的探索中提出建立快递包装绿色产品的编码规则，升级快递企业揽件与派件扫描App，实现袋子条形码与物流单号的一一绑定，快递企业与监管平台的数据对接与回传等具体举措。细节描述详尽，方便快递企业、电商平台和政府责任单位的职责落实，有助于可循环包装投放和回收设施的联营共建。

关于可循环快递包装基础设施的建设，江浙沪三地将可循环快递包装基础设施的建设与本地已经部署的智慧城市、智慧社区或"无废城市"等项目相结合，同时，还充分考虑城镇老旧小区改造过程中共配终端和可循环快递包装回收设施建设；苏浙两省还提出保障设施用地，减免费用等破解政策障碍和优化政策环境的具体举措。相比之下，安徽省在可循环快递包装工作方案的部署上比较简单笼统，指向不够明确，对参与主体、参与行为、涉及领域和范围以及具体的政策上具体的推进方式解释不到位。

第五，快递包装废弃物回收和处置。

关于快递包装的回收利用问题，苏沪皖三地都推进包装材料和产品的绿色设计理念，特别是在包装材料的选择上，苏沪两地还提出要使用单一材质的材料以降低后续回收处置的难度。对于包装废弃物回收装置，浙皖沪三地分别要求在2021年年底（浙沪）和2022年年底（皖）实现全覆盖；江苏省则提出在绿色网点设置回收装置的基础上还要优化回收后包装的复用机制，提升复用比例和降低复用成本等。

对于快递包装废弃物的处置工作，安徽省在全面实施城市生活垃圾分类的基础上还提出推进生活垃圾收运系统与再生资源回收系统"两网融合"，将可回收物纳入再生资源回收利用网络体系，进行资源化处理。上海市更加注重对垃圾分类投放行为的规范引导。在废弃物的处置方面，江苏省则从分类处置、收运、驳运、确定运输频次等具体步骤上推进包装废弃物清运处置工作，并进一步提出要在清运过程中提高资源化、能源化、利用比例等要求。上海市也提出要结合上海实际，培育具有一定规模和能级的高水平快递包装废弃物资源化利用企业。

通过对长三角各地以上五项任务举措具体部署的分析可以看出，长三角各地政府推出的工作方案和实施意见均以国家《意见》为蓝本，各地在具体工作方案的制定上均有不同的侧重点，但各地文件均能全面体现绿色发展的新型理念，围绕"绿色"提出要求；更加注重快递包装产业链的全系统治理；明确指出地方政府、各企业以及社会公众的管理责任、主体责任和参与责任，突出协同共治；强调技术创新和模式创新是包装绿色转型的内部主要驱动，重点突出在包装绿色治理，推进可循环快递包装等方面的创新应用；最后，各地政府还分别从组织领导、政策扶持、科学研究以及宣传引导等方面提出了相应的保障措施。

三、长三角其他相关政策摘编

围绕快递包装绿色转型，长三角各地政府在同一时期，结合各省市其他各项工作任务还出台了一些指导性文件，为加快推进快递包装绿色转型提供必要依据。

（一）《关于进一步加强塑料污染治理的实施意见》摘编

2020年7月，为加强塑料"白色污染"治理，助力美丽江苏建设，贯彻落实国家发展改革委、生态环境部《关于进一步加强塑料污染治理的意见》等文件精神，江苏省发展和改革委员会、江苏省生态环境厅联合印发了《关于进一步加强塑料污染治理的实施意见》（以下简称《江苏意见》），明确江苏进一步加强塑料污染治理的时间表和具体措施等。

《江苏意见》提出了到2020年、2022年和2025年分别需要完成的各项工作目标。到2020年，率先在部分地区、部分领域禁止、限制部分塑料制品的生产、销售和使用。到2022年，江苏全省一次性塑料制品消费量明显减少，替代成品得到推广，塑料废弃物资源化能源化利用比例大幅提升；在塑料污染问题突出领域和电商、快递、外卖等新兴领域，形成一批可复制、可推广的塑料减量和绿色物流模式。到2025年，江苏全省塑料制品生产、流通、消费和回收处置等环节的管理制度基本建立，多元共治体系基本形成，替代产品开发应用水平进一步提升，塑料垃圾填埋量不断降低，塑料污染得到有效控制。

围绕"绿色包装"主题，《江苏意见》提出了推广替代产品使用，积极培育可循环包装等新型模式，并推进快递包装的绿色化、循环化，以连锁商超、农副产品批发、区域性物流仓储、电商快递等为重点，推动企业通过多种方式投放可循环、可折叠的物流配送器具，鼓励开展商品和物流一体化包装。为探索快递绿色包装产业升级转型提供了新路径和新模式。

（二）《江苏省"十四五"现代物流业发展规划》摘编

2021年8月，《江苏省"十四五"现代物流业发展规划》（以下简称《江苏规划》）由江苏省政府办公厅正式印发实施。《江苏规划》认真落实习近平总书记对江苏工作的重要指示，深入践行"争当表率、争做示范、走在前列"新使命，聚焦物流业"降本、增效、提质"，为"强富美高"新江苏建设构建新发展格局提供有力支撑。

《江苏规划》明确提出物流绿色化水平明显提升，逆向物流体系基本建成，邮政快递全面使用循环中转袋（箱），电商快件基本不再使用二次包装，邮政快递网点包装废弃物回收装置覆盖率达到90%以上，城市新增和更新的邮政快递新能源车比例达到80%的发展目标，为智慧绿色发展添加新动力。

《江苏规划》在主要任务中提出了一系列绿色物流发展的新模式，推动绿色运输、仓储和包装等环节协同运行，实现物流全链条绿色化发展，包括推广先进运输组织模式，推进公共"挂车池""运力池""托盘池"等共享模式和甩挂运输等绿色运输方式；推广应用装箱算法、智能路径规划、大数据分析等技术，科学配置运输装备，合理布局仓储配送设施；以及推广普及电子面单、环保袋、循环箱、绿色回收箱，推进物流企业与制造、商贸流通企业包装循环共用，推广使用循环包装和生物降解包装材料，推行实施货物包装和物流器具绿色化、减量化等。此外，《江苏规划》还提出围绕家用电器、电子产品、汽车、快递包装等废旧物资，构建逆向物流新体系，通过线上线下融合，优化城市逆向物流网点布局等实施任务。

《江苏规划》在"十四五"现代物流发展重点工程中明确提出建设"绿色快递示范工程"。围绕绿色发展理念和民生服务品质提升，推进绿色快递园区建设，强化绿色包装和绿色技术的应用，创新包装循环回收模式，打造快递发展集聚化、集约化、共享化，快递包装绿色化、减量化、可循环发展示范。依托龙头快递企业，推广绿色环保包装应用，提高可降解绿色包装材料应用率，全面使用电子面单，促进胶带减量化。推进快递包装循环使用，鼓励邮政快递企业与商业机构、便利店、物业服务、第三方回收机构等开展多方合作，在大型社区、商圈、高校等快递集中区域投放快递包装、可循环快递箱（盒）回收设施。推动形成全省绿色快递发展新生态，到2025年，打造一批节能降耗、低碳环保、生态共治的绿色快递示范园区，形成一批可复制可推广的环保技术应用、快递包装减量化循环化新模式。

（三）《江苏省全域"无废城市"建设工作方案》摘编

2022年1月，江苏省政府办公厅日前印发《江苏省全域"无废城市"建设工作方案》（以下简称《江苏方案》），全面提升城市发展与固体废物统筹管理水平，推进"无废城市"建设。

《江苏方案》在"聚焦转型升级，持续推动形成绿色发展格局"的主要工作任务中提出要"践行绿色生活方式"，明确推广简约适度、绿色低碳、文明健康的生活方式和消费模式。扎实推进塑料全链条全生命周期治理，积极推动塑料使用源头减量，科学稳妥推广塑料替代产品。开展绿色物流体系建设，推进过度包装、随意包装专项治理，推广快递业绿色包装应用。到2025年，实现同城快递环境友好型包装材料全面应用。

《江苏方案》在强化全过程监管，落实固体废物全面系统治理的工作任务中提出要"建立专业化收集转运体系"，完善农作物秸秆收储运体系，推动落实农膜、农药包装废弃物生产者、销售者和使用者责任，加强农膜、农药包装废弃物回收体系建设。到2025年，全省农药包装废弃物回收覆盖率达到100%，无害化处理率达到100%，废旧农膜回收率达到90%以上。此项任务的提出在塑料包装和废弃物的源头减量化，回收和处置方面为江苏地方各地农膜、农药包装废弃物的加工企业、销售和使用者提供明确依据。

（四）《浙江省关于进一步加强塑料污染治理的实施方法》摘编

2020年9月，浙江省"限塑减塑"再出重拳，省发展改革委、省生态环境厅起草《浙江省关于进一步加强塑料污染治理的实施办法》（以下简称《浙江办法》），按照"禁限、替代循环、规范"的思路，重点聚焦四类塑料制品污染，落实五项重点工作任务，对塑料污染治理提出相应管理要求和政策措施。

《浙江办法》以2020年、2022年、2023年和2025年年底为四个时间节点提出任务目标。到2020年年底，浙江省将率先在部分地区、部分领域禁止、限制部分塑料制品的生产、销售和使用；全省塑料垃圾实现"零填埋"；禁止生产和销售一次性发泡塑料餐具、一次性塑料棉签；禁止生产含塑料微珠的日化产品。到2022年年底，一次性塑料制品消费量明显减少，替代产品普遍推广；在塑料污染问题突出领域和电商、快递、外卖等新兴领域，普遍推行科学适用的塑料减量和绿色物流模式；禁止销售含塑料微珠的日化产品。到2023年年底，所有设区市及50%的县（市、区）完成"无废城市"建设；塑料制品生产、流通、消费和回收处置等环节的管理制度基本建立，替代产品开发应用水平进一步提升。到2025年年底，城乡一体的多元共治体系基本形成，塑料污染得到有效控制。

《浙江办法》以不可降解的塑料包装袋、一次性塑料编织袋、一次性塑料餐具和快递塑料包装等为重点，分步骤、分领域、选试点禁止、限制相关塑料品使用。同时从禁限指定厚度塑料制品生销用，推广替代产品培育新业态鼓励绿色消费模式，规范塑料废弃物回收利用和处置，完成支撑保障体系及强化组织实施等五大方面落实工作任务。

（五）《浙江省邮件快件过度包装和随意包装治理工作方案（2021—2022年）》摘编

为切实减少过度包装和随意包装现象，全面推进快递包装绿色转型，在前期印发实施的《关于进一步加强塑料污染治理的实施办法》和《浙江省落实〈关于推进快递包装绿色转型的意见〉细化措施》基础上，2021年9月，浙江省发展和改革委员会出台《浙江省邮件快件过度包装和随意包装治理工作方案（2021—

2022年)》(以下简称《浙江方案》)。

《浙江方案》坚持绿色低碳循环发展理念，按照"禁、限、减、循、降"总体思路，突出精准施策、闭环管理，强化标准引领、执法监督，动员全社会共同行动，扎实推进邮件快件过度包装和随意包装治理。

《浙江方案》指出，到2022年年底，浙江省全省禁止使用不可降解的塑料包装袋、一次性塑料编织袋，不可降解的塑料胶带使用比例下降至30%。平均每件快递包装耗材减少10%以上，电商快件不再二次包装率超过90%。全省采购使用可循环包装箱（袋）80万个以上，可循环中转袋使用率100%。同时，鼓励支持有条件的地区和品牌的快递网点在2021年年底不再使用不可降解塑料包装。

《浙江方案》明确了下一阶段五个方面的重点任务。

一是完善法规标准体系。推进《浙江省快递业促进条例（草案）》立法工作，建立快递绿色包装标准化联席会议制度，全面梳理评估省内快递行业包装标准，构建具有浙江特色的快递绿色包装标准体系。

二是强化快递包装绿色治理。建立电商企业一次性塑料制品使用、回收报告制度，推动快递包装产品实现标准化、系列化和模组化，倡导电商企业通过产地直采、原装直发、聚单直发等模式，减少快递包装用量。

三是加强电商快递规范管理。建立快递包装治理工作体系和管理台账，鼓励电商平台建立积分奖励、信用评分等机制，引导消费者购买绿色商品、使用绿色包装或减量包装，开展快递包装绿色产品认证工作，推动快递包装绿色产品认证机构建设，推进认证结果采信。

四是推进可循环快递包装应用。公开遴选征集一批快递包装减量和循环利用的新技术、新产品，筛选形成全省首批可降解、可循环塑料制品厂家推荐名录，探索建立快递包装绿色产品的编码规则，推动建设一批快递共配终端和可循环快递包装回收设施。

五是完善支撑保障体系。加大快递包装治理的监督执法力度，将邮政快递业生态环保监管事项纳入随机抽查事项清单，加大对全省绿色快递物流和配送体系建设、专业化智能化回收设施建设等项目支持力度。

四、绿色包装产业发展相关指导文件对行业的启示

（一）包装生产企业角度

1. 全面落实国家与地方相关政策，推进企业绿色化转型

自 2020 年以来，国家各部委密集出台关于绿色包装产业发展的指导文件，长三角地区贯彻国家文件要求，结合各省市实际需求也制定多个地方性实施方案，可见包装行业的"绿色、低碳、循环、可持续"发展已经成为行业发展的必然趋势。因此，各类包装生产企业必须深入贯彻落实国家和省市政策部署，通过引入绿色发展理念、招聘绿色专业人才、构建绿色生产体系、淘汰传统落后工艺等，全面推进企业的绿色化转型。

2. 加大绿色包装产品研发力度，实现包装产品绿色化及标准化

对于包装企业而言，实现包装产品绿色化，需要通过研发创新赋能。一方面可以从材料和工艺上入手，比如，开发或选用可降解的绿色包装材料，采用柔性版印刷等环保印刷工艺，通过数字化和标准化全面优化生产工艺流程等方法。另一方面，加快包装产品的模块化和标准化研发力度，尤其对于快递包装而言，外形、尺寸、材料等各个方面的标准化尤其重要，可以极大地提高生产和物流效率。

3. 落实包装材料源头减量，推进电商包装不再二次包装

推动包装材料源头减量，避免过度包装，减少电商快件二次包装等都在国家多部委发布的《关于加快推进快递包装绿色转型的意见》中明确提出，并给出了具体落实时间表。因此，包装企业也必须加快实施这项工作。具体可以通过开发高质量包装材料、改善包装产品结构设计等实现；同时，对于电商二次包装的限制也孕育了新的包装业务增长点，包装企业可以通过开发创新型专业化的电商包装在这个潜在市场中赢得先机。

4. 转变企业经营理念，形成绿色生产与服务并重的新模式

对于大部分传统包装企业而言，主要还是以传统经营理念为主，只为客户提供包装产品的生产制造。而随着绿色低碳成为社会发展的主流趋势，各类品牌商

对包装绿色化的关注度亦逐步提升，在这个过程中，对包装绿色设计、绿色生产实施等服务型需求也十分迫切，作为供应商，包装企业必须转变原有经营理念，为下游客户提供一站式服务。

5. 积极参与绿色认证，全面构建绿色供应链体系

在长三角多地区的绿色包装实施方案中，明确指出要加快推动包装绿色产品认证工作，推进认证结果采信。对包装企业来说，首先是要积极参与绿色工厂的建设，完成绿色供应商管理、绿色采购、绿色生产、信息披露和绿色回收等优化升级，为企业打造绿色供应链体系，并获得绿色工厂认证，提升企业发展内涵及其知名度，消除业务中的认证壁垒。

（二）包装使用企业角度

1. 履行绿色包装社会责任，提升品牌形象

近年来，包装的"绿色化"已经成为全社会的共识，作为包装使用方，如品牌商、快递公司、电商平台等，都有责任和义务履行使用"绿色包装"的社会责任。据统计，从企业经营者角度，70%以上的企业经营者认为履行社会责任能较好地"提升企业品牌形象"。事实上，大多数世界500强企业，对包装供应商的产品原材料、生产工艺的环保性有非常高的要求。

2. 避免过度包装，积极应用可循环包装产品

在国家和地方的多个政策中，都明确强调避免过度包装，减少电商快件二次包装，以及积极推进可循环快递包装基础设施的建设。因此，包装使用企业需要积极推广使用可循环包装产品，探索可循环包装的新模式，从而在降低包装成本的同时，达到绿色环保的效果。

3. 优先选择绿色包装供应商，助力包装企业转型

对于包装使用企业，其对上游供应商的选择直接决定了包装企业的业务收入及侧重方向，因此，从供应商的选择上加入对其"绿色化"的客观评价将有助于包装行业的"绿色化"转型。目前，大部分地区都要求在政府采购中推广使用绿色包装，这也对其他企业起到了较好的示范作用。

4. 提倡绿色设计，推进绿色包装供应链体系建设

关于快递包装的回收利用问题，在长三角各地区的各个实施方案都在推进包装材料和产品的绿色设计理念。一方面，通过绿色设计，一定程度上可以降低包装的成本和环境压力；另一方面，大众对环保理念的进一步关注，也促使包装使用方转变观念，推行绿色设计。包装使用终端的大力推广也促进了绿色包装供应链体系的完善。

5. 建立包装全生命周期管理体系，推动企业可持续发展

在"双碳"背景下，知名品牌商对于产品的全生命周期管理需求在不断提升，而包装作为产品的重要组成部分，也要对其进行生命周期评价，从而帮助企业完善包装全生命周期管理体系，提高其对产品设计、生产、流通、销售、回收、再利用和处理等环节的管理能力，降低产品全生命周期的生态环境影响，推动企业可持续发展。

长三角地区绿色包装标准索引

田东文[①]

绿色包装（Green Package）又可以称为无公害包装和环境之友包装（Environmental Friendly Package），指对生态环境和人类健康无害，能重复使用和再生，符合可持续发展的包装。它的理念有两个方面的含义：一个是保护环境，另一个就是节约资源。这两者相辅相成，不可分割。其中保护环境是核心，节约资源与保护环境又密切相关，因为节约资源可减少废弃物，其实也就是从源头上对环境的保护。

从技术角度讲，绿色包装是指以天然植物和有关矿物质为原料研制成对生态环境和人类健康无害，有利于回收利用，易于降解、可持续发展的一种环保型包装。也就是说，其包装产品从原料选择、产品的制造到使用和废弃的整个生命周期，均应符合生态环境保护的要求，应从绿色包装材料、包装设计和大力发展绿色包装产业三方面入手实现绿色包装。

具体言之，绿色包装应具有以下的含义。

（1）实行包装减量化（Reduce）。绿色包装在满足保护、方便、销售等功能的条件下，应是用量最少的适度包装。欧美等国将包装减量化列为发展无害包装的首选措施。

（2）包装应易于重复利用（Reuse）或易于回收再生（Recycle）。通过多次重复使用，或通过回收废弃物，生产再生制品、焚烧利用热能、堆肥化改善土壤等措施，达到再利用的目的。既不污染环境，又可充分利用资源。

---

① 田东文，上海出版印刷高等专科学校讲师，研究方向：包装色彩管理。

（3）包装废弃物可以降解腐化（Degradable）。为了不形成永久的垃圾，不可回收利用的包装废弃物要能分解腐化，进而达到改善土壤的目的。世界各工业国家均重视发展利用生物或光降解的包装材料。Reduce、Reuse、Recycle 和 Degradable 即是现今 21 世纪世界公认的发展绿色包装的 3R 和 1D 原则。

（4）包装材料对人体和生物应无毒无害。包装材料中不应含有有毒物质或有毒物质的含量应控制在有关标准以下。

（5）在包装产品的整个生命周期中，均不应对环境产生污染或造成公害。即包装制品从原材料采集、材料加工、制造产品、产品使用、废弃物回收再生，直至最终处理的生命全过程均不应对人体及环境造成公害。

以上绿色包装的含义中，前四点应是绿色包装必须具备的要求，最后一点是依据生命周期评价，用系统工程的观点，对绿色包装提出的理想的、最高的要求。从以上的分析中，绿色包装可定义为：绿色包装就是能够循环复用、再生利用或降解腐化，而且在产品的整个生命周期中对人体及环境不造成公害的适度包装。

一、绿色包装标准背景

在"协调、绿色、开放、共享"发展理念下，我国大力提倡生态文明建设，推行绿色制造产业，推广绿色产品，促进绿色消费。绿色产品是符合我国生态文明建设目标的一大类中高端产品，推进绿色产品供给侧结构性改革，是深化生态文明体制改革的必然要求。建立统一的绿色产品体系是党中央、国务院作出的重大决策部署，有利于贯彻绿色发展理念、树立中国绿色产品的高端国家形象，有利于助推供给侧结构性改革、推动制造业水平和产品质量提升，有利于满足消费升级需求、为人民健康生活提供保障，有利于引导企业做好生态环境成本的加减法、有效降低绿色产品开发与推广的总成本，有利于落实生产企业主体责任、提升社会诚信水平。

《国务院办公厅关于建立统一的绿色产品标准、认证、标识体系的意见》（国办发〔2016〕86 号）要求"落实对绿色产品研发生产、运输配送、消费采购等环节的财税金融支持政策","建立绿色产品标准推广和认证采信机制,支持绿色金融、绿色制造、绿色消费、绿色采购等政策实施","研究推行政府绿色采购制度,扩大政府采购规模。鼓励商品交易市场扩大绿色产品交易、集团采购商扩大绿色产品采购,推动绿色市场建设"。早在2016年12月6日工业和信息化部和商务部就联合发布了《关于加快我国包装产业转型发展的指导意见》(工信部联消费〔2016〕397号),指导意见中强调包装产业是与国计民生密切相关的服务型制造业,在国民经济与社会发展中具有举足轻重的地位。要充分发挥行业组织作用,支持行业组织实施品牌战略,加快包装品牌的培育与推广。推进以"节能减排,环境友好"为核心的绿色包装制度与法规建设,制定《包装行业清洁生产评价指标体系》,开展包装企业清洁生产水平的系统评价,推行包装绿色评估和绿色认证制度。

二、国标及长三角绿色包装有关标准索引(见表3-4)

表3-4

名称	类别	发布单位	公布日期	内容
GB/T16716.1—2018	国标	国家市场监督管理总局 中国国家标准化管理委员会	2018年12月	包装与环境 第1部分:通则
GB/T16716.2—2018	国标	国家市场监督管理总局 中国国家标准化管理委员会	2018年12月	包装与环境 第2部分:包装系统优化
GB/T16716.3—2018	国标	国家市场监督管理总局 中国国家标准化管理委员会	2018年12月	包装与环境 第3部分:重复使用

续表

名称	类别	发布单位	公布日期	内容
GB/T16716.4—2018	国标	国家市场监督管理总局 中国国家标准化管理委员会	2018年12月	包装与环境 第4部分：材料循环再生
GB/T16716.6—2012	国标	国家市场监督管理总局 中国国家标准化管理委员会	2012年11月	包装与包装废弃物 第6部分：能量回收利用
GB/T16716.7—2012	国标	国家市场监督管理总局 中国国家标准化管理委员会	2012年11月	包装与包装废弃物 第7部分：生物降解和堆肥
GB/T 18455—2010	国标	国家市场监督管理总局 中国国家标准化管理委员会	2010年	包装回收标志
GB/T 37422—2019	国标	国家市场监督管理总局 中国国家标准化管理委员会	2019年	绿色包装评价方法与准则
邮件快件绿色包装规范	国家邮政局《邮件快件绿色包装规范》	国家邮政局	2020年	2018年12月14日以国邮发〔2018〕121号文件发布的《快递业绿色包装指南（试行）》同时废止
DB33/T 2261—2020 绿色包装通用规范	浙江省地方标准	浙江省市场监督管理局	2020年	绿色包装通用规范
TZJAF 9—2021 电子防范产品绿色包装技术规范	浙江省团标	浙江省安全技术防范行业协会	2019年	电子防范产品绿色包装技术规范
TZS 0034—2019 商品绿色包装技术规范	浙江省团标	浙江省产品与工程标准化协会	2019年	商品绿色包装技术规范

续表

名称	类别	发布单位	公布日期	内容
TZS 0031—2019 一次性消费用品管理规范 第1部分：总则	浙江省团标	浙江省产品与工程标准化协会	2019年	一次性消费用品管理规范
上海市绿色包装产品认证实施规则 第1部分：通用规范	上海团标	上海市包装技术协会	2021年征询意见稿	通用规范
上海市绿色包装产品认证实施规则 第2部分：塑料包装产品	上海团标	上海市包装技术协会	2021年征询意见稿	塑料包装产品
上海市绿色包装产品认证实施规则 第3部分：纸包装产品	上海团标	上海市包装技术协会	2021年8月立项，征求意见	纸包装产品

上海快递包装绿色转型相关政策概览和标准解读

曹前　吴艳[①]

根据国家相关各部门发布的快递包装法规与政策性文件，上海市结合本市实际情况出台了一系列政策和标准。本文对现行有效的上海市快递包装法规和政策性文件进行了梳理，对与快递包装直接相关的《上海市关于加快推进快递包装绿色转型的实施方案》《上海市关于进一步加强塑料污染治理的实施方案》《上海市挥发性有机物深化防治工作方案（2018—2020 年）》等政策对比国家政策和文件进行解读，并对其他快递包装相关政策文件如《上海市商品包装物减量若干规定》等 5 个文件进行了摘编，同时对上海市相关部门发布的地方标准和团体标准进行了介绍。

一、上海快递绿色包装相关政策文件概览

2020 年，上海市快递业务量位居全国第 7，同比增长 7.3%，投递量位居全国第 9，同比增长 34.2%，人均年快递使用量位居全国第 3。随着电子商务的蓬勃发展，预计全市快递业务规模还将继续保持快速增长；与此同时，快递包装使用量也将随之攀升。如何打通快递包装全链条各环节治理，有效实现源头减量、循环使用和再生利用，是上海快递包装绿色转型过程面临的主要挑战。上海市根据国家相关部门发布的快递包装法规与政策性文件，同样出台了一系列

---

① 曹前，博士，上海出版印刷高等专科学校讲师，主要研究方向：印刷色彩学、包装产业政策分析与研究；吴艳，上海出版印刷高等专科学校讲师，主要研究方向：绿色包装与生态设计。

政策和文件，本文对现行有效的上海市快递包装法规和政策性文件进行梳理，如表 3-5 所示。

表 3-5　上海快递包装相关政策文件一览表

序号	政策名称	发布时间	发布部门
1	上海市商品包装物减量若干规定	2012-11-21	上海市人民代表大会常务委员会
2	上海市清洁空气行动计划（2018—2022 年）	2018-07-03	上海市人民政府办公厅
3	上海市挥发性有机物深化防治工作方案（2018—2020 年）	2018-09-11	上海市环境保护局 上海市发展和改革委员会 上海市经济和信息化委员会 上海市交通委 上海市住房和城乡建设管理委员会 上海市质量技术监督局
4	上海市快递包装物垃圾分类指引	2019-09-05	上海市邮政管理局
5	上海市关于进一步加强塑料污染治理的实施方案	2020-09-10	上海市发展和改革委员会 上海市生态环境局 上海市经济和信息化委员会 上海市商务委员会 上海市农业农村委员会 上海市文化和旅游局 上海市市场监督管理局 上海市绿化和市容管理局 上海市机关事务管理局 上海市邮政管理局
6	上海市生态环境保护"十四五"规划	2021-08-06	上海市人民政府
7	上海市重点行业企业挥发性有机物深化治理项目专项扶持办法	2021-08-27	上海市生态环境局 上海市发展和改革委员会 上海市财政局

续表

序号	政策名称	发布时间	发布部门
8	上海市关于加快推进快递包装绿色转型的实施方案	2021-09-02	上海市发展和改革委员会 上海市邮政管理局 上海市经济和信息化委员会 上海市商务委员会 上海市市场监督管理局 上海市绿化和市容管理局
9	上海市"十四五"上海市邮政业发展规划	2021-10-09	上海市邮政管理局

二、上海市快递包装相关政策解读

（一）快递包装绿色转型

国家发展改革委等八个部门联合制定的《关于加快推进快递包装绿色转型意见》（以下简称《转型意见》）于 2020 年 11 月底通过并实行。《上海市关于加快推进快递包装绿色转型的实施方案》（以下简称《实施方案》）于 2021 年 9 月 2 日实行的。对照《转型意见》中提出的 2022 年和 2025 年主要目标，考虑到本市快递包装治理工作基础较好，生活垃圾分类工作走在全国前列，有能力也有必要加快推动转型工作，因此上海《实施方案》中的主要目标均较国家《转型意见》有所提前，如表 3-6 所示。

表 3-6　关于加快推进快递包装绿色转型的国家《转型意见》和上海《实施方案》目标对比

	国家发展改革委等部门《关于加快推进快递包装绿色转型意见》	《上海市关于加快推进快递包装绿色转型的实施方案》
目标 1	到 2022 年，电商和快递规范管理普遍推行，电商快件不再二次包装比例达到 85%，可循环快递包装应用规模达 700 万个	到 2021 年，电商和快递规范管理普遍推行，电商快件不再二次包装比例达到 90%，可循环快递箱（盒）应用规模达 30 万个
目标 2	到 2025 年，电商快件基本实现不再二次包装，可循环快递包装应用规模达 1000 万个	到 2024 年，电商快件基本实现不再二次包装，可循环快递箱（盒）应用规模达 50 万个

（二）塑料污染治理

《上海市关于进一步加强塑料污染治理的实施方案》（以下简称《实施方案》）在确保落实《国家发展改革委、生态环境部关于进一步加强塑料污染治理的意见》（以下简称《治理意见》）要求的前提下，对部分塑料制品提出了更严格的禁限要求。

（1）对于"塑料袋"的禁限要求比国家更为严格

国家《治理意见》提出在部分场景中禁止使用"不可降解塑料袋"，上海《实施方案》提出在商场、超市、药店、书店、各类展会活动和集贸市场等场景中有序禁止使用"一次性塑料购物袋"。

（2）提早实现禁限政策的时间节点要求

上海《实施方案》将国家《治理意见》中2025年的禁限要求部分提前至2023年，2022年的禁限要求均提前至2021年。

（3）将禁限政策的实施范围扩大至全市

国家《治理意见》在部分塑料制品领域针对城市建成区、旅游景区提出禁限要求，上海《实施方案》将禁限政策的实施范围扩大至全市。

（三）挥发性有机物深化防治

环境保护部《"十三五"挥发性有机物污染防治工作方案》指出全国挥发性有机物污染防治目标，到2020年，建立健全以改善环境空气质量为核心的VOCs污染防治管理体系，实施重点地区、重点行业VOCs污染减排，排放总量下降10%以上。

《上海市挥发性有机物深化防治工作方案（2018—2020年）》中上海市挥发性有机物污染防治目标：到2020年年底，全面完成国家"十三五"VOCs排放总量控制目标，重点推进石化、化工、汽车及零部件制造、家具制造、木制品加工、包装印刷、涂料和油墨生产、船舶制造等重点行业VOCs治理，至2020年，重点行业排放总量较2015年削减50%以上。

三、上海市快递包装相关政策文件摘编

（一）上海市商品包装物减量若干规定

《上海市商品包装物减量若干规定》于 2013 年 3 月 1 日起施行，这是我国第一部专门限制过度包装和促进商品包装物减量的地方性法规，对于倡导适度包装、限制过度包装和促进节能减排工作具有重要意义。

（二）上海市清洁空气行动计划（2018—2022 年）

上海市清洁空气行动计划（2018—2022 年）与快递包装绿色转型相关内容如下。

（1）深化产业结构调整和高污染企业淘汰

包装印刷、汽车及零部件制造、家具制造、木制品加工等行业和涉涂装工艺的企业，使用的涂料、油墨等原辅料基本完成由高 VOCs 含量向低 VOCs 含量的转型升级。

（2）全面实施挥发性有机物总量控制

推进石化化工、汽车及零部件制造、家具制造、木制品加工、包装印刷、涂料和油墨生产、船舶制造等行业挥发性有机物治理，到 2020 年，重点行业排放总量比 2015 年削减 50% 以上。

（3）实施低 VOCs 含量产品源头替代工程

包装印刷行业推广低 VOCs 含量原辅材料应用，倡导绿色包装，推广"非溶剂型"印刷、涂布和复合工艺。到 2018 年，低 VOCs 含量油墨的使用比例达 70% 以上；到 2019 年，全面完成。

（4）健全法规标准，提升行为底线

2020 年年底前，在电子、包装印刷、汽车制造等 VOCs 排放重点行业全面推行排污许可制度，实现全市工业企业排污许可证全覆盖。

（三）上海市快递包装物垃圾分类指引

《上海市快递包装物垃圾分类指引》将常见快递包装物垃圾按照《上海市生活垃圾管理条例》进行了分类，其中属于干垃圾的主要是塑料类（塑料袋、塑料胶带、编织袋、塑料封套）、填充类（冰袋、气泡膜、碎泡沫塑料）和隐匿个人信息的快递运单；属于可回收物的主要是纸类（包装箱、包装袋、纸质封套、生物降解胶带）和填充类（纸张、废报纸、完整泡沫塑料）。同时，对快递包装总量在本市生活垃圾总量中的占比做了说明。

（四）上海市重点行业挥发性有机物VOCs综合治理工作

为鼓励企业实施高水平VOCs深化治理项目，更多、更快、更好地削减VOCs排放，在《上海市重点行业企业挥发性有机物深化治理项目专项扶持办法》中，采用基于减排量的补贴方式，每吨VOCs减排量补贴10万元。并规定企业的补贴总金额为各治理项目补贴金额的合计。企业实施完成90%及以上"推荐"类治理任务的，补贴总金额奖补10%；单个企业补贴总金额不超过1200万元。

（五）上海市生态环境保护"十四五"规划

（1）重点行业VOCs总量控制和源头替代

大力推进工业涂装、包装印刷等溶剂使用类行业，以及涂料、油墨、胶黏剂、清洗剂等行业低挥发性原辅料产品的源头替代。

（2）固废减量

开展塑料垃圾专项清理，推进快递包装绿色转型，在快递外卖集中的重点区域，投放塑料包装回收设施。倡导商品"简包装""无包装"。加大净菜上市力度，降低湿垃圾产生量。

四、上海快递绿色包装相关标准

（一）DB31/T 1247—2020《快递包装基本要求》

上海市地方标准，本标准规定了快递包装的总体要求、材料要求、使用要求和回收利用要求。本文件适用于上海市邮政企业、快递企业、电子商务经营者、电商供应商、行业组织、政府相关主管部门和消费者对快递包装的使用和管理。

（二）DB31/881—2015《涂料、油墨及其类似产品制造工业大气污染物排放标准》

上海市地方标准，本标准规定了涂料、油墨及其类似产品制造企业或生产设施大气污染物排放限值、监测和监督管理要求。

（三）DB31/872—2015《印刷业大气污染物排放标准》

上海市地方标准，本标准规定了印刷生产过程中即用状态印刷油墨的挥发性有机物含量限值，规定了印刷生产过程大气污染物排放限值、监测和监控要求，以及标准的实施与监督等相关规定。

（四）上海市绿色包装产品认证实施工作推进

由上海市包装技术协会主导推进的 3 项认证实施规则包括：《上海市绿色包装产品认证实施规则 第 1 部分：通用规范》《上海市绿色包装产品认证实施规则 第 2 部分：塑料包装产品》《上海市绿色包装产品认证实施规则 第 3 部分：纸包装产品》等内容。其中，第 1、第 2 部分实施规则已拿出相应的征求意见稿，第 3 部分内容的起草亦于 2021 年 8 月立项。此认证实施规则适应国家对于绿色生产及绿色包装的需求和相关政策规范，涉及的内容和建立的评价方法具有创新性。此规则的制定与实施将填补上海市相关标准的空白，对于引导绿色包装的发展具有非常重要的意义。

第四章
行业技术发展论述

淀粉基可食性包装膜的制备及应用研究进展

石葆莹　张妍　孙越　范孟丹

近年来，我国"双碳"战略目标的确立，激发了包装产业的革新动力。包装产业的绿色化发展已经成为低碳经济时代产业可持续发展的核心诉求。现阶段石油基包装材料的大量使用给环境带来了巨大压力，人们对安全、无毒、可降解的绿色包装材料的需求越来越迫切。可食性包装以可食性物品为原材料，具有绿色、环保、健康、安全等诸多优点，在食品包装领域具有广阔的应用前景，受到了研究者的广泛关注[1~4]。

可食性膜作为食品包装材料应具有如下性质和特点：首先，可食性膜应具有合格的卫生和食用安全性，不会污染被包装物和周围环境。其次，在食品或药品表面附着一层可食膜，应能选择性地阻止内外气体、水分的迁移，降低氧气、二氧化碳等对产品的影响[5,6]；延缓食品中的油脂和一些特殊风味的迁移和扩散；抑制产品表面微生物的繁殖，从而延长产品货架期。此外，可食膜还应具有一定的机械性能，便于加工成型及在食品包装中应用[7]；可食膜还应能增加产品感官效应、改善产品感官品质。最后，可食膜还具有完全生物可降解、不污染环境等特点[8,9]。淀粉因其生物来源广泛和价格低廉、成膜性好、安全无毒、生物相容性好等优点，适合制备可食性膜。以淀粉为基质、具有一定功能活性的可食性膜已经成为当前的研究热点。本文综述了近几年淀粉基可食性膜的制备和应用研究进展。

一、淀粉的化学组成

淀粉颗粒主要由两种类型的 α-葡聚糖组成，即直链淀粉与支链淀粉，它们占淀粉颗粒干重的98%～99%。不同来源的淀粉所含的直链淀粉与支链淀粉的比例也有所不同。如糯性淀粉的直链淀粉含量一般低于15%，普通淀粉的直链淀粉含量一般为25%～35%，高直链淀粉中直链淀粉含量可以达到65%[10]。除 α-葡聚糖外，淀粉颗粒还含有少量的脂类、蛋白和矿物质等[11、12]。

直链淀粉是由2000～12000个葡萄糖残基通过 α-D-（1,4）糖苷键［少量是 α-D-（1,6）糖苷键］连接形成的线性大分子化合物，其葡萄糖单元的含量通常为700～5000个，其相对分子质量在30万～200万，直链淀粉分子结构如图4-1所示。直链淀粉分子之间相互靠近，可形成氢键，从而引起溶液中淀粉的老化和脱水收缩。相邻的直链淀粉分子还可以形成独立双结晶，这种结晶结构不能被淀粉酶水解。直链淀粉并不是线性的长直链结构，由于其分子内的氢键作用，使链卷曲螺旋而形成空心的螺旋结构。

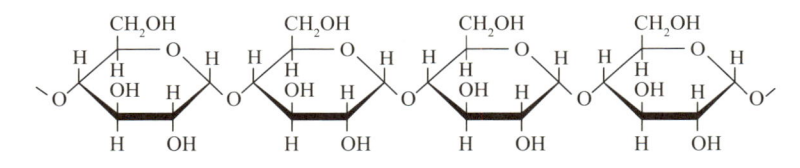

图 4-1 直链淀粉分子结构

支链淀粉是高度分支化的束状葡萄糖多聚物，主链与分支链都是以 α-D-（1,4）糖苷键连接，分支点则以 α-D-（1,6）糖苷键连接，其平均分支链长大约为18～24个葡萄糖单元，相对分子质量也比直链淀粉大得多，通常达到几百万甚至几亿，分子结构如图4-2所示。支链淀粉分子在淀粉颗粒中以同心形式呈放射状排列分布，随着半径的增大，以结晶区和无定型区交替向外延伸。支链淀粉的分支链同样也能形成卷曲螺旋，但其长度较短[13、14]。

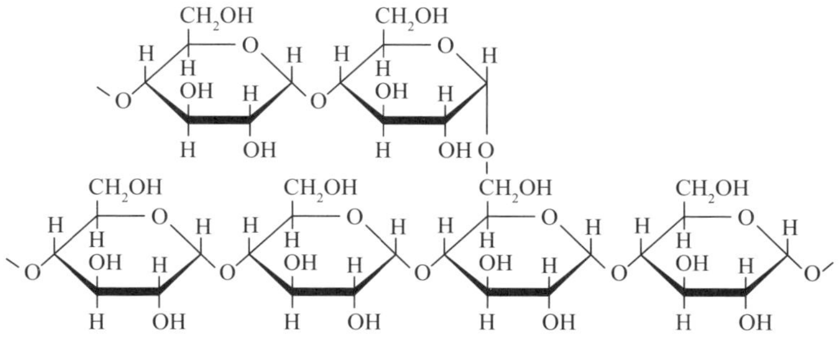

图 4-2　支链淀粉分子结构

二、淀粉基可食性膜的制备

淀粉类可食膜主要以直链淀粉为主要基质，以多元醇和类脂物质作为增塑剂，添加少量食用胶作为增强剂制备而成。淀粉类具有来源广泛、价格低廉等优点，是可食性膜中最早研究的类型。此前，科研人员在成膜材料、工艺技术和增塑剂的选择等方面进行了大量研究，取得了较大的进展。

Talja 等[15]研究了甘油、木糖醇和山梨醇三种增塑剂对马铃薯淀粉基可食膜物理性能和机械性能的影响。结果表明可食膜的水含量和水蒸气透过率随储存相对湿度和增塑剂含量的增加而增加，随着增塑剂含量的增加杨氏模量和拉伸强度降低、弹性和断裂伸长率增加、玻璃化转变温度降低。甘油对可食膜的物理性能和机械性能影响最大，山梨醇对可食膜的物理性能和机械性能影响最小，添加大量的木糖醇和山梨醇导致可食膜发生相分离和结晶，使其物理性能和机械性能发生明显改变。

Li 等[16]研究发现可食膜的配方对其微观结构和性能有较大影响，高直链淀粉可食膜比普通玉米淀粉可食膜的水蒸气透过率和气体透过率低，在可食膜中添加 20 g/L 山梨醇比添加甘油的水蒸气透过率和气体透过率低，在配方中添加 2 g/L 的葵花子油明显降低可食膜的水蒸气透过率，XRD 和 DSC 实验证明，添加增塑剂和脂质的可食膜与不含添加剂的对照膜相比，具有较低的结晶/无定形比。

Han 等 [17] 将疏水性的蜂蜡添加到亲水性较强的豌豆淀粉可食膜中，改善淀粉可食膜的物理性能、机械性能和热性能，试验结果表明蜂蜡对可食膜的机械性能有较大影响，可显著降低其拉伸强度和伸长率、增加其弹性模量；此外，蜂蜡的添加降低了可食膜的水蒸气透过率，增加其透氧率，如图4-3所示；在蜂蜡添加量为40%时，豌豆淀粉可食膜的物理性质和热性质变化较为明显。

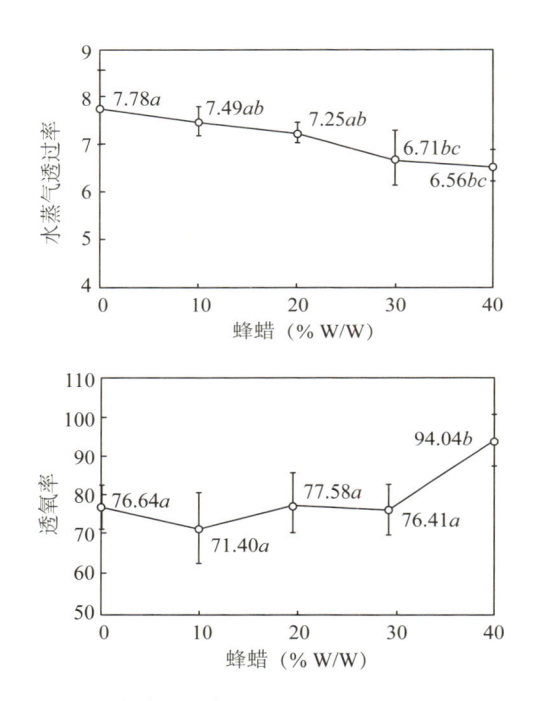

图 4-3　不同蜂蜡含量条件下淀粉膜的水蒸气透过率和透氧率

近些年，为了使淀粉类可食膜的性能进一步得到提高，玉米磷酸酯淀粉作为成膜基材已被应用于可食膜中。玉米磷酸酯淀粉基可食膜与普通淀粉膜相比，其成膜均匀、透明，柔韧性好，抗拉强度和断裂伸长率均优于普通淀粉膜和酸变性淀粉膜，透明度与普通淀粉膜接近。

孙海涛等 [18] 以玉米磷酸酯淀粉（CDP）和玉米秸秆纤维素（CSC）为主要基材制备可食膜。可食膜的（TS）为19.75 MPa、（EAB）为46.89%、透湿性（WVP）为 1.167×10^{-12} g/(cm·s·Pa)、透光率为41.86%，比未添加 CSC 的 CDP 膜物理性能综合分提高 27.14%。金华丽等[19]利用磷酸酯淀粉，通过添加复合增塑剂并经交联剂修饰后制成可降解薄膜，不仅提高了膜的抗拉强度和断裂伸长率，同时也增强了膜的抗水性及稳定性。乔志勇等[20]将磷酸酯淀粉与聚丙烯酸酯共混制成共混膜，使膜的力学性能显著提高。此外，玉米磷酸酯淀粉膜还具有一定的封合特性，姜燕等[21]利用玉米磷酸酯淀粉膜液作为黏合剂配合加热压合作用于厚度为 0.06 mm 玉米磷酸酯淀粉膜，在封口宽度 6 mm、封合温度 130 ℃、封合时间 3.5 s、黏合层厚 0.05 mm 时，封合效果较好，封合强度可达 6.56 N/15mm。

三、淀粉基可食性膜在食品包装中的应用

（一）烘焙油炸食品中的应用

具有良好阻油性的可食性淀粉膜可以用于烘焙、油炸等糕点类食品的包装[22]。研究发现，从菌落数和感官评价的角度看，在淀粉膜中添加 0.5% 的脱氢醋酸钠可有效将海绵蛋糕的保质期延长至一周[23]。Viviane 等[24]以丁香和肉桂粉末为活性剂制备木薯淀粉膜并将其应用于面包片包装领域，发现添加丁香和桂皮粉可降低薄膜的水蒸气透过率（WVTR），但薄膜的强度和韧性均有所减弱，且在实验条件下未能发现薄膜对霉菌和酵母菌的抑制作用。

（二）肉类食品中的应用

在肉类食品流通和存储过程中，微生物、酶、氧气等各种不良环境因素容易使其腐败变质，其中不良微生物导致的蛋白质分解和脂肪氧化最易使肉类食品腐败变质。特别是鲜肉表面，更易被微生物污染，致使其食用、商品价值大幅度降低，货架期变短，同时增加了食源性疾病发生的风险。但有相关研究显示，直接将活性成分作用于肉类表面的效果并不理想。这是因为活性剂接触到肉类表面时，易与肉中的成分发生相互作用而失效；而且活性剂渗透到肉类内部的速度较快，影响肉的品质，同时难以在肉类表面保持足够的抗菌浓度。因此使用活性薄膜对

肉类食品进行保鲜包装成为一大发展趋势。

陈晓梅等[25]利用不同浓度的壳聚糖、葛根淀粉和抗坏血酸等制成复合膜对冰鲜鸽进行保鲜处理，通过测定鸽肉的挥发性盐基氮、汁液流失率和细菌菌落总数等指标来比较其保鲜效果。试验结果表明，葛根淀粉－壳聚糖复合膜中壳聚糖、葛根淀粉、抗坏血酸最佳浓度分别为 2%、2%、0.5%，此浓度下的复合涂膜具有较好的抑菌保鲜效果，能延长冷鲜肉的保鲜期。

闫丹丹[26]以空白淀粉膜、丁香精油淀粉膜作对比，从感官指标、色差、失重率、pH 值、菌落总数等方面考察了活性淀粉膜对冷鲜肉的保鲜效果。结果发现，添加丁香精油的淀粉膜对冷鲜肉总体感官质量的影响良好，延长了冷鲜肉的保鲜期。

张智宏[27]研究了壳聚糖/石榴皮提取物膜的抑菌抗氧化性以及对猪肉的保鲜效果。结果显示，含 3% 石榴皮提取物的壳聚糖膜的 1,1-二苯基-2-苦基肼基自由基清除效率为 57.5%，对大肠杆菌、巨大芽孢杆菌、枯草芽孢杆菌、蜡状芽孢杆菌及金黄色葡萄球菌均有抗性，并且对于革兰氏阴性菌的抑制效果强于革兰氏阳性菌。用 2% 壳聚糖/石榴皮提取物复合膜包裹猪肉饼，与空白相比，肉饼储存 1 天后微生物数量降低 8.6%，储存 20 天后脂质过氧化值降低 24.7%。

（三）果蔬食品中的应用

在果蔬保鲜中，人们很早就学会了将蜡类物质涂抹在果蔬表面避免其受到微生物污染，同时减少水分挥发、降低呼吸作用，实现果蔬保鲜、延长产品的保质期的目的。但这种方法通常会过度抑制果蔬内外气体的交换而造成果蔬发酵，所以并不讨巧。目前，以透明度较高的多糖高分子物质来进行涂膜保鲜成为一大趋势。

Pagella 等[28]探究了玉米淀粉涂膜的阻隔性，发现涂膜可阻隔紫外线损伤，具有显著的果蔬保鲜效果。李月明等[29]研究了壳聚糖淀粉抗菌复合膜对红提葡萄的保鲜效果，发现壳聚糖淀粉抗菌复合膜具有一定的水分和气体阻隔作用，具有很好的抑制腐败微生物的作用，能较好地延长红提葡萄的储藏期。田春美[30]

对木薯淀粉 / 壳聚糖可食复合膜涂膜保鲜的应用进行研究，发现该涂膜处理不仅能够有效延缓鲜切波罗蜜的感官品质变化，还能抑制还原糖、淀粉、总酸的下降速率和可溶性固形物、总糖的上升速率，防止维生素 C 的损失，并且对细菌、霉菌和酵母菌均有一定的抑制作用。于辉等 [31] 的研究发现木薯淀粉涂膜能有效降低砂糖橘的呼吸强度和失重率，可较好地保持砂糖橘总糖、可滴定酸、维生素 C 和可溶性固形物的含量，大大延长其保质期。陈卓等 [32] 的研究表明氧化淀粉对常见致病菌金黄色葡萄球菌、大肠杆菌和常见草莓腐败菌之一的青霉菌等三种菌均存在明显的抑菌效果，氧化淀粉中羧基含量越高则抑菌能力越强。氧化淀粉对草莓的涂膜处理可以显著改善草莓失重率和腐烂率，延缓草莓成熟过程中硬度和咀嚼性的变化，同时对可溶性固形物和花色苷等营养物质含量展现出显著的保护能力。

参考文献：

[1] 刘春芳，蒋静思，王勇，等 . 纳他霉素 / 海藻酸钠 / 壳聚糖生物抗菌涂层对樱桃柿子的保鲜效果 [J]. 上海包装，2021（6）：49-54.

[2] 张平平，石启龙 . 可食性抑菌膜特性及其在水产品保鲜中的应用 [J]. 食品工业，2016（9）：222-225.

[3] 潘旭琳，马萍，刘伟，等 . 胡萝卜可食性包装膜的制备及性能 [J]. 包装工程，2021，42（21）：58-64.

[4] 李欣悦，郭姗姗，申钰洁，等 . 丝网印刷用抗菌型可食性油墨的制备及性能 [J]. 数字印刷，2021（5）：54-60.

[5] Petkoska A T，Daniloski D，D'Cunha N M，et al.Edible packaging：Sustainable solutions and novel trends in food packaging[J].Food Research International，2021，140：109981.

[6] Kadzinska J，Janowicz M，Kalisz S，et al.An overview of fruit and vegetable edible packaging materials[J].Packaging Technology and Science，2019，32（10）：483-495.

[7] Mkandawire M，Aryee A N A.Resurfacing and modernization of edible packaging material technology[J].Current Opinion in Food Science，2018，19：104-112.

[8] Mohamed S A A，El-Sakhawy M，El-Sakhawy M A M. Polysaccharides,

Protein and Lipid-Based Natural Edible Films in Food Packaging: A Review[J]. Carbohydrate Polymers，2020，238：116178.

[9] Yong H M，Liu J.Active packaging films and edible coatings based on polyphenol-rich propolis extract: A review[J].Comprehensive Reviews in Food Science and Food Safety，2021，20（2）：2106-2145.

[10] 王健蓉，张强，范桄晗，等.淀粉复合膜的制备、性能及应用研究[J].材料导报，2022（21）：1-21.

[11] 周文，张鑫，马宏鹏，等.热塑性淀粉制备的化学与物理机制及方法[J].化学进展，2021，33（11）：1972-1982.

[12] 赵郁聪，王婧，靳刘萍，等.不同淀粉原料对淀粉-壳聚糖复合膜性能的影响[J].包装工程，2021，42（7）：151-158.

[13] 王利强，贾超，卢立新，等.正交试验优化马铃薯淀粉基复合膜制备工艺及包装性能测定[J].食品科学，2013（14）：80-84.

[14] Kanarskii A V，Kan Arskaya Z A.Study of Structural and Rheological Properties of Starch Isolated from Genetically Modified Potato[J].Applied Biochemistry and Microbiology，2011，47（9）：827-832.

[15] Talja R A，Helén H，Roos Y H，et al.Effect of various polyols and polyol contents on physical and mechanical properties of potato starch-based films[J].Carbohydrate Polymers，2007，67（3）：288-295.

[16] Li X J，Qiu C，Ji N，et al.Mechanical, barrier and morphological properties of starch nanocrystals-reinforced pea starch films[J].Carbohydrate Polymers，2015，121：155-162.

[17] Han J H，Seo G H，Park I M，et al.Physical and Mechanical Properties of Pea Starch Edible Films Containing Beeswax Emulsions[J].Journal of Food Science，2006，71（6）：E290-E296.

[18] 孙海涛，邵信儒，姜瑞平，等.玉米磷酸酯淀粉/秸秆纤维素可食膜的制备及物理性能[J].食品科学，2016，37（24）：21-28.

[19] 金华丽，徐卫河，刘伯业，等.一种磷酸酯淀粉可生物降解膜及其制备方法：CN2011103 16355.8 [P]：2013-07-31.

[20] 乔志勇，祝志峰.磷酸酯淀粉/聚丙烯酸酯共混膜的织态结构与性能[J].高分子材料科学与工程，2009，25（8）：72-75.

[21] 姜燕，刘丽华，李欣欣，等．玉米磷酸酯淀粉基可食膜的黏合特性[J].中国粮油学报，2007，22（6）：74-77.

[22] 胡喜悦，高月，孟令伟．玉米磷脂双淀粉基可食包装薄膜环境适应性的研究[J].包装与食品机械，2016，34（2）：1-3.

[23] 闫倩倩．氧化酯化淀粉基抗菌食品包装膜的制备及性能研究[D].山东：山东农业大学，2012.

[24] Viviane K，Cynthia D，Pricila V S，et al.Natural antimicrobial ingredients incorporated in biodegradable films based on cassava starch [J].LWT‐Food Science and Technology，2010，43（7）：1088-1094.

[25] 陈晓梅,刘巧瑜,陈海光,等．葛根淀粉-壳聚糖复合膜对鸽肉保鲜性能的研究[J].安徽农业科学，2019，47（8）：179-182.

[26] 闫丹丹．基于微胶囊技术的淀粉基抗菌膜制备及性能研究[D].江苏：江南大学，2016.

[27] 张智宏．壳聚糖/石榴皮提取物复合膜的制备及性能研究[D].云南：昆明理工大学，2013.

[28] Pagella C，Spigno G，Faveri D M D.Characterization of starch based edible coatings [J].Food & Bioproducts Processing，2002，80（3）：193-198.

[29] 李月明，张泓，周三九，等．可降解壳聚糖淀粉抗菌复合膜对红提葡萄保鲜效果的研究[J].食品安全质量检测学报，2017，8（5）：1579-1584.

[30] 田春美．木薯淀粉/壳聚糖可食复合膜性能及在鲜切波罗蜜中的应用研究[D].海口：华南热带农业大学，2007.

[31] 于辉,陈海光,梁艳婷．涂膜保鲜对砂糖橘贮藏品质的影响[J].安徽农业科学，2010，38（22）：12002-12004.

[32] 陈卓，宋俏微，张水洞，等．氧化淀粉的抑菌效果及草莓涂膜保鲜应用[J/OL].食品科学．https：//kns.cnki.net/kcms/detail/11.2206.TS.20220310.1513.018.html.

基于科学知识图谱分析的绿色包装研究动态
——以 CNKI 数据为对象

王建华　章鉴烽[①]

一、引言

  在我国社会经济高速发展的进程中，环境问题成为制约经济良好发展的主要问题之一。随着政府相关部门以及环保组织对可持续发展的倡议与呼吁，"绿色"逐渐成为当今发展的主旋律。基于日益严重的环境热点问题，以及部分资源的不可再生特性，越来越多的消费者对于产品包装的"绿色化"极为关注，采用了绿色包装或含有低碳环保标志的产品更受大众的喜爱。因此"绿色包装"在包装行业已经成为行业共识，同时也受到了越来越多包装领域相关学者的关注与重视。"绿色包装"作为现今包装研究领域发展的热点，自提出至今受到了越来越多学术研究人员的关注与探索。为探寻近 22 年间中国"绿色包装"相关领域研究的热点、前沿话题、发展现状与前景未来，通过中国知网（CNKI）中绿色包装相关文献数据，利用传统文献计量法与 Cite Space、VOSviewer 两款可视化软件结合的形式分析 2000—2021 年发表的文献，通过知识图谱的形式研究"绿色包装"相关研究热点与发展动态。

[①]　王建华，桂林理工大学副教授。

二、统计数据的研究与整理

（一）研究方法

本文通过对于 2000—2021 年含有"绿色包装"字眼的文献类型、数量以及作者单位，发文量等基本数据进行描述性分析；然后利用数据可视化软件进行数据分析，构建出作者共现图谱及作者时区图谱，找出各时间节点的较为活跃的作者；最终，通过 VOSviewer 与 Cite Space 这两款可视化软件生成的关键词共现图谱、关键词时区图谱与关键词密度图谱进行文献数据分析，进一步探索"绿色包装"领域相关的学术突破及研究热点，从而更好地了解近 22 年间国内"绿色包装"领域的学术动态及研究趋势。

（二）数据来源

本文以中国知网（CNKI）的文献数据库为主，检索时间跨度为 22 年，在文献高级检索中设置关键词为"绿色包装、环保包装、可持续包装、循环包装"，选取精准匹配，时间范围为 2000—2021 年，选择文献语种为中文，检索出 3018 篇文献，再对检索文献进行了进一步的筛选和清理，除去征稿、文摘等，实际得到有效文献数据为 1868 篇，找到有效文献后，通过知网导出可用于 VOSviewer 与 Cite Space 这两款软件的相应文本格式，作为后期研究的数据来源。

（三）研究工具

与传统的文献分析方法相比，科学知识图谱软件分析将文献作为数据导引，生成图谱成为桥梁，使相关领域学术研究能更加清晰直观地反映当前的学术热点与研究前言等。Cite Space 是由英国籍华人陈超美教授开发设计的一款数据可视化图谱软件，通过该软件将相应的数据处理，生成研究课题的相关图谱，能够体现知识节点之间的关系与学科前沿问题，研究形式更具直观性与清晰性，让我们能更加便捷地了解当前研究课题的发展趋势以及研究现状[1]；VOSviewer 软件是由荷兰的莱顿大学 Van Eck 等学者开发的一个便于了解文献知识单元的图谱可视化软件，它能通过对相关学科数据的处理生成不同类型的知识图谱，通过色彩的种类来表达不同聚类与实践关系，节点大小来区分词频的大小[2]。

三、文献统计分析

（一）文献类型及占比

在筛选过的 1868 篇文献中，其中博硕士论文 250 篇，会议论文 73 篇，EI 来源期刊论文 1 篇，北大核心期刊论文 293 篇，中文社会科学引文索引（CSSCI）32 篇，中国科学引文数据库（CSCD）收录 58 篇，整体而言，期刊论文占据文献的主流。

（二）文献数量及时间分析

通过图 4-4 的年份和发文数量统计表分析来看，2000—2021 年，文献量总体呈现上升趋势。其中在 2000—2002 年呈现快速上升，在 2002—2005 年稍有下降，但趋于平缓；在 2005—2007 年呈现急速上升，2007—2008 年与 2008—2012 年总体趋近平缓，2013—2017 年呈现缓慢波动上升趋势，而 2017—2019 年呈快速上升趋势。这说明在 2000—2002 年、2005—2007 年以及 2017—2021 年是绿色包装领域研究的上升期，在此期间有大量的相关领域学者涌入该领域，文献量总数持续增长。在 2002—2005 年、2007—2008 年与 2008—2017 年期间，绿色包装领域的相关研究进入了稳定期。

（三）热点期刊分析

通过统计分析，中国知网上"绿色包装"相关论文整体相对分散，而通过对相关论文发表量的统计，得出发表数量较多的前十期刊，包括《中国包装工业》

《中国包装》《包装工程》《上海包装》《包装世界》《印刷技术》《中国包装报》《塑料包装》《今日印刷》《物流工程与管理》，这些期刊均为印刷、包装专业的主流期刊，一定程度上代表着行业的发展方向，在进行该领域研究和投稿时可以关注这些期刊。期刊来源占比如图 4-5 所示。

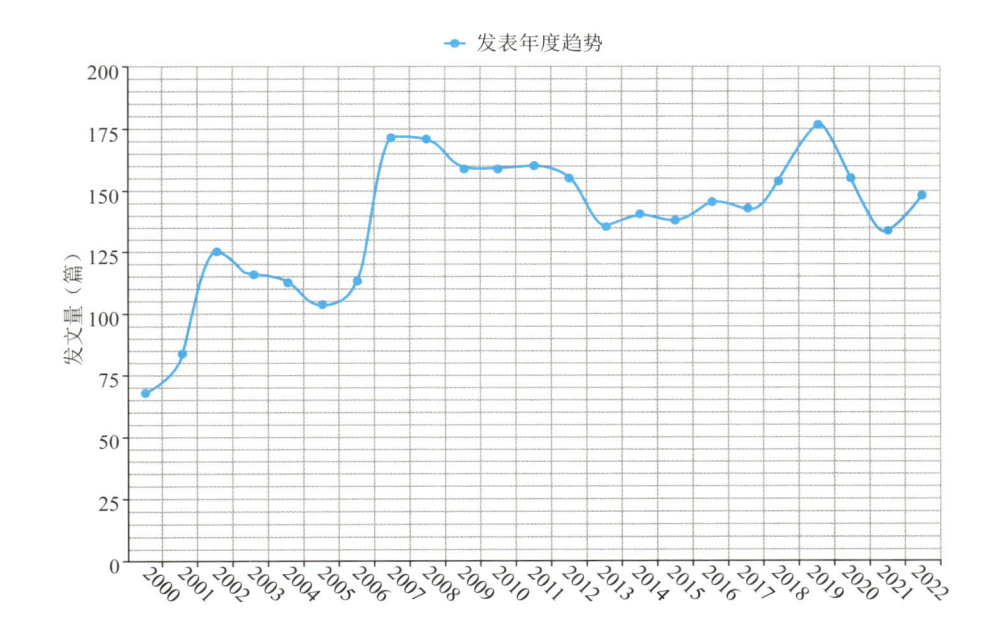

图 4-4　文献数量与时间

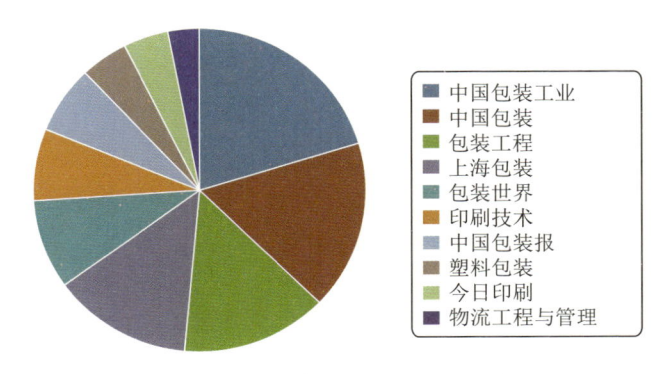

图 4-5　期刊来源占比（前 10 名）

（四）作者及机构分析

通过对 1868 篇论文进行作者与机构的 Cite Space 软件数据分析，得到图 4-6、图 4-7。由图 4-6 可知，各个机构彼此间的关系网络在图谱中较少，这说明了在"绿色包装"领域研究的机构之间缺乏联系合作。且现今绿色包装相关论文的发表较为分散，多数集中于高等院校，少数集中于包装类研究所以及行业协会，其中活跃度较高的高校有重庆工商大学、湖南工业大学、江南大学、武汉大学等。从发表数量的层面来看，湖南工业大学位于首位，重庆工商大学以及陕西科技大学分别位居第二、第三。通过将 Cite Space 软件中的共现节点更改为作者（Author），产生作者共现图谱，详见图 4-7，从图中可以看出 2000—2021 年在"绿色包装"相关领域活跃度较高的作者包括重庆工商大学戴宏民与佩华君、中国包装联合会叶柏彰、天津财经大学梁燕君与刘北辰、上海市包装技术协会陈昌杰等学者。

图 4-6　机构共现图谱

图 4-7　作者共现图谱

四、领域动态及其研究发展

（一）突现词知识图谱及近期前沿分析

关键词在常规频率下突现，说明了该关键词成为当时的学科发展热点。通过在 Cite Space 软件中的相关突现设置，来提取文献中的突发关键词。在软件界面中设置 f（x）=7，Minimum Duration=3，得到 10 个突发关键词，详见图 4-8。图中"Year"代表关键词首次出现的年份，"Strength"代表了关键词突现的强度，"Begin"与"End"分别代表了关键词在突现时段的起止年份。

Top 10 Keywords with the Strongest Citation Bursts

Keywords	Year	Strength	Begin	End	2000—2021
环保包装材料	2000	9.042	2000	2003	
环保包装	2000	19.1894	2000	2003	
绿色标志	2000	9.2715	2000	2002	
轻工业	2000	12.6164	2002	2004	
绿色壁垒	2000	17.0261	2002	2004	
降解塑料	2000	9.3886	2002	2005	
再生利用	2000	7.7748	2004	2007	
出口贸易	2000	4.5146	2005	2007	
绿色营销	2000	9.9347	2007	2009	
快递行业	2000	10.396	2016	2021	

图 4-8　突发关键词（前 10 名）

2000—2004 年，环保包装材料、环保包装、绿色标志、轻工业、绿色壁垒等关键词的突现契合了"绿色包装"领域早期研究发展热点；2005—2009 年，降解塑料、再生利用、出口贸易、绿色营销的关键词陆续出现成为领域热点话题，也体现了该时期是"绿色包装"研究良好发展步入成熟期；2016—2021 年，快递行业作为关键词凸显直至今日，成为近年来的研究重点之一，也将成为近期"绿色包装"领域的研究热点。而"快递行业"成为近期研究热点的原因在于近年来随着我国电商行业的快速发展，导致快递包装的大量使用，逐步成为包装行业与"绿色包装"领域的热点话题。

（二）研究热点及动态分析

通过 VOSviewer 软件的可视化图谱叠加分析（Overlay Visualization），来捕捉海量论文中不同关键词之间的平均引用影响关系①[3]，以及 Cite Space 中生成的关键词共现时区图谱，能更加直观地表明关键词层级与时间之间的联系。如图 4-9、图 4-10 所示，可以看出除了较高引用的绿色包装、包装废弃物、包装设计、包装材料、过度包装、包装印刷、快递包装等，此外还有可持续设计、传统文化

---

① 平均引用影响关系是指期刊中的主题词被引用的频率大小，其图上的颜色从蓝色（最低引用影响）到红色（最高引用影响），能够揭示出一定时期研究的热点趋势。

等与"绿色包装"研究领域相关的关键词，体现出设计形式、设计内涵也是我国绿色包装研究进程中的重要内容之一。并且通过图谱中关键词色彩以及所处时区的变化可以看出近年来绿色包装领域的研究热点与 Cite Space 软件导出的图 4-8 是相一致的，快递行业中快递包装正成为近年来绿色包装研究领域的一个前沿与热点问题。

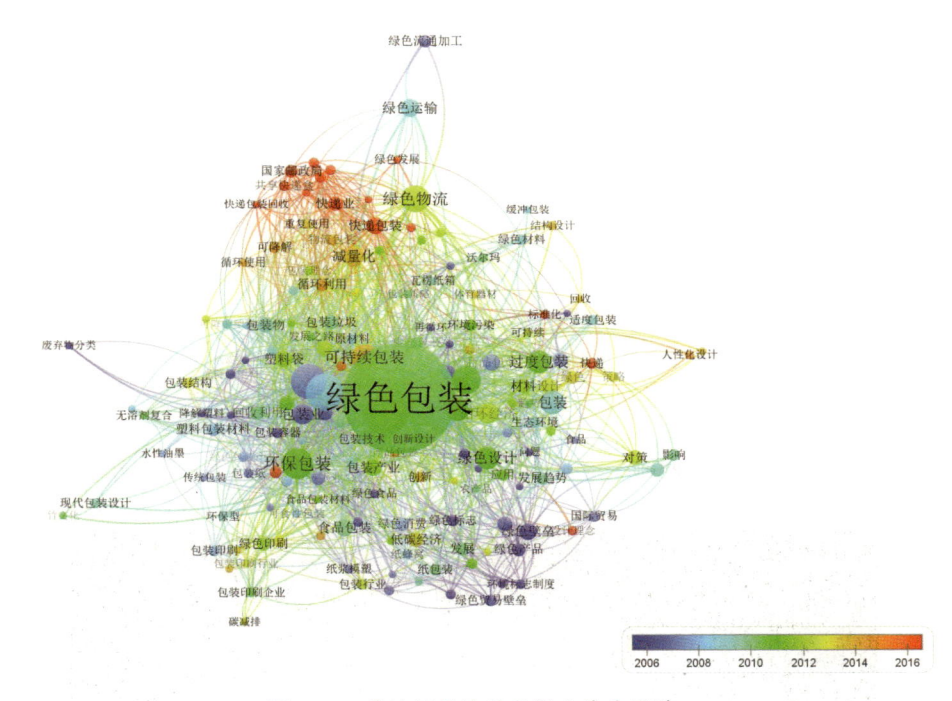

图 4-9　关键词平均引用影响关系图谱

　　利用 VOSviewer 的图谱演变功能得到关键词的聚类图谱（Cluster View）。聚类图谱，顾名思义就是将关联性较强的组成一个类别，用同一种颜色标记，如图 4-11 所示，其中按颜色区分将 2000—2021 年绿色包装领域研究文献的关键词划分为五个核心研究类别：黄色聚类代表绿色包装设计研究；粉色聚类代表绿色包装材料研究；红色聚类代表绿色快递包装研究；灰蓝色聚类代表绿色壁垒研究；绿色聚类代表包装绿色印刷研究[①]。下面通过进一步的阐述来说明绿色包装领域

---

① 鉴于软件分析过程中的参数设置不同，VOSviewer 的聚类分析结果可能会略有差异。

研究的这五大研究类别的属性特征、主题走向与领域动态。

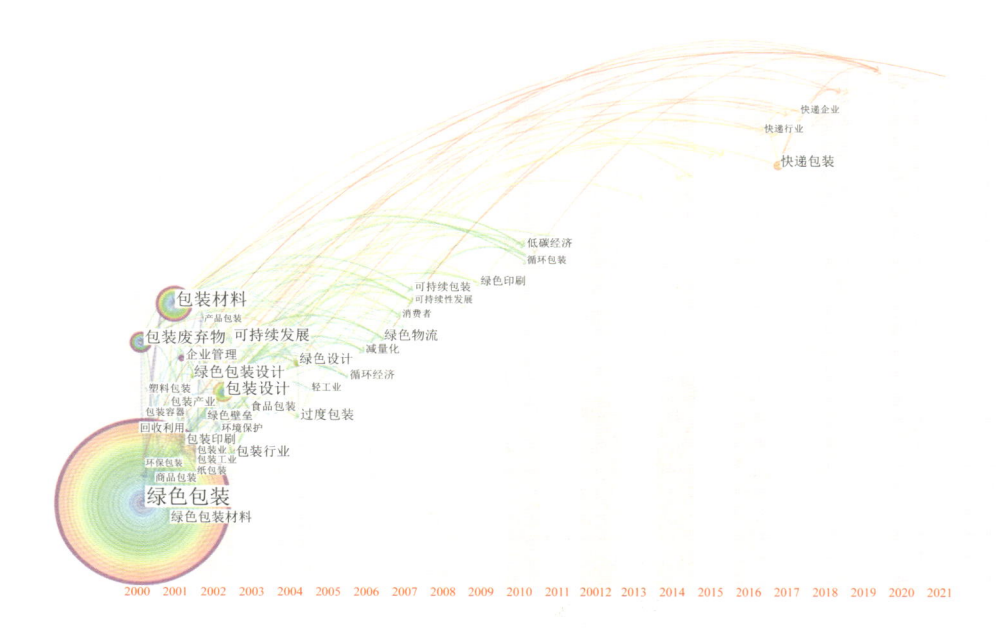

图 4-10　关键词共现时区图谱

图 4-11　关键词聚类图谱

1. 绿色包装设计研究

包装设计的发展理念变化与所处时代背景下的社会问题息息相关。在大力提倡可持续发展、环保的背景下，绿色包装设计的不断发展是包装领域的必经之路，为包装行业提供了一条富含生态价值的道路。通过大量文献分析研究，发现绿色包装设计发展主要将集中于绿色包装设计理念的创新与包装的减量化生产工艺与设计等方面。

顾红对过度包装进行定义并简单阐述了其表现形式，提出造成过度包装问题的原因在于商品的非良性竞争由商品本身转移到了商品包装，从而对环境造成危害，随后提出了要遵循适度包装理念[4]。陈嘉林基于纸质材料在包装行业广泛使用，分析其对环境的危害以及造成相关资源的匮乏，指出基于简量化包装、过度包装以及包装结构展开创新设计，并根据纸包装现状论述了相关思路与措施[5]。王章旺从销售方、消费者、设计师以及社会反响层面对商品的过度包装与适度包装进行分析界定，利用两分法观点分析了造成商品过度包装现状的原因，提出相关解决方案，并认为立法、政府相关部门、设计师、销售方与消费者的包装理念是问题关键[6]。邱志涛与李桃桃举例论述了绿色包装相关案例，提出了包装结构、包装废物再利用以及包装材料对包装绿色化的有效建议措施[7]。李旭在其硕士论文中探索可持续设计理念在包装上的应用策略，并提出了"简约设计""重复使用设计""回收利用设计""新媒介手段的应用与健康消费观"等针对包装可持续发展的观点[8]。王贞通过对大量国内外纸包装结构形式进行研究，得出对纸包装减量化中巧妙折叠的方法是有效措施，并进行了方法归纳以及设计实践[9]。

2. 绿色包装材料研究

绿色包装材料是绿色包装研究领域的灵魂之一，领域学者通过对包装材料绿色化发展的不断推进。而我国绿色包装材料研究主要集中于包装材料的减量化以及材料的环保性，通过文献分析，绿色包装材料研究发展趋势将是对现今的绿色包装材料的升级优化，提高其降解性与制作工艺，缩减其生产成本以及研发新型绿色包装材料等。

顾红与祝琳华等人对现有包装材料的种类进行归纳，并通过海内外包装废物的再生利用对比，提出要建立针对性较强的包装废弃物处理公司及奖惩制度来培养消费者的环保回收意识，且要杜绝不必要的包装材料损耗[10]。戴丹丹将非物质主义原则融入包装设计中，使其更富有人性化，并从材料选择、结构、装饰以及设计流程等角度进行分析，利用模糊评价法为绿色包装标准提供科学化体系，以此来让包装设计契合绿色理念，且符合消费者需求[11]。单方方与唐浩国等人阐述了食品绿色包装材料种类，将其归为三类，分别是纸质、可降解、可食性以及新型材料，并提出天然生物材料逐渐发展为包装生态的另一研究方向[12]。张晓慧通过对食品包装材料所形成的食品安全问题进行分析，得出主要原因在于食品包装的重金属、印刷油墨以及塑料中，并从立法监管、绿色化设计与包装材料角度提出相应措施[13]。胡海燕与刘晶等人阐述了非绿色包装对环境的危害以及绿色包装概念，提出利用可食性、可降解塑料，可再生、天然物以及纸质等材料应用到包装中，并点明了绿色包装材料运用准则[14]。沈艳芳以绿色材料的本质特性展开研究，阐述了绿色包装材料的理念内涵，再以纸包装、绿色塑料以及绿色可食用型包装为主来论述，提出上述三大类绿色包装材料存在的缺陷，并提供了相应的解决措施与建议[15]。

3. 绿色印刷研究

包装印刷生产过程中对于资源的消耗与废弃物的产生成为包装行业的发展阻碍，而绿色印刷逐渐成为当今社会主推的新型印刷形式。现今研究主体集中于绿色印刷中油墨特性与印刷工艺等，如绿色印刷油墨成分的优化升级、印刷规范标准以及新型绿色化油墨的研发等。

陈德苍阐述了绿色包装印刷使用的水性油墨的成分、特点以及使用问题等，并概述了水性油墨的应用现状与发展[16]。齐成认为包装印刷的存在是商品包装竞争的重要因素之一，但是当前包装印刷中呈现的环境危害问题较为严重，因此需要实行环保的绿色印刷[17]。易芬通过对塑料软包装行业与绿色印刷行业的发展现状分析，研究得出绿色印刷行业的发展途径与相关措施，并对塑料软包装行业的发展障碍进行总结，提出要大力发展绿色印刷[18]。

4. 绿色壁垒研究

我国自 2000 年加入世贸组织（WTO）后，与国际市场间的贸易往来不断提升，但紧随其后的贸易壁垒成为我国企业对外贸易的主要威胁，其中绿色壁垒给我国的包装行业带来了巨大发展屏障。通过文献分析可知为突破贸易屏障，我国绿色包装理念快速发展，研究主要集中于绿色包装体系的建立与包装行业改革升级等。

王利通过对包装废物的环境危害以及绿色包装对于环境与贸易往来的影响分析，从包装行业角度出发，得出绿色包装的基本原则，并提供了相应措施与产业化对策[20]。王荣艳阐述了我国加入世贸组织后遇到由绿色包装形成的贸易壁垒威胁，且对出口商品造成严重损失，因此需要加快建设绿色包装体系[20]。张燕文简述了绿色包装的崛起，并总结了在绿色壁垒中对包装的要求以及中国包装产业遇到的困难，提出要加快中国绿色包装体系建设及策略[21]。王章旺通过对绿色包装概念分析，点出我国发展绿色包装有利于资源的节约，打破绿色贸易壁垒与世界接轨，并提出了发展出口绿色包装的中国对策[22]。焦剑梅通过对国际贸易中的绿色壁垒研究，分析出延伸至对生态包装行业的要求，并通过对国内生态包装行业的现状剖析，得出包装行业缺陷，并提出对应解决措施[23]。

5. 绿色快递包装研究

随着电商时代的来临，快递包装逐渐成为现今绿色包装领域的研究热点，并逐渐融入我们的日常生活当中，其当前研究发展主要集中于快递包装的绿色运输、回收系统以及法律层面规范标准等。

王荃阐明了快递包装业的现状以及存在的缺陷，研究了快递绿色包装的规范化、标准化的积极意义，并对如何建立快递绿色包装标准化提出建议措施[24]。张希建通过对快递包装行业的现状分析与用户调研数据研究，得出相应的快递"旅程图"以及快递回收的利益方需求，最终得出相应的快递回收系统设计与包装设计[25]。冯梦珂与曹国荣等人通过调查问卷的形式，研究归纳得出快递包装存在的缺陷，并从立法角度以及消费者意识角度入手阐述了对快递包装发展的建议[26]。杨丽辉与覃京燕对快递包装废弃物的回收利用效率不高，以及对生态环境的危害性，依靠富有创新性的设计手法设计出二次利用的创作，并总结得出快递包装二次利用的设计原则与方法[27]。姜奕阳通过对中国快递包装生产产业的情况与问题研究，提出绿色快递包装理念，针对快递包装合理性及二次回收等问题，从包装材料、消费者意识、包装回收体系等角度提出措施建议[28]。刘玲燕通过对当前快递过度包装现状分析，得出其成因与政府相关部门的治理困境，并从快递包装相关法律体系的立法、执法、管理等层面提出相关治理策略建议[29]。朱婷婷通过对快递包装的发展现状进行调研分析，从企业、消费者与政府等不同角度来阐述快递包装治理存在的缺陷与不足，并论述了其成因，提供了相应角度的治理措施与方法[30]。

五、结论与启示

基于Cite Space与VOSviewer这两款科学知识图谱软件，对2000—2021年绿色包装领域的文献进行图谱分析与解读，分析得出22年内研究机构多集中于高等院校，总体发文数量稳步上升，且"绿色包装""包装材料""绿色壁垒""包装印刷""快递包装"等关键词是绿色包装领域的研究热点，而"快递包装"正成为绿色包装领域的研究前沿。而在过去的22年的研究发展进程中，学者们对绿色包装的相关研究硕果累累，集中体现在相关科研论文所研究的内容呈现多元化，且研究水平也在不断提高。从图4-7中可以看出绿色包装领域的研究不断扩大，逐渐延伸至贸易、法律、生态、企业管理、社会等方面，并且研究的切入角度还在持续增长。虽然我国关于绿色包装领域研究已经硕果累累，但是也慢慢浮现一连串的问题，其研究模式呈现单一化。从图4-3、图4-4中可以看出该领域内作者与作者之间、机构与机构之间的合作交流较为薄弱，包括高频作者。高频作者进行领域研究时多数是独立研究，尽管学术理论贡献程度较高，但是跨学科、机构以及地域交流合作同样较少。多学科、多角度的合作研究对绿色包装领域研究的发展会有更大助益，碰撞出不一样的思想火花。

参考文献：

[1] Chen C.Searching for intellectual turning points： progressive knowledge domain visualization[J].Proceedings of the National Academy of Sciences, 2004, 101（suppl）： 5303-5310.

[2] Eck N J V, Waltman L, Dekker R, et al.A comparison of two techniques for bibliometric mapping： Multidimensional scaling and VOS[J]. Journal of the Association for Information Science & Technology, 2010, 61（12）： 2405-2416.

[3] van Eck N J, Waltman L.Text mining and visualization using VOSviewer[J].Eprint Arxiv, 2011, 7（3）： 50-54.

[4] 顾红.浅论包装与环境[J].包装工程, 2001（6）： 69-71.

[5] 陈嘉林.纸制品包装的绿色设计对策[D].杭州： 浙江大学, 2005.

[6] 王章旺.用两分法看商品包装的过度与适度[J].包装工程, 2007（1）： 111-113+118.

[7] 邱志涛, 李桃桃.论绿色包装设计智慧[J].包装学报, 2010, 2（3）： 58-61.

[8] 李旭.包装设计中可持续性策略应用探析[D].西安： 西安美术学院, 2013.

[9] 王贞.折折叠叠： 纸包装结构减量化设计方法研究[D].北京： 北京印刷学院, 2018.

[10] 顾红, 祝琳华, 李锡蓉.从包装材料的使用与回收谈绿色包装[J].包装工程, 2005（3）： 215-217.

[11] 戴丹丹.绿色设计理念在包装设计中的渗透[D].南昌： 南昌大学, 2006.

[12] 单方方, 唐浩国, 魏晓霞等.食品绿色包装材料的研究进展[J].包装与食品机械, 2009, 27（5）： 76-79.

[13] 张晓惠.绿色包装视角下的食品安全[J].湖南包装, 2009（3）： 7-8+23.

[14] 胡海燕, 刘晶, 逯海勇.绿色包装的材料应用[J].山东农业大学学报（自然科学版）, 2010, 41（3）： 451-454.

[15] 沈艳芳.基于绿色包装材料应用和发展研究[D].南昌： 南昌大学, 2012.

[16] 陈德苍.新型绿色包装印刷油墨： 水性油墨[J].印刷质量与标准化, 2005（9）： 16-18.

[17] 齐成.低碳印刷, 从包装印刷开始[J].今日印刷, 2011（6）： 15-17.

[18] 易芬.塑料软包装行业如何实现绿色印刷的研究[D].北京： 首都经济贸易大学, 2012.

[19] 王利.绿色包装对贸易的影响与我国的对策研究[D].北京：对外经济贸易大学,2000.

[20] 王荣艳.绿色包装：我国对外贸易的又一绿色藩篱[J].国际贸易问题,2002(11)：29-32.

[21] 张燕文.论国际贸易中的绿色包装与我国的对策[J].中国包装,2004（1）：28-30.

[22] 王章旺.大力发展"绿色包装"促进我国出口贸易[J].北京工商大学学报（社会科学版）,2007（6）：95-98.

[23] 焦剑梅.绿色壁垒背景下我国生态包装设计的困境与对策研究[D].武汉：湖南工业大学,2013.

[24] 王荃.快递行业绿色包装标准化问题与对策初探[J].品牌与标准化,2015（12）：56-58.

[25] 张希建.快递包装的绿色系统化设计研究[D].北京：北京理工大学,2016.

[26] 冯梦珂,曹国荣,程玲,等.快递包装的现状与绿色化[J].北京印刷学院学报,2016,24（02）：22-25.

[27] 杨丽辉,覃京燕.复用型绿色快递包装设计理念探究[J].包装工程,2016,37（10）：39-42.

[28] 姜奕阳.我国快递业包装及其绿色化策略分析[J].物流技术,2017,36（04）：59-62.

[29] 刘玲燕.我国快递过度包装政府治理的困境及其对策研究[D].衡阳：南华大学,2019.

[30] 朱婷婷."网购热"背景下我国快递包装污染的治理研究[D].长沙：湖南师范大学,2019.

国内外可堆肥塑料检测和评价标准

朱佳欢　孙梦捷　李洁君[①]

一、前言

　　全世界都面临着大量塑料制品造成的污染，这些传统塑料如塑料地膜、餐盒、包装膜等，由于使用后难回收又不能很快腐烂而污染了环境[1]。正因如此，能够在自然环境下较快降解的生物降解塑料也就成了解决污染的途径之一[2]。可堆肥塑料作为生物降解塑料的一种，由于更好的环保性能，在国际上相较于普通的生物降解塑料更受认可。本文就可堆肥塑料，介绍了国内外主要标准的情况和相关定义。并分别从评价标准和检测用的方法标准角度，比较了国内外关于可堆肥塑料要求的异同点。以期对可堆肥塑料的推广和发展起到一定的促进作用。

二、可堆肥塑料评价标准及定义

　　可堆肥塑料的评价标准，国际上较多应用的有欧盟的 EN 13432、美国的 ASTM D6400 以及 ISO 标准 ISO 17088。其中 ASTM D6400 以及 ISO 17088 中关于可堆肥塑料做了如下定义：一种塑料，能够在堆肥化的生物分解过程中，以与其他已知可堆肥材料相当的速率转化成二氧化碳、水、无机物和生物质，且不应有可见的、可区分的残渣以及有毒残留物[3~4]。国内标准除了等效翻译国外的标

[①] 朱佳欢，上海市质量监督检验技术研究院．职务，检测工程师；职称，工程师；研究方向：食品相关产品及可降．

准外，GB/T 20197—2006 中关于可堆肥塑料有如下定义：一种塑料，在堆肥化条件下，由于生物反应过程，可被降解和崩解，并最终完全降解变成二氧化碳、水及其所含元素的矿化无机盐以及新的生物质的塑料，并且最后形成的堆肥的重金属含量、毒性试验、残留碎片等应符合相关标准的规定[5]。可以看出，国内外关于可堆肥塑料的定义基本类似，都要求除了满足降解外，还要同时满足降解后产物的相关要求。这一点也充分显示了，相较于普通的生物降解塑料，可堆肥塑料环保性更好。

三、可堆肥塑料的评价标准

（一）评价标准之间的联系

国外关于可堆肥塑料的研究起步较早，形成了较完善的可堆肥塑料检测评价体系。国内较多标准为等效翻译国外标准。国内外主要的可堆肥塑料评价标准、相互之间的联系见表 4-1。GB/T16716.7—2012 翻译自 EN 13432：2000，都为现行标准，内容方面基本一致，除了部分引用的方法标准有国标，进行了替换。GB/T 28206：2011 为翻译自 ISO 17088：2008，ISO 17088：2008 已更新为 ISO 17088：2021，内容方面存在重要差别。ISO 17088：2021、ASTM D6400-21 内容方面相互之间各有参照，且均参照 EN 13432-2000[6~8]。

表 4-1 可堆肥塑料评价标准

评价标准	与国际标准之间的联系
GB/T16716.7—2012	翻译法等同采用 EN 13432：2000，修改了部分引用方法标准
GB/T 20197—2006	
GB/T 28206—2011	翻译法等同采用 ISO 17088：2008，修改了部分引用方法标准及增加了附录内容
EN 13432：2000	
ASTM D6400-21	
ISO 17088：2021	

（二）评价标准之间的异同点

正如前面所论述的六个国内外主要的可堆肥塑料评价标准，相互之间多有联系。另外在内容方面，也存在较多的相同点，基本都是检测生物降解性、崩解能力、生态毒理效果等几个方面。但这些评价标准之间也有不少区别，相互之间的异同点见表4-2。

表4-2 可堆肥塑料评价标准的异同点

	GB/T 20197—2006	EN 13432: 2000（GB/T16716.7—2012）	ASTM D6400-21	ISO 17088: 2021	GB/T 28206—2011
化学特征——挥发性固体比例（混合物有机物含量）	混合物时，≥51%	≥50%	—	≥50%	≥50%
化学特征——重金属	都类似，依据相应国家土壤、污泥、堆肥要求制定					
化学特征——氟离子					
生物降解率（需氧）	整体≥60%（绝对值）	整体≥90%或者每一种含量>1%（干重）的有机成分分解率≥90%（绝对或者相对参比）	整体≥90%或者每一种含量>1%（干重）的有机成分分解率≥90%（绝对或者相对参比）	整体≥90%（绝对或者相对参比）	整体≥90%及每一种含量>1%（干重）的有机成分分解率≥90%（绝对或者相对参比）
生物降解率额外要求	混合物时，材料中组分≥1%的有机成分的生物分解率≥60%	含量≤1%（干重）的有机成分不需要确认生物性能，没有确定生物分解性能的不超过5%	1%～10%含量的有机成分需要单独测试并达到上述分解率要求，<1%的如EN 13432	1%～15%（干重）含量的有机成分需要单独测试并达到上述分解率要求，<1%的如EN 13432	<1%的如EN 13432

续表

	GB/T 20197—2006	EN 13432: 2000 (GB/T16716.7—2012)	ASTM D6400-21	ISO 17088: 2021	GB/T 28206—2011
崩解程度	≥90%	≥90%	≥90%	≥90%	≥90%
生态毒理效果	堆肥质量（部分金属元素及参数）	发芽数和植物生物量≥90%相对应的空白装置	发芽数和植物生物量≥90%相对应的空白装置	发芽数和植物生物量≥90%相对应的空白装置（额外要求蚯蚓毒理测试存活量和生物量≥90%）	发芽数和植物生物量≥90%相对应的空白装置

从上表分析可以得出，这几个主要的可堆肥塑料评价标准的差异主要体现在对塑料的挥发性固体含量以及生物降解率要求上。在崩解和生态毒理效果的评价上，相互之间的差别较小。挥发性固体方面，除了美标 ASTM D6400 未对材质的挥发性固体作限定外，其余标准皆有限定，且基本都至少为 50% 左右。生物降解率上，各个标准评价上差异较大，GB/T 20197—2006 降解率要求为 60%，其余几个标准要求均为绝对或者相对参比实验降解率≥90%。另外，在低含量的有机成分方面，各个标准均有一定的规定。另外在毒理方面，GB/T 20197—2006 直接以崩解形成的堆肥的相关参数要求作为判定，不进行植物的发芽和生长实验，ISO 17088—2021 同时要求蚯蚓毒理测试。

四、可堆肥塑料检测的方法标准

（一）方法标准之间的联系

关于可堆肥塑料检测的方法标准方面，主要集中在生物降解率和崩解程度的检测上。国内的方法标准基本都为国外标准的翻译，而国外标准经过这几年的发展，已进行不少更新。相应的情况见表 4-3。

表 4-3　国内外可堆肥塑料检测方法标准之间的联系

检测项目	国内标准	相对应的国外标准	相互之间的联系
生物降解率	GB/T19277.1—2011	ISO14855-1: 2012	翻译法等同采用 ISO 14855-1: 2005
	GB/T19277.2—2013	ISO14855-2: 2018	翻译法等同采用 ISO 14855-2: 2007
	GB/T19276.1—2003	ISO14851: 2019	翻译法等同采用 ISO 14851: 1999
	GB/T19276.2—2003	ISO14852: 2018	翻译法等同采用 ISO 14852: 1999
崩解程度	GB/T 19811—2005	ISO16929: 2021	翻译法等同采用 ISO 16929: 2002

（二）方法标准之间的异同点

可堆肥塑料的检测项目较多，国内外这几个主要的评价标准关于项目检测的方法标准要求有所不同。相应的情况见表 4-4。

表 4-4　可堆肥塑料检测方法标准之间的异同点

	GB/T 20197—2006	EN 13432: 2000（GB/T16716.7—2012）	ASTM D6400-21	ISO 17088: 2021	GB/T 28206—2011
化学特征——挥发性固体（混合物有机物）	未提及	未提及	—	未提及	未提及
化学特征——重金属	相应堆肥质量参数的 CJ 行业标准	未提及		ISO 17294-2 ISO 12846 EN 14582	未提及
化学特征——氟含量					

217

续表

	GB/T 20197—2006	EN 13432: 2000（GB/T16716.7—2012）	ASTM D6400-21	ISO 17088: 2021	GB/T 28206—2011
生物降解率（需氧）	GB/T 19277	GB/T 19277.1、GB/T 19276.1、GB/T 19276.2、ISO/TR 15462、ISO 10634（对于 EN13432 则国标内容为相应 ISO 标准）	ISO14855-1、ISO14855-2、ASTM D5338	ISO14855-1、ISO14855-2、ISO 14851、ISO 14852、ISO 17556	GB/T19277.1、ISO14855-2、ASTM D5388
崩解程度	GB/T 19811	未提及	ISO 16929 ISO 20200	ISO 16929 ISO 20200	GB/T19277.1、ISO 20200、ASTM D5338、GB/T 19811
生态毒理效果	相应堆肥质量参数的 CJ 行业标准	OECD 208 和 EN 13432 附录 E（植物毒理测试）			

从表中可以看出，所有的评价标准对于挥发性固体检测的方法标准均未做相关规定。除了 GB/T 20197—2006、ISO 17088: 2021 对于化学特征方面重金属和氟含量检测的方法标准有所规定外，其他标准均未做规定。生物降解率和崩解程度测定采用的方法标准方面，各个标准的依据基本类似，崩解方面 GB/T 28206—2011（ISO 17088: 2008）较为特别的规定可以用生物降解率检测的方法标准 ISO14855-1（GB/T19277.1）检测。生态毒理效果方法，各个标准均以 EN 13432 为准。

五、结语

可堆肥塑料产品相对于普通的生物降解塑料要求更高，环保性方面更好。

（1）国内外关于可堆肥塑料的定义基本类似，都要求可堆肥塑料除了能够降解外，还要满足降解后不对环境造成污染。（2）国内外关于可堆肥塑料的评价标准较多，各个标准之间主要的评价方面基本一致，但在生物降解率的要求上有较多的不同点。（3）相对应的方法标准要求上，差别相对较少，在生物降解率、崩解程度测试方面有所不同。（4）可堆肥塑料作为较好的环境友好型产品，其标准体系的不断更新和完善，才能够进一步地保证和促进推广和使用。

参考文献：

[1] 翁云宣.国内外生物降解材料标准现状 [J].中国塑料，2018，16（4）70-74

[2] 焦建，钟宇科，焦蒨，等.国内外可堆肥降解塑料评价标准及认证体系现状 [J].合成材料老化与应用，2013，42（4）

[3] ASTM D6400-21, Standard Specification for Labeling of Plastics Designed to be Aerobically Composted in Municipal or Industrial Facilities.

[4] ISO 17088: 2021, Plastics – Organic recycling – Specifications for compostable plastics.

[5] GB/T 20197—2006,降解塑料的定义、分类、标志和降解性能要求.

[6] GB/T 28206—2011,可堆肥塑料技术要求.

[7] EN 13432: 2000，requirements for packaging recoverable through composting and biodegradation.

[8] GB/T16716.7—2012,包装与包装废弃物 第 7 部分：生物降解和堆肥.

易清洁快递包装涂层材料的应用研究

姚春光　赵欣欣 [①]

随着电商行业的快速发展，人类对生活质量的要求越来越高。每当我们签收快递时，看着面前被"暴力运输"或遭遇某些"不幸"的快递包装，真的很难动手把它们带回家，而且这些脏兮兮的外包装也很难被重复利用。但是如果我们的快递包装上被涂布上一层可以使其变得易清洁且耐磨的涂层，情况就可以改变很多。

包装行业为国家产业并且有政策支持，2020年国家发改委出台了《关于加快建立绿色生产和消费法规政策体系的意见》《关于加快推进快递包装绿色转型的意见》，2021年国家发改委出台了《"十四五"循环经济发展规划》、国家邮政局出台了《邮件快件包装管理办法》等以上规定政策均表明国家对绿色包装、可循环包装的重视。同时为响应习总书记在第76届联合国大会提出的，中国将力争2030年前实现碳达峰、2060年前实现碳中和的目标，包装行业也应做出响应。

易清洁表面是指表面的污染物或灰尘在重力或雨水、风力等外力作用下能够自动脱落或者能被轻易擦除的一种表面[1]。针对现在易清洁涂层还未应用于快递包装这一现象，本文通过对易清洁涂层在纸包装上应用以及在市场中普及的可能性研究，选择出最适合市场普及的、涂布便捷的、性价比高的易清洁涂布材料，并对其相关性能进行表征用于快递纸箱的易清洁设计，以提高快递纸箱的重复使用率。

---

① 天津科技大学

一、超疏水自清洁表面研究进展

（一）超疏水原理

超疏水表面是基于"荷叶效应"。早在 20 世纪 90 年代，Barthlott 和 Neinhuis 通过揭示荷叶的微纳米结构，解释了荷叶表面的超疏水自清洁现象[2]。固体表面是否具有超疏水性，主要取决于其表面的微观形态结构和表面能的大小。如图 4-12、图 4-13 所示，在荷叶表面均匀分布着平均直径为 5～9μm 的微米级乳突，乳突上覆盖着直径 50～70nm 的纳米级蜡质晶体，在这种微纳米粗糙结构和低表面能的共同作用下，滴在荷叶表面的水珠极易滚落，水滴滚动时会带走表面的污染物或尘埃，从而实现自清洁，这便是"荷叶效应"。

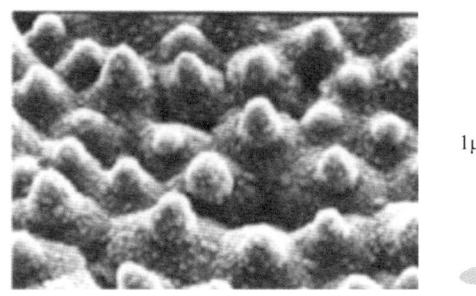

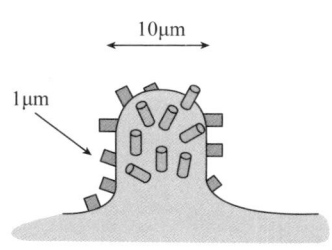

图 4-12　荷叶表面的电镜照片及微观结构

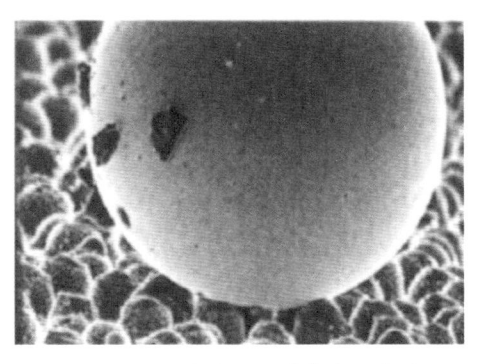

图 4-13　水滴滚动时带走表面杂质

（二）超疏水结构各类模型及其原理

（1）Young's 模型 [3]

在化学成分均匀和完全水平表面上，可以根据 Young 方程得到接触角的计算公式：

$$con\theta = (\gamma sg - \gamma sl)/\gamma lg \qquad (4-1)$$

式中：γsg 为固气之间的界面张力，γsl 代表固液之间的界面张力，γlg 代表液气之间的界面张力。

Young's 方程仅适用于表面完全光滑的理想条件下，如图 4-14。为切合实际，后来 Wenzel、Cassie 等提出了改进的理论模型。

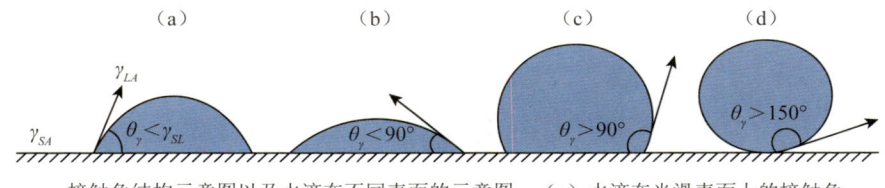

接触角结构示意图以及水滴在不同表面的示意图：（a）水滴在光滑表面上的接触角结构示意图，（b）亲水表面，（c）疏水表面，（d）超疏水表面

图 4-14

（2）Wenzel 模型 [4]

Wenzel 模型认为，当水滴滴在微结构的表面上并与结构表面保持接触，如果此时它能够浸入微结构的凹陷中，那么水滴和材料表面的接触表面此时是最大的，如图 4-15。在稳态下，Wenzel 模型描述的实际接触角 (θw) Young 方程描述的理想接触角 (θ) 可用下式表示：

$$con\theta\omega = r(\gamma sg - \gamma sl)/\gamma lg = rcon\theta \qquad (4-2)$$

式中：r 是表面粗糙因子。从图 4-15 中看出，r 越大，即表面粗糙度越高，材料的疏水性越强。

（3）Cassie 模型 [5]

Cassie 模型认为，水滴与固体的微观结构之间的接触是 1-g-s 接触，并且液体不与固体表面直接接触，而是和 l-g 以及 g-s 的复合相界面接触，并不是 Wenzel 模型一样为单纯的 l-s 接触，如图 4-16 所示。此时的实际接触角（θc）可表示为：

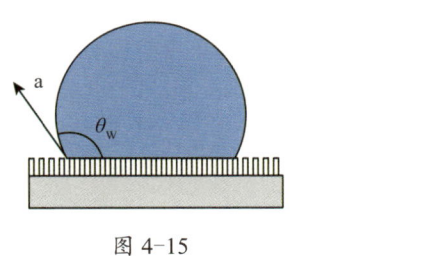

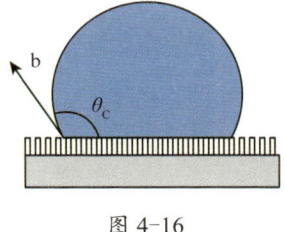

$$\cos\theta_c = f_{sl}\cos\theta + f_{sl} - 1 \qquad (4-3)$$

图 4-15

图 4-16

在 Cassie 模型中假设液体与固体的接触面积与总接触面积的比例为 fsl[3]。

二、多种易清洁涂层的主要成分

易清洁表面是指表面的污染物或灰尘在重力或雨水、风力等外力作用下能够自动脱落或者能被轻易擦除的一种表面。

常见的易清洁超疏水的表面制备方法主要有刻板法、刻蚀法[6]、溶胶－凝胶法[7]、相分离与自组装法、静电纺丝法、腐蚀法、水热法、纳米二氧化硅法、化学沉积与电沉积法等。而现今人工易清洁超疏水的表面主要应用有超疏水涂层表面、超疏水薄膜表面、超疏水织物及超疏水金属表面等方面。应用于快递纸箱上的易清洁涂层还未有过显著研究。

（一）氟硅烷（十三氟代辛烷基三乙氧基硅烷）

机理：位于中心的硅原子与两种不同的功能基十三氟代辛烷基和乙氧基相连接。将其涂布于无机基材表面，十三氟代辛烷基因不与其他物质发生反应，在基材表面形成低表面能膜；而乙氧基通过水解转变为 Si—OH 基，Si—OH 基能与无机基材表面的活性基团（例如—OH）反应，使低表面能膜牢固地附着在基材表面，在基材表面形成持久的保护层[8]。并且十三氟代辛烷基三乙氧基硅烷具有优异的疏水疏油性、耐磨性、抗紫外线及耐候性。

（二）氟丙烯酸酯

采用溶液聚合法制备出丙烯酸酯聚合物和含氟丙烯酸酯聚合物，然后将这两种聚合物分别与纳米 SiO_2 粒子复合，制备出疏水、强疏水和超疏水复合涂层[9]。将丙烯酸酯聚合物与甲醇的纳米 SiO_2 溶胶复合制备出疏水复合涂层，当纳米 SiO_2 与丙烯酸酯共聚物质量比为 0.8 时，纳米 SiO_2/丙烯酸酯聚合物复合涂层的接触角可达到 121.6°。向含氟丙烯酸酯聚合物溶液中同时加入甲醇的纳米 SiO_2 溶胶和异丙醇的纳米 SiO_2 溶胶，制备出具有超疏水性和自清洁能力的两种纳米 SiO_2/含氟丙烯酸酯聚合物复合涂层，当总的纳米 SiO_2 与含氟丙烯酸酯聚合物质量比为 0.5，甲醇的纳米 SiO_2 占总的纳米 SiO_2 质量的 70% 时，制备出的复合涂层表面的接触角达到 156.2°，接触角滞后低至 2.4°。丙烯酸酯聚合物通过有机无机共混法与硅溶胶复合制备出的疏水、强疏水和超疏水复合涂层的热稳定性高，与基材间的附着力非常好，涂层表面的硬度合适，适合大面积制备，具有很好的实用价值。

（三）纳米氟硅聚合物

氟硅树脂具有优异的热氧化稳定性、耐候性、低表面能、憎水性及防粘抗污性等，但氟硅树脂机械性、成膜性能差。聚酯树脂成膜性好、力学强度高，对金属等各种基材的附着力好，但纯聚酯树脂也存在耐热性、耐水性、耐候性较差等缺陷。氟硅树脂和聚酯树脂的性能成互补关系，通过氟硅改性聚酯得到的改性树脂能兼具二者的优良性能，可望获得优异的耐热性、耐候性、抗水性同时兼具优异的附着力、力学强度等，可以赋予树脂优异的低表面能和抗污性能。

王等采用两步法对铝片表面结构进行预处理，先用盐酸对铝片进行刻蚀，然后再浸涂纳米 SiO_2 粒子，使表面具有微纳复合结构。通过喷涂低表面能氟硅改性聚酯树脂，固化后可得到具有微纳粗糙结构的超疏水表面[10]。

（四）聚四氟乙烯和聚苯硫醚复合物

采用一步成膜法构筑出了表面同时具备低表面能疏水基团及多孔网络微纳米结构的超疏水涂层；采用类似原理，Degussa 公司的 Edwin 等在 PMMA 表面涂上一层疏水性纳米颗粒，粒子间用树脂作为黏结剂构建出接触角大于 150°而滚动角小于 2°的微观粗糙超疏水表面。该成膜技术工艺简单，不受环境限制，如能设计出相应的涂装设备，应能在规则或不规则物体上量产超疏水表面。

（五）$Cu[CH_3(CH_2)_{10}COO]_2$ 的乙醇和水的混合乳液

将金属烷基链酸盐积分散在乙醇和水的混合溶剂中制成乳液，然后采用简单的喷涂法制备了接触角大于 160°的超疏水涂层，该方法工艺简单，成本低，易于修补和大面积制备，适合工业化应用，但是涂层的牢固度和超疏水的稳定性还有待考察。

（六）聚合含氟烯烃

用等离子体聚合的方法，在棉纤维上聚合含氟烯烃，得到了具有超疏水性的表面，但等离子体技术存在复杂的时效性问题，对设备要求也高。刻蚀双轴取向的聚丙烯膜，并加入聚四氟乙烯对聚丙烯进行氟化改性，通过调节时间来控制聚丙烯表面的粗糙度和氟化程度得到超疏水表面。但湿法刻蚀采用化学腐蚀，工序繁杂、加工周期长、腐蚀介质污染环境，而干法刻蚀设备昂贵，应用于纺织品粗糙表面的规模化生产还有相当长的距离。

（七）丙烯酸与硅树脂低聚物进行乳化共聚

用一种新的分子聚集的方法在羊毛纺织品上制备了超疏水表面，先将丙烯酸与硅树脂低聚物进行乳化共聚反应得到乳状液，再对羊毛纺织品进行处理得到具有微米粗糙结构的羊毛纺织品表面，水接触角可以达到 168.5°。

通过不断探讨自分层结构及低表面能物质配比与表面疏水性能之间的关系，

最终探索出一种基于聚氨酯丙烯酸酯（PUA）树脂的新型 UV 固化疏水涂料，采用合理设计方案使涂层具备疏水功效。所得涂料在其他性能不变的前提下，涂膜水接触角可达 70°～80°，从而大幅提升了 UV 固化聚氨酯丙烯酸酯（PUA）涂料的耐腐蚀性及自清洁性能，最终扩大涂料的应用范围。

（八）GF-2200 自干纳米氟涂料

产品简介：GF-2200 是一种常温固化型纳米陶瓷氟涂料，具有优异的表面性能。性质：CR 200 是种高硬度兼高韧性被膜的自干型单组分纳米陶瓷树脂，具有极优异的耐候性、耐温性，而且涂层硬度高，耐摩擦，能极好地对各种基材实施防护，此外较低的表面能使其具有优异的疏水疏油性能。

特点：出色的耐温耐酸碱耐腐蚀性能，形成分子构造主结构的硅氧烷键（Si—Si），由于具有强大的键合能量和很高的热分解解度，故耐热性极好，通常在高温环境中也几乎不发生分解、老化和变色，优异的耐紫外线耐候性，因紫外线造成的老化程度小，耐气候性佳，涂膜发黄，粉化，光泽消失等现象轻微，能长时间保持涂膜特性的稳定低表面能，杰出的疏油疏水性，抗涂鸦易清洁性能，能实现涂膜常温固化，施工简单方便，可淋涂、喷涂、抹涂，漆膜高光泽、高丰满度、高透明，透气，坚硬，漆膜具有非常好的防水、防污、耐磨、易清洁、电气绝缘等性能。对各种金属底材、木材、竹制品、陶瓷、大理石、水泥、瓷砖、环氧地坪漆面等具有极好的附着力，该涂料物理性能指标高环保性能优越。

用途：广泛应用于机场码头，烟筒内壁防腐，地铁站、办公大楼、学校、医院、写字楼、超市、运动场、场馆看台、停车场、停机坪、船舶、工业厂房木材防腐防霉，金属表面防护等行业。本品附着力卓越，超高硬度，超强韧性。

（九）纳米型氟素整理剂

含氟整理剂不仅具有防水防油等性能，还具有防油、易去污等功能，且在涂布后不会改变产品原有表面的触感、透气性、色泽等，也不会影响瓦楞纸箱的外观美观性。含氟聚合物整理剂既可单独使用，也可与其他助剂如防水剂、交联剂及树脂整理剂等混拼使用，以更进一步改进加工效果。

（十）硅酸盐亲水性涂料

硅酸盐亲水涂层的水接触角约 12.2°，根据企标 QMB-J032.3002—2019A 钢化玻璃技术规范测试要求规定，油性笔测试过程中，采用湿抹布以不大于 1.0 kg 的力能擦拭干净并无残留为合格。油性笔测试结果显示涂层的易清洁性能优异。结果表明：涂层的各项性能均能满足使用环境。随着人们对家电品质需求的提升，易清洁亲水涂料在家电领域的应用场景会更加迫切。如图 4-17 所示，该硅酸盐亲水性涂料的接触角及摩擦性能测试。[13]

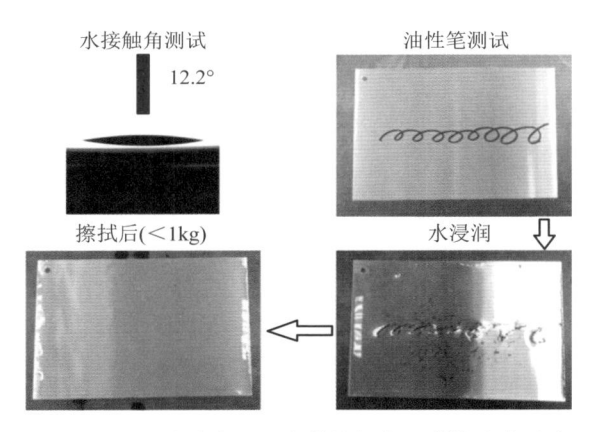

图 4-17 硅酸盐亲水性涂料接触角及摩擦性能测试

（十一）UV 涂层

易清洁树脂广泛应用于自清洁窗户、防污汽车内饰、防涂鸦建筑面漆、抗指纹手机贴膜等新型的抗污功能化产品领域。长效易清洁 UV 涂层。是将制备的具有各种结构的功能性树脂，添加到光固化涂料母液中，赋予 UV 涂层表面长效易清洁、抗污抗指纹的性能。探究不同结构的功能性树脂对 UV 涂层表面抗污抗指纹性能的影响。结果证明该涂层效果良好。[14]

三、实验结果

经初步实验对比，于本实验的目的（对纸箱涂布后，研究易清洁纸箱）来说，试剂 2.2 氟丙烯酸酯和丙丁烷溶液聚合物、试剂 2.8 GF-2200 自干纳米氟涂料以及试剂 2.9 纳米型氟素整理剂的实验效果最佳。

四、涂布后纸板性能的表征

故以下实验均对以上三种试剂分别涂布的试样进行（见表 4-5、4-6、4-7、4-8）。实验标号：未涂布试样为 0 号，GF-2200 自干纳米氟涂料为 1 号，氟丙烯酸酯溶液聚合物为 6 号，纳米型氟素整理剂为 7 号。

表 4-5　纸板定量测定

试样号码	0 号	1 号	6 号	7 号
优良面纸	1.962g	2.377g	2.062g	1.964g
普通面纸	2.221g	2.590g	2.275g	2.296g

表 4-6　纸板吸水性测定（吸水性试验中，数据前者为吸水前，后者为吸水后）

试样号码	0 号		1 号		6 号		7 号	
优良面纸	2.439g	3.744g	2.989g	3.143g	2.485g	2.517g	2.489g	2.527g
普通面纸	2.784g	2.946g	3.295g	3.400g	2.893g	2.934g	2.789g	2.845g

表 4-7　纸板耐破度测定

试样号码	0 号	1 号	6 号	7 号
优良面纸	77.9kPa	80.0kPa	77.6kPa	77.3kPa
	88.1kPa	80.3kPa	79.2kPa	82.0kPa
	80.6kPa	82.8kPa	79.4kPa	79.8kPa

续表

试样号码	0 号	1 号	6 号	7 号
普通面纸	75.8kPa	79.6kPa	77.6kPa	74.7kPa
	80.5kPa	80.9kPa	79.9kPa	80.6kPa
	80.9kPa	81.6kPa	79.0kPa	79.9kPa

表 4-8　纸板平滑度测定

试样号码	0 号	1 号	6 号	7 号
优良面纸	3s	2s	3s	3s
	4s	3s	3s	3s
	3s	2s	3s	2s
普通面纸	4s	2s	4s	7s
	5s	2s	6s	5s
	4s	4s	6s	5s

五、实验结果

经试验对比，6 号试剂更符合本实验要求，故用溶液聚合法制备出丙烯酸酯聚合物和含氟丙烯酸酯聚合物是最适合做易清洁纸箱的涂布材料的。其防水防油等易清洁性能良好，且不会对纸箱的各类表面性能做出破坏，相较而言本实验结果表明推荐以氟丙烯酸酯的溶液聚合物为涂布材料制作易清洁纸箱。

超疏水自清洁涂层虽已有工业化应用，但是超疏水性能的稳定性和持久性还有待提高，特别是在包装领域自清洁涂层还有待研究，另外现有的超疏水涂层功能比较单一，如果能在其中掺杂其他功能性粒子，则可大大扩大超疏水涂层的应用范围。并且一旦该项目能得以大面积实施，那么现有快递纸箱包装可以不用进行搅碎再加工，而是可以直接再次多次循环使用，从资源可持续上来讲，非常绿色环保。

参考文献：

[1] 郑建勇，钟明强，冯杰.基于超疏水原理的自清洁表面研究进展及产业化状况[J].化工进展，2010, 29（2）：281-284+288.

[2] BARTHLOTT W, NEINHUIS C.Purity of the sacred lotus, or escape from contamination in biological surfaces[J].Planta, 1997, 202（1）：1-8.

[3] Experiments and calculations relative to physical optics.[J].Proceedings of the Royal Society, 1800, Vol.1, pp.131-132.

[4] Robert N. Wenzel.RESISTANCE OF SOLID SURFACES TO WETTING BY WATER[J].Ind. Eng. Chem., 1936, Vol.28（8），pp.988-994ACS.

[5] Wettability of porous polydimethylsiloxane surface：morphology study 1Biomaterial Department, Iran Polymer and Petrochemical Institute, P.O. Box 14185/515, Tehran 14965115, Iran Applied Surface Science, 2004, Vol.242（3），pp.339-345.

[6] Fabrication of superhydrophobic and antibacterial surface on cotton fabric by doped silica – based sols with nanoparticles of copper Nanoscale Research Letters, 2011, Vol.6（1），pp.1-8.

[7] 刘勇，徐宏辉，杨友华.氟硅烷"易清洁"涂层的性能与应用[J].有机硅材料，2008, 22（3）：141-143.

[8] 黄艳芬.基于纳米SiO_2和丙烯酸酯聚合物的疏水、超疏水复合材料的制备及其应用[D].武汉：武汉大学，2014.

[9] 王兵.氟硅改性聚酯低表面能涂层的制备与应用性能[D].杭州：浙江大学，2016.

[10] 韩建祥.UV固化聚氨酯丙烯酸酯疏水涂料的研制及其应用[D].柳州：广西科技大学，2013.

[11] 雷健，沈剑，李启刚，等.硅酸盐亲水涂层在冰箱行业中的应用研究[J].轻工标准与质量，2020（6）：98-101.

[12] 钱文浩.长效易清洁UV涂层的研发[D].杭州：浙江理工大学，2019.

绿色设计在包装中的应用与实施路径

秦晓楠[1]

作为我国国民经济的重要产业,包装行业发展迅猛,社会需求激增。然而,在包装行业快速发展的同时,许多问题也随之产生,过度包装、包装废弃物剧增等客观现实加剧了环境污染,成为环境污染的重要源头,对人类社会的可持续发展造成严重影响。近几年,我国电商行业飞速发展,快递包装引发的环境问题日益受到关注。随着全社会环境友好意识的提高,包装设计的理念亦随之逐步转变,绿色设计理念逐步应用于包装设计领域,绿色包装设计也因此诞生。本文基于绿色设计的基本理念,对绿色包装的表现形式与设计应用加以分析,从而找到绿色设计在包装中的融合路径。

一、绿色设计与绿色包装

在产品的全生命周期中,设计这一环节至关重要。好的设计能最大限度地降低产品对资源环境的影响。绿色设计(Green Design),又称为生态设计(Ecological Design, Ecodesign)、可持续设计(Sustainable Design)等[2],这一基本概念在20世纪中叶之后被提出是人类面对高速的科技文化发展背后,引发的对资源能源巨大消耗以及生态环境破坏的重新思考与深刻反思。绿色设计着眼于人与自然

---

[1] 秦晓楠,女,讲师,上海出版印刷高等专科学校包装策划与设计教研室主任,研究方向:绿色包装设计、空间"叙事性"设计。

[2] 牛向乔. 绿色设计在产品包装设计中的应用 [D]. 大连:大连理工大学, 2013.

的生态平衡关系，忠于社会环境的保护，最大限度减少资源的消耗，避免产品废弃物对环境的污染。

所谓绿色包装，即是融合了绿色设计理念而产生的包装形态。通常它是指在其全生命周期内，对生态环境和人体健康无害，能循环复用且再生利用或降解腐化，能促进持续发展的适度包装[①]，因而绿色包装也被称为"环境友好型包装"。在当今环境污染日趋严重的情况下，绿色包装已然成为包装设计的新方向与必然趋势。绿色包装的概念在1987年联合国与环境发展委员会发表的《我们共同的未来》中提到，1992年6月在里约热内卢召开的世界环境与发展大会上通过了《里约环境与发展宣言》，确定了可持续发展为社会发展的重要内容[②]。2019年国家市场监督总局和国标委发布的标准GB/T 37422—2019《绿色包装评价方法与准则》，其中就绿色包装做出如下定义："在包装产品全生命周期中，在满足包装功能要求的前提下，对人体健康和生态环境危害小、资源能源消耗少的包装。"目前当今社会相对认可的发展绿色包装的设计原则为"4R1D"原则，即减量化（Reduce）、循环使用（Reuse）、可再生利用（Recycle）、获得新价值（Recover）以及可降解（Degradable）。

二、绿色包装的表现形式与设计应用

（一）包装材料的"绿色化"

包装材料的"绿色化"对实现绿色包装设计起着至关重要的作用。绿色包装材料是指对人体、环境无危害，且能在包装的生产、使用、报废以及回收处理等环节充分体现可持续发展理念的材料。具体而言，表现为包装材料易获得、耗能低、易回收以及再利用等属性。根据绿色材料的特性，可大致将"绿色化"的包装材料分为可食用的包装材料、可再生的包装材料、可降解/可回收的包装材料

[①] 爱德华•尼森. 绿色包装设计[M]. 上海：上海人民美术出版社, 2004.
[②] Barnes, Gail.How to produce a green package[J]. Dairy Food, 2014, 115（2）, 67-68.

等几个方面。

1. 可食用的包装材料

近几年，广大消费者对食品安全与健康的关注度在不断增强，绿色食品包装也日益受到消费者的青睐。可食用的包装材料因其原料来源丰富、可食用以及对人体健康无危害等特点，成为食品包装材料界的"新宠"，得到了广泛应用。目前，可食用的包装材料主要采用脂肪酸、蛋白质类、多糖、淀粉类、动植物纤维类和其他天然复合类材料作为原料来源。这些原料可制成可食用薄膜作为商品的包装，或加工制成一次性的餐盒、饮料杯与药用胶囊等，已广泛应用于食品和药品包装领域。

知名的快餐品牌肯德基此前在英国进行过一个咖啡杯的试验，这款可食用的咖啡杯名为Scoff-ee Cup。此款杯子从外观来看，与普通的一次性纸杯无异（如图4-18所示）。但事实上它是由裹着糖的饼干制作而成的。为了保持咖啡的热度，另外有一层相对耐热的白巧克力，一旦这层白巧克力融化，杯子就会软化。此外，2018年肯德基在印度班加罗尔也曾推出过一款能吃的玉米碗（如图4-19所示），这是可食用性包装材料的又一次尝试。以"用食物来装食物"的思路设计出的这款新碗，不仅在原料成本要优于其他很多特殊的环保材料，同时也并未增加消费者的购买成本。

图4-18 肯德基的Scoff-ee Cup　　　　图4-19 肯德基的可食用玉米碗

图片来源：https://zhuanlan.zhihu.com/p/69930525.

2. 可再生的包装材料

根据国际标准ISO14021：2016《环境标志和声明 自我环境声明（Ⅱ型环境

标志)》中的有关定义，再生速度能大于等于消耗速度的生物质原始资源可称为可再生材料。目前，常用的可再生材料多为农林废料，如秸秆、甘蔗渣等。可再生材料作为绿色包装的材料选择，其优势主要表现在两个方面：一是缩短了产品生命周期，仅经过原材料制造、使用与废弃几个环节，减少了对环境的危害；二是该材料废弃后可自行降解，不会对生态环境造成污染。目前，可再生材料在绿色包装设计中已广泛应用。

这款来自一家泰国设计公司重新设计的大米包装（如图4-20所示），其外包装盒采用大米自然脱去外壳后的谷皮，经粉碎后再压膜成型，朴素且环保。在盖体上，设计师通过简单的线条绘制出麦穗与稻田的图案，盒盖中部通过凸起的压花，将米粒的外形加以突出强调。整个盒盖上的文字信息仅有右上角印制的品牌LOGO以及产地信息。朴实的谷糠色以及盖体右上角的文字信息，清晰地向消费者传达出此款大米包装材料的可再生性。此外，在取出由传统帆布制成的内包装袋后，该包装盒可立马化身成为一个精美的纸巾盒，美观且实用。在全球环境污染愈加严重、自然资源急剧减少的当下，这样的包装设计无疑是最绿色且最实用的设计。

图 4-20　稻谷壳制成的大米包装

图片来源：https://www.sohu.com/a/474959543_121123899.

3. 可降解/可回收的包装材料

能完全被自然界中的微生物降解的材料即可被定义为可降解材料。这类材料最理想的使用效果即是被完全分解成水和二氧化碳，回归自然，没有对环境产生任何的危害。

使用可回收材料是减少包装污染和解决垃圾焚烧、填埋等问题的有利因素。可回收材料因其具有更长的生命周期，能发挥更大的作用和更全面的利用价值，因而在缓解资源紧张与浪费，大幅度提高资源有效利用率等方面有着先天的优势。可回收材料包含两个层面的含义：一是材料本身可回收，二是材质可再利用的纸类、玻璃、金属和人工合成材料等。利用可回收材料进行包装设计，能够赋予包装新的生机。

（二）包装结构的"绿色化"

包装结构的"绿色化"对实现绿色包装设计同样不可或缺。通常情况下，包装一旦被拆开后，便是破坏性的，无法复原。然而，如若能够通过包装自身造型结构的调整实现其重复使用、可拆卸组装、多功能等目标，便可在一定程度上，提高包装的回收率与利用价值。"绿色"包装结构具体而言，主要表现为以下三个方面。

1. 可循环使用的结构设计

包装结构的可循环设计主要表现为包装在使用过后，可通过自身造型结构的调整作为一种新的容器来使用，可收纳盛装一些别的物品，具有重复使用的功能。

这款在 2010 年德国红点设计奖摘得概念奖桂冠的鞋盒包装作品（如图 4-21 所示），出自浙江大学工业设计专业一位学生之手。设计师通过对生活的细致观察，发现消费者购买鞋子后，鞋盒通常会被丢弃，没有充分发挥其潜在的价值。因而他巧妙地在鞋盒设置了几条标准化的压痕，消费者只需根据预设的压痕线进行折叠，便可将其动手变成鞋架的单元体。若干个鞋盒经简易地折叠后便可组合成一组轻便的鞋架。这不仅能解决在收纳时，空鞋盒占空间的问题，还省去了购置鞋架的费用。设计师通过绿色设计的手段实现对消费者观念与行为习惯的积极引导。

图 4-21　鞋盒包装设计

图片来源：https://wenku.baidu.com/view/495d1434b90d6c85ec3ac657.html。

2. 可拆卸性的结构设计

可拆卸性的结构设计避免了对包装的破坏性，且一定程度上减少了包装收纳的时间，提高了回收效率，降低了回收成本，更大限度地发挥了包装废弃物的利用价值。

为了向消费者传播绿色环保理念，让购物袋充分发挥使用价值，品牌 Lee 可谓是用心良苦（如图 4-22 所示）。设计师在品牌购物袋上精心构思与设计，通过几条预置的模切与折痕线，完整的袋子便可拆分折叠成一系列有趣实用的小物件，比如笔筒、直尺以及书签等，既物尽其用、变废为宝，又寓教于乐，此外还能进一步传播品牌信息。

图 4-22　品牌 Lee 购物袋

图片来源：https://huaban.com/pins/59611487。

3. 多功能性的结构设计

多功能性的结构包装设计体现了产品与包装一体化设计的理念。它是指包装在满足基本物理功能的前提下，通过结构和形态的转变继而形成其他产品，从而创造新的功能价值。

这款包装采用纸板这一可回收材料，并充分利用其特性，在不需要任何剪裁的情况下通过折叠完成包装的华丽变身，转变成衣架，以此减少对资源的浪费和对环境的破坏，增加了包装的附加值（如图 4-23 所示）。它不仅在运输环节对衣物起到了保护作用，又可在实际生活中转换成可悬挂衣物的实用性衣架，避免衣服出现褶皱，同时也可减少对塑料衣架的使用。

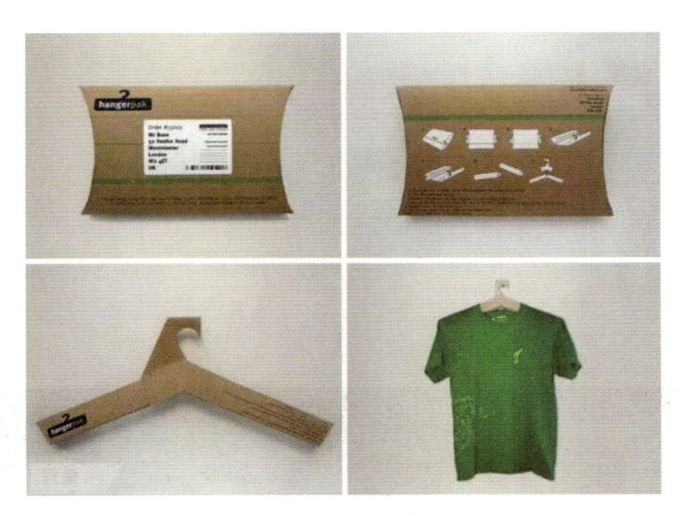

图 4-23　包装变身衣架

图片来源：https://www.sohu.com/a/118600272_503413。

（三）包装视觉语言的"绿色化"

图形、文字以及色彩等要素是构成包装视觉装潢的主要形式语言。"绿色化"的包装视觉设计即是通过简洁的图形、精练的文字以及单纯的色彩来实现。随之而来的最直接的影响就是版面油墨印刷面积的减少。将这些简化的图形、纯粹的色彩以及简洁的文字，通过合理有序的版式加以呈现，不仅能有效传递品牌与产品信息，同时也避免了不必要的图文印刷，从而降低印刷油墨版面率，最终达到绿色环保的设计效果。

1. 色彩的"绿色化"

科学研究表明，人从外界所获取的信息中，通过视觉所获取的信息达到信息总量的 70% 以上，而色彩作为一种视觉感受在传递信息方面的确有其过人之处[①]。

就当下的包装设计现状而言，很多甲方与设计师为了从视觉上提升商品的档次，刻意在包装上使用华丽而繁杂的色彩与工艺进行堆叠。如此一来，多种套色的使用大大增加了油墨的用量，进而造成油墨污染，同时也加大了包装的回收难度，最终加剧环境污染。因而包装色彩的"绿色化"设计，应在满足色彩基本表现与传达功能的同时，对色彩进行减量化设计。

知名品牌无印良品一贯以来都以无标签、重价值和无修饰作为自己的品牌理念。其产品采用简约化的包装，摒弃华而不实的修饰。尤其在色彩方面，简洁低调，毫不张扬，多以产品的本色示人。如图 4-24 所示的这款 MUJI（无印良品）的饮料包装，除文字内容外，瓶身标签上仅用两种色彩进行版面的分割，一目了然又简洁大气。

图 4-24　MUJI（无印良品）饮料包装

图片来源：https://www.shejipi.com/573149.html。

---

① 何靖.绿色包装的视觉设计研究[D].无锡：江南大学，2008.

2. 图形的"绿色化"

图形语言具有信息传播的功能，它是包装视觉语言中最重要的表现元素。目前包装中的图形要素主要有三种表现形式，即具象图形、抽象图形以及标识类。图形语言的传播功能是基于受众认知与理解的基础上，对视觉的内容进行分析、提炼与再加工，而非对信息进行简单粗暴的直接呈现，更不是对视觉元素的盲目堆砌与叠加。

具象图形的设计可在准确有效传达信息的前提下，对其进行高度概括和分析提取。在遵循设计原则的基础上，实现减量化设计。如图 4-25 所示的果汁包装，巧妙结合透明材料的特性，实现图形元素与产品本身之间的"互动"，实现果汁原料这一具象图形的精简。这不仅能提升产品体验的趣味性，同时还能减少色彩和文字的使用，从而有效减少油墨的使用，节约了资源。

图 4-25　图形动态果汁包装

图片来源：http://www.szgoing51.com/a/pp/xingyezixun/2019/1015/368.html。

包装中的抽象图形通常是指借助点、线、面等基本要素进行节奏、韵律、对比、渐变等多种形式的组合表现，使之生成富于变化的平面图形。这些抽象图形是由具象图形或者是依据产品特性高度概括、提炼而来，简洁而有秩序。简化的抽象图形同样可以有效减少色彩和文字的使用，再结合适度合理的表现手法，能呈现出眼前一亮的视觉效果，也容易引起受众情感上的共鸣。如图 4-26 这款名为"锦鲤"的日本清酒包装设计，从锦鲤身上高度提取其肌理内容，巧妙借用外包装上镂空的鱼儿造型，一尾锦鲤便栩栩如生。

图 4-26　"锦鲤"的日本清酒包装设计

图片来源：http：//www.pinlasuo.com/news_details-138.html.

3. 文字的"绿色化"

快速直观的信息传播是文字最重要也是最基本的功能。包装上大部分文字还是用于产品信息的说明和解释。虽然包装中的部分文字内容已有图形化处理的痕迹，但应始终保持其基本功能不变。也就是说，包装设计中文字的图形化处理首先考虑其识别与可读性，其次才是艺术性[①]。然而在很多时候，文字因其本身没有视觉美感而在设计过程中易于被忽视，从而导致最终版面文字布局混乱无序，不利于消费者阅读与识别，从而无法高效直接地传递产品信息。

另外，限定包装上字体使用的种类也是一种行之有效的方法。对于销售包装的版面而言，通常情况下不宜超过三种字体样式。如若包装的文本信息量很多，无法在字体种类上加以限制，此时最好采用同一家族体系内的字体，这样能保证文字视觉协调统一。

在"互联网+"的背景下，大数据也为传统包装行业注入了生机。生活中我们购买的很多商品包装上都有二维码的存在，消费者只需通过手机扫描此码便可获得产品信息。有的条码甚至内置了该商品在生产、流通以及销售各环节的信息。方寸之间只需轻轻扫描便可获取产品更多的信息，如此一来就能直接减少文字在包装上的使用，从而减少油墨的使用，避免油墨污染。

---

① 胡雅宁. 包装设计中的文字解析 [J]. 中国包装工业，2015（4）.

三、绿色设计与包装的融合路径

（一）简约化的视觉设计

简约化的视觉设计是实现绿色包装设计不可或缺的一环。具体而言，即是通过简洁凝练的图形对包装信息进行高度提炼与概括，有效节约资源；在保证色彩基本功能的同时减少色彩的使用量，缩小包装的回收难度；在保证文字要素信息传播功能的前提下，通过减少文字的种类、统一文字的风格以及合理置入可供扫描的条码等形式，达到减少油墨使用的目的。

（二）绿色化的材料选择

包装材料的"绿色化"是实现绿色包装设计的关键因素。可食用、可降解、可回收以及可再生等包装材料凭借各自的材料特性与优势，能够有效地减少资源消耗、人力成本与环境污染，从而保障包装的全生命周期符合可持续发展的要求。

（三）合理化的结构设计

通过可拆卸、可循环复用以及多功能等合理化的包装结构设计，有助于减少包装的回收成本，提高包装的回收效率，提升包装废弃物的利用价值，从而减少资源浪费与环境污染，实现包装绿色设计的目标。

四、结语

总体而言，绿色设计理念在包装设计中有很广阔的用武之地。面对当下环境污染加剧，资源浪费严重的客观现实，绿色包装设计已然成为必然趋势。我们要综合考虑产品特性与目标受众特征，在材料与工艺选择、包装结构以及包装视觉设计等各个环节，践行绿色设计理念与方法，才能保障包装全生命周期的可持续发展，从而实现资源节约与环境友好的目标。

食品绿色包装设计原则及其应用

刘勇 李立[①]

食品包装大多在物品使用后失去价值而被丢弃，常用的石油基塑料包装材料也存在着难回收的问题，这都会造成严重的资源浪费及环境污染，因此，对现有的包装设计推陈出新显得极为必要。上海市政府更是从生产到回收把控全局，相继出台严格垃圾分类政策以及限塑令。无论是回收再利用，抑或是限塑，都无时无刻不在提醒包装行业从业者，要尽快跟上时代的步伐。

一、绿色品牌设计

当今环保成为世界性话题，绿色环保即意味着健康、可持续发展。食品企业亦需趁势而上，结合绿色包装，树立起绿色环保的品牌形象，把企业对环保的重视度、参与度凸显出来，并对消费者广而告之，把企业故事讲好，让消费者接受环保型新材料，提高消费者对品牌的忠诚度，进而激发人们重复购买产品的意愿[1]。近年来，人们的消费水平不断提高，消费者们更倾向于购买有风格特点、有附加意义的商品，绿色环保则是全球认同的观点。研究表明[2]，消费者愿意为了环保型包装新材料而支付一定的费用，但对于他们不确定是否环保的包装，消费者的态度是犹豫的，因而拒绝支付额外的钱。因此，2021年6月，陶氏与蒙牛共同向市场宣布已成功实现消费后回收（Post-consumption recycling，PCR）树脂热收缩膜的商业化[3]（如图4-27所示）。品牌方宣称该新型单颗粒树脂的回

---

① 李立，上海海洋大学食品学院教授、博士生导师，研究方向：绿色包装与功能性包装。

收率可达到 100%，并在十年内回收利用 100 万吨塑料。美国品牌 Noevilfoods（如图 4-28 所示）是一家新兴的专注植物肉研发与销售的企业，该品牌的植物肉产品包装在一个未漂白的卡夫纸盒中，是一种完全可家庭堆肥包装，从内装食品到外包装都做到了绿色环保。该包装由 100% 可堆肥和可回收材料制成，使用植物基油墨和水溶性黏合剂制备。

图 4-27　陶氏与蒙牛合作的 PCR 热收缩膜 [4]　　图 4-28　Noevilfoods 植物肉可回收包装 [5]

二、绿色材料设计

在包装材料使用的创新上，目前有以下三种常用途径：第一个是减少材料使用量，在保证其应有的保护食品的性能前提下，不论是可降解材料抑或是传统不可降解型材料，通过添加其他辅料或是直接减少原料的使用都能达到环保的目的；第二个是增加消费后回收（PCR）的应用 [6]，大部分复合食品包装材料在被回收后可以被应用于一些安全卫生要求不高的领域，如建材、填料等领域；部分新型材料或单一材料包装回收后仍然具有较高的卫生安全性，如玻璃容器等，其适用范围也大大增加；第三个是开发植物纤维基材料 [7]，应用合适的制备方法，辅以其他各种原料，可以获得机械性能优良，并且可自然降解的理想材料。纸基高阻隔包装材料是时下受关注较多的一个研究方向 [8]，在食品级纸层上施加经严格设计、可工程化的涂层，制备拥有优异水蒸气/氧气阻隔性能的纸基包装材料，替换玻璃、锡等多层或金属食品包装材料，同时达到保持内容食品的新鲜度的要求。此外，在包装印刷方面同样大有文章可做，植物基油墨是一种天然染料，而对于天然染料的使用，最早可以追溯到商周时期，古代原色青、赤、黄、白、黑，称为"五色"，原色经复染、套染、媒染后可以得到"间色（多次色）"[9]。掌握了染原色的方法后，再经过套染就可以得到不同的间色。

发达国家对于环保材料的探索已初见成效。英国品牌 Accolade Wines 葡萄酒旗下的 Banrock Station 品牌宣布将推出由 100% 可重复利用塑料制成的扁平款葡萄酒瓶[10]。欧洲瓶装水行业协会（European Federation of Bottled Waters）做出预测，至 2025 年欧洲瓶装水 PET 瓶中再生塑料平均使用率将不低于 25%，并且其回收率也将达到 90%[11]。图 4-29 为 Banrock Station 的 100% 的重复利用塑料。

图 4-29 Banrock Station 的 100% 可重复利用塑料葡萄酒瓶[10]

包装材料设计，尤其是针对食品的包装，其要求更加严格，首先必须要符合食品相关产品要求/环保法规要求，其次还要符合中餐特点：多油、汤汁和热食，这就要求食品包装新材料可降解的同时还具有优良的理化性质。而作为包装，其占整个商品的价格应处于一个合理的、较低的比重，即控制相对低的成本，这就使得研发难度进一步增大。

一般来说，使用单一材料生产的产品更绿色环保，因为其减少生产过程产生的废料，在生产回收时不需要其余繁杂的分离工序，同时也能降低成本。Smithers 市场专题研究报告《单一材料塑料包装薄膜市场的未来 2025 年》指出[12]，近年来，全球单一塑料材料符合薄膜市场连年增长趋势，预计 2025 年市场规模将提升到 2603 万吨（709 亿美元），此外报告指出，全球最大的单一材料塑料包装薄膜的市场是亚太地区，市场占比为 48.6%。

三、绿色结构设计

包装结构指包装设计产品的各个组成部分之间的相互联系、相互作用的技术方式，广义的包装结构包括材料结构、工艺结构和容器结构三部分[12]。包装的结构设计可结合包装的商品进行设计，如对于较脆弱的食品选用双瓦楞纸，内附缓冲结构的纸包装。合理的包装结构设计可以有效保护内装食品，并在此基础上结合环保理念，设计出环保的包装，减少材料的使用量、提高重复使用材料的比重，根据消费者的使用习惯设计易回收型包装。过度包装是当前市场上常见的现象，2021年发布新的过度包装标准[13]对包装空隙率、包装层数、包装成本进行了规范，标准严格限定了食品中的粮食及其加工品不应超过三层包装，其他食品和化妆品不应超过四层包装，这里包装层数指的是肉眼可见的层数，而非单层包装中复合的材料层数，此外小于0.03毫米的薄膜在计算之外。同时国家标准给予了市场两年的过渡期，以避免对市场造成突然冲击。

要求包装层数的减少意在遏制过度包装产生的浪费，但这也可能对部分商品的保护效果产生不利影响，包装层数的减少，就对包装材料的自身性能提出了要求，而研发性能优秀、可回收利用的材料再进行复合，一定程度上可以改善包装保护的效果，因此优化每层材料组合或许也是一个答案；事实上，包装的创新并非全来自材料的革新，一个小的灵感同样能给包装大的改变，利乐公司（Tetra Pak）设计了一种连环盖结构（如图4-30所示），其设计为瓶盖与瓶身连接，可以有效减少使用后瓶盖被随意丢弃的现象，该项目将从2021年持续到2023年，为工厂在2024年转型生产连环盖做准备。这一举动是为了响应欧盟于2021年提出的一次性塑料指令，其中一条针对带有盖子且容积小于3升的塑料饮料瓶要求，从2024年7月3日起，市场上只能有连盖的饮料瓶。包装结构绿色低碳设计的责任不能仅仅由企业自发承担，也需要有相关的标准政策支持，从整体上把握一个包装从生产到寿命的结束[14]，采用新技术、新能源和新材料制造符合现代环保理念的包装，以达到节能减排，利于回收的目的。

图 4-30　利乐连环盖[15]

四、结语

包装设计的革新是势在必行的，在国家标准上已经有了明确的规范，同时官方宣传部门也在不遗余力地向民众传递环保理念。在此国家要求、民众接受认可的大环境下，包装设计的创新不再是可选项，而是必选项。企业在创新中要把握品牌建设，讲好品牌故事更有利于品牌的长久发展；要重视材料研发，创新研发能力是一个企业的核心竞争力；同时要在成品设计上充分结合市场调研，设计出环保、新颖、实用的包装，在达到国家标准、有利于环保的同时，也满足消费者的需求，从而得到市场的认可。

参考文献：

[1] 杨晓燕，胡晓红. 绿色认证对品牌信任和购买意愿的影响研究 [J]. 国际经贸探索，2008, 24（12）: 66-70.

[2] HERRMANN C, RHEIN S, STRäTER K F. Consumers' sustainability-related perception of and willingness-to-pay for food packaging alternatives [J]. Resources, Conservation and Recycling, 2022, 181: 106219.

[3] 蒙牛应用陶氏 PCR 树脂 [J]. 中国化工报.

[4] 行业首创！陶氏与蒙牛再度合作，助力塑料循环经济，实现包装再利用 https: //www.163.com/dy/article/GC9PEAD20538097Q.html [Z].

[5] No Evil Foods https: //www.noevilfoods.com/products/comrade-cluck/ [Z].

[6] COELHO P M, CORONA B, TEN KLOOSTER R, et al. Sustainability of reusable packaging–Current situation and trends [J]. Resources, Conservation & Recycling: X, 2020, 6.

[7] 徐铭梓，黄丽婕，张晓晓，等. 生物质纤维基包装复合材料的研究现状 [J]. 包装工程，2018, 39（9）: 16-23.

[8] TYAGI P, SALEM K S, HUBBE M A, et al. Advances in barrier coatings and film technologies for achieving sustainable packaging of food products – A review [J]. Trends in Food Science & Technology, 2021, 115: 461-85.

[9] 金鉴梅. 中国传统印染艺术特征与应用研究 [D]. 北京：北京服装学院，2017.

[10] Accolade to present rPET bottlings for Hardys and Banrock in Cannes https://www.trbusiness.com/regional-news/international/accolade-to-present-sustainable-bottlings-for-hardys-and-banrock-in-cannes/212491 [Z].

[11] 欧洲瓶装水协会：2025年瓶装水PET瓶回率达到90% https://www.sohu.com/a/306889545_261013 [Z].

[12] 孙诚. 包装结构设计 [M]. 4 版 ed. 北京：中国轻工业出版社，2014.6.

[13] GB 23350—2021 限制商品过度包装要求 食品和化妆品：[S].

[14] FOSCHI E, BONOLI A. The Commitment of Packaging Industry in the Framework of the European Strategy for Plastics in a Circular Economy [J]. 2019, 9（1）: 18.

[15] 响应欧盟塑料指令 利乐1亿美元打造连环盖生产线 塑料机械网 https://www.86pla.com/news/detail/60371.html [Z].

包装印刷全生命周期绿色评价与管理体系研发

廖盈盈　杜娟花　王洪涛　江志兰　宋波[①]

众所周知，包装印刷与人们的生活息息相关，几乎所有行业均需使用包装印刷，且需求量不断增长。《中国包装工业发展规划（2016—2020 年）》[1] 预测，到"十三五"末包装工业年收入将达到 2.5 万亿元。与此同时，包装印刷生命周期全过程消耗大量的纸、塑料、金属、玻璃、油墨等原材料与能源，同时造成大量环境排放与废弃物。随着全社会绿色发展的理念和政策不断推进落实，其巨大的资源环境影响受到广泛重视。因此，在包装印刷行业的原料生产、包装生产、使用、废弃处置、再生循环的全过程各个环节，亟待建立全生命周期绿色评价与管理体系，从技术研发、产品设计、标准制定、政策制定、消费者教育等各个方面，为全行业开展绿色设计、绿色生产、绿色供应链、绿色消费提供支撑，这对全行业实现绿色发展是十分迫切的课题。

生命周期评价方法（LCA）在国内外受重视程度不断提高，国内相关的政策措施不断出台。2015 年 5 月，国务院发布的《中国制造 2025》提出"强化产品全生命周期绿色管理""推行生态设计""打造绿色供应链"；2015 年 9 月，国务院发布《关于建立统一的绿色产品体系的意见》提出"以产品全生命周期理念为基础的综合评价指标"。2016 年 7 月，工信部发布的《工业绿色发展规划（2016—2020）》中提出"以促进全产业链和产品全生命周期绿色发展为目的，创建百家绿色设计示范企业、百家绿色设计中心、千家绿色示范工厂、百家绿色园区、力争开发推广万种绿色产品"；2016 年 12 月国务院发布的《生产者责任延伸制度

---

① 王洪涛，四川大学建筑与环境学院副教授，研究方向：全生命周期评价。

推行方案》提出,"将生产者的资源环境责任从生产环节延伸到产品设计、流通消费、回收利用、废物处置等全生命周期",尤其提到复合包装等产品;2017年10月国务院发布的《供应链创新与应用的指导意见》提出,积极倡导绿色供应链,推行产品全生命周期绿色管理,并发布了全国试点城市与试点企业名单。

目前,LCA方法标准还在不断完善,较为复杂的数据质量、回收再生建模[2]等问题,也逐步得到了解决。包装印刷行业的LCA研究较多[3～7],但目前尚未形成标准评价体系、尚未形成多级供应链共同参与的包装印刷行业全生命周期绿色评价与管理体系,这是目前急需解决的问题。本研究以纸塑铝包装的全生命周期评价为例,介绍了LCA的基本方法,提出了包装印刷全生命周期绿色评价与管理体系研发的设想,以期为包装印刷行业LCA的发展提供参考。

一、包装的全生命周期评价——纸塑铝包装为例

本研究以纸塑铝包装的LCA为例,基于《WebLCA工作指南》介绍LCA的基本方法,尤其是包装再生循环方面的分析结果。

(一)目标与范围定义

在目标与范围定义中,需要描述系统边界、功能单位与基准流、LCA研究类型、指标选择、技术代表性等信息。基本的生命周期系统边界类型有两种:一是从资源开采开始到产品出厂为止,即"摇篮到大门",一般适用于原料类产品;另一种是从资源开采开始到产品废弃再生为止,即"摇篮到坟墓",一般适用于消费类产品,也包括各类包装。系统边界其实是对LCA模型完整性的要求,包含过程清单数据、上下游过程追溯、背景数据库三个方面的完整性。

评价指标的选择应根据目标受众所关心的环境问题,选择对应的环境影响类型指标。欧盟制定的产品环境足迹评价指南(PEF)中列出了16类环境影响类型。为支持中国节能减排约束性政策目标的实现,建议国内LCA报告应至少包括表4-9所列的7种LCA评价指标。

表 4-9　常用生命周期环境影响类型指标

Tab.1 Commonly used life cycle environmental impact category indicators

环境影响类型指标	单位	方法名称	主要清单物质
气候变化（Climate Change）	kg CO_2 eq.	IPCC 2013	CO_2，CH_4，N_2O……
初级能源消耗（Primary Energy Demand, PED）	MJ	—	硬煤，原油，天然气…
水资源消耗（Resource Depletion – water, WU）	kg	—	淡水，地表水，地下水……
酸化（Acidification, AP）	kg SO_2 eq.	CML2002	SO_2，NO_x，H^2SO_4，HNO_3……
富营养化（Eutrophication, EP）	kg PO_4^{3-} eq.	CML2002	NH_4–N，硝酸盐，磷酸盐……
可吸入无机物（Respiratory Inorganics, RI）	kg PM2.5 eq.	IMPACT2002+	PM2.5，NO，SO_2……
光化学臭氧合成（Photochemical Ozone Formation, POFP）	kg NMVOC eq.	ReCiPe Midpoint（H）	乙烷，丙烷，甲苯……

不同技术代表性的同类产品的生命周期评价结果差异很大，因此需要细分。在技术代表性中，需要描述打算做一个什么种类规格、在哪个国家地区、经过什么生产过程、用什么技术、原料生产出来的产品的 LCA。在明确了技术代表性后，才能准确地收集所需数据。

本文研究产品功能单位为生产 1 个 250ml 纸塑铝包装盒，数据代表特定企业及供应链水平，产地为中国，基准年为 2016 年。产品的系统边界被界定为包括所有上游原材料和能源的生产过程、产品生产过程、原材料的运输和废弃处置过程，属于从"摇篮到坟墓"的类型，如图 4-31 所示。

1. 从摇篮到大门的 LCA 结果

对从企业收集到的数据进行整理，利用生命周期评价软件建立完整的生命周期模型，并计算得出纸塑铝包装各指标结果，如表 4-10 所示。

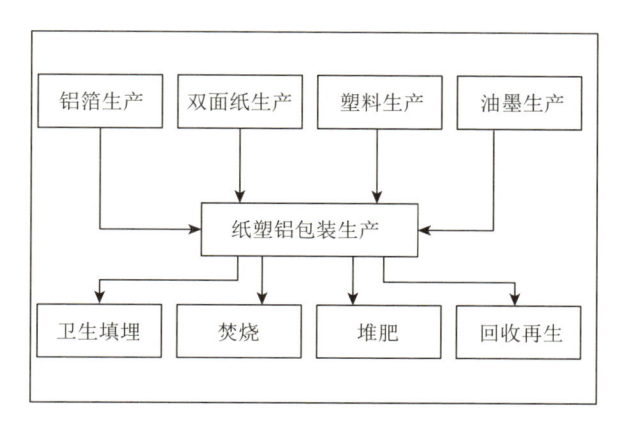

图 4-31　纸塑铝包装的生命周期示意图

表 4-10　纸塑铝包装生命周期评价结果

环境影响类型指标	单位	结果
气候变化（Climate Change）	kg CO_2 eq.	3.1×10^{-2}
初级能源消耗（PED）	MJ	0.87
水资源消耗（WU）	kg	0.11
酸化（AP）	kg SO_2 eq.	1.6×10^{-4}
富营养化（EP）	kg PO_4^{3-} eq.	6×10^{-5}
可吸入无机物（RI）	kg PM2.5 eq.	4.3×10^{-5}
光化学臭氧合成（POFP）	kg NMVOC eq.	8.1×10^{-5}

除上述指标结果之外，还可以对各项 LCA 结果进行清单灵敏度分析，系统地识别产品全生命周期各环节的改进重点和改进潜力，从而提出改进建议。灵敏度是指清单数据（各项消耗与排放数据）单位变化率引起的某一项 LCA 结果变化率。灵敏度大的清单数据既是产品生命周期改进的重点，也是提高 LCA 数据质量和结果可信度的关键。

数据质量是指目标代表性与实际代表性之间的差异，差异越大，数据质量越差。可从数据来源不确定度、数据库匹配度和数据库基础不确定度等方面对清单数据进行质量评估。来源不确定度是指收集到的数据的实际代表性与单元过程目标代表性的差异，评估项包括数据来源代表性、样本代表性、时间代表性、地理代表性和技术代表性；数据库匹配度是指目标代表性与数据库实际代表性的差异，评估项包括主要数据来源匹配度、时间匹配度、地理匹配度、种类规格匹配度；数据库基础不确定度是指数据库自身具有的不确定度。对各清单评估完成后，通过误差传递公式，将不确定度传递到指标结果上，得到各指标的数据质量评估结果。

对纸塑铝包装气候变化指标的各清单数据结果贡献率以及不确定度贡献率进行分析，结果如表 4-11 所示。

表 4-11 气候变化指标结果贡献率及不确定度贡献率

清单名称	结果贡献率 /%	不确定度贡献率 /%
铝箔	41.52	23.64
纸	28.85	22.32
填埋	9.13	0.72
塑料	7.78	0.17
电力	6.24	1.15
水路运输	4.54	8.02

从结果贡献率可看出，对气候变化指标结果贡献最大的为铝箔的使用，其次为纸的使用。铝的用量虽不大，但铝的生产过程中需要消耗大量的电力，电力对气候变化造成的影响大。纸的贡献率大主要是由于纸的使用量大，并且纸的生产过程中会消耗大量的蒸汽、电力等资源，对气候变化影响大。根据分析结果，对纸塑铝复合包装的生产提出以下三点改进建议：由于水力发电的环境影响远远小于火力发电，建议选用使用水力发电生产的铝箔；减少纸的使用量；生产过程中提高铝、纸利用率，减少废弃量。

从不确定度贡献率结果可看出，对气候变化指标的数据质量影响最大的为铝箔，其次为纸。为了提升数据质量，可对铝和纸这两个不确定度贡献率较大的数据进行迭代改进。改进方式主要包括：替换使用更可靠，与目标代表性差异更小的数据来源；选择与清单数据匹配度更高、基础不确定度更小的数据库作为上游过程。

2. 回收再生

回收与再生是循环经济的核心环节,也是包装印刷行业关注的重点,LCA 为量化评价再生循环过程的环境影响和收益提供了最佳的方法框架。

纸塑铝包装的回收和再生循环过程如图 4-32 所示。

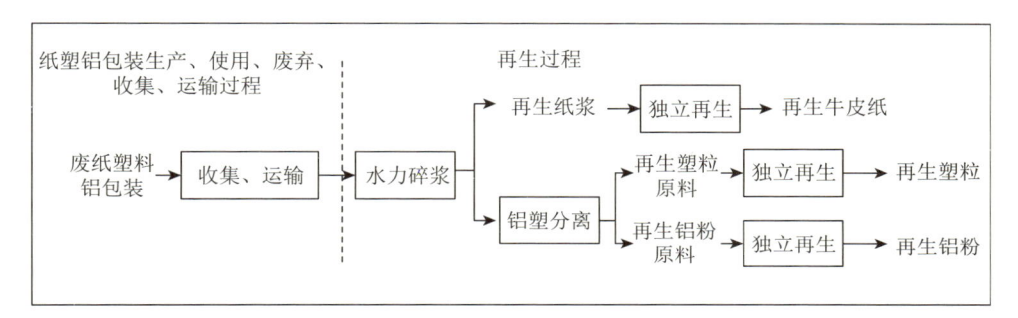

图 4-32 纸塑铝的再生循环示意图

由图 4-32 可知,计算再生过程的环境影响时,既需考虑处理过程即水力碎浆过程和铝塑分离过程的环境影响,又需要考虑再生原料替代初生原料带来的环境影响。计算公式如式(4-4):

$$\text{LCI}_{再生产品} = RM \times \text{LCI}_{处理} + RM \times B' \times EV \times Q' + \text{LCIP}' \quad (4-4)$$

式(4-4)中,LCIP' 为生产过程的 LCI 结果;RM 为再生原料的量;LCI 处理为将废弃物处理为再生原材料过程的 LCI 结果;B' 为再生材料替代初生材料的环境影响应分摊给再生过程的分摊系数,B' = 可再生材料回收率 /2,本研究中为 0.119;EV 为再生原料可替代的原生材料的 LCI 结果;Q' 为本过程再生原料的质量修正系数,即进入再生过程的再生材料与原生材料品质比,本研究采用经济比,修正情况见表 4-12。

表 4-12 再生原料品质修正

产品	纸浆	牛皮纸	塑粒	铝粉
初生产品价格 /(元 / 吨)	2200	6750	7000	16000
再生产品价格 /(元 / 吨)	1500	4100	5000	5950
修正系数(Q')	0.682	0.607	0.714	0.372

处理废包装盒的过程包括水力碎浆和铝塑分离。水力碎浆过程的产品为纸浆和铝塑混合物，再生牛皮纸、再生塑粒和再生铝粉按照产量占比分配水力碎浆过程产生的环境影响。铝塑分离过程的产品是塑料和铝粉，再生塑粒和再生铝粉同样按照产量占比分配铝塑分离过程产生的环境影响。根据本研究实际生产数据，再生牛皮纸、再生塑粒和再生铝粉重量占比分别为81%、16%、3%。故水力碎浆过程的环境影响在再生牛皮纸、再生塑粒和再生铝粉中的分配比例分别为81%、16%和3%，铝塑分离过程的环境影响在再生塑粒和再生铝粉中的分配比例分别为85%和15%。

利用生命周期评价软件eFootprint建模，分别计算得出1kg再生纸浆、再生牛皮纸、再生塑粒和再生铝粉的气候变化指标结果，并将再生材料与原生材料进行对比，结果如表4-13所示。

表4-13　再生材料计算结果及对比

类型	原生材料（$kgCO_2eq$）	再生材料（$kgCO_2eq$）	减少率/%
纸浆	1.26	0.53	-58
牛皮纸	2.57	1.49	-42
塑粒	3.85	2.64	-27
铝粉	16.60	6.82	-59

从表4-13可以看出，回收纸塑铝包装再生的纸浆、牛皮纸、塑粒、铝粉的气候变化指标值均比原生材料小，因此从减小气候变化指标值角度考虑，应鼓励该纸塑铝复合包装多回收再生。

综上所述，回收再生不仅节约了资源、减少了废弃处置量，而且相对于原生材料减小了对环境的影响。综合考虑多方面环境影响，回收再生对环境是很有益的。

（二）生命周期评价与管理体系

由于印刷包装行业技术更新快，产品种类众多，且上游还需要木材开采、油墨生产以及其他原材料生产等一系列的生命周期数据库，导致包装印刷行业的 LCA 仍停留在理论研究阶段，尚未建立标准评价体系、尚未形成涉及多级供应链企业共同参与的应用体系。为了解决这一问题，本研究提出了包装印刷全生命周期评价与管理应用体系，包括生命周期通用标准、产品标准构建，基础数据库、包装印刷基础原料数据建设，全生命周期绿色评价与管理平台开发等，体系框架如图 4-33 所示。

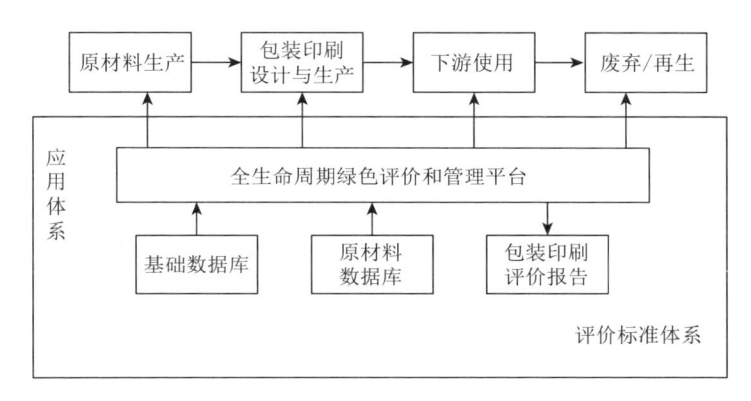

图 4-33 包装印刷行业全生命周期绿色管理应用体系

1. 标准构建

生命周期通用标准和产品标准推动着 LCA 发展，为 LCA 大规模应用奠定基础。目前，随着 LCA 研究的不断深入，相关标准已陆续发布，如 ISO14040、ISO14044 中[8~9]，都对生命周期评价与管理的要求、内容、方法步骤等做出规定。但国际上目前尚未形成包装印刷行业的生命周期评价与管理行业标准，这阻碍了生命周期评价在该行业中的应用。可参考目前已开展的试点行业发布的生命周期评价与管理标准，通过由企业申请，行业标准协会制定的步骤，制定包装印刷行业生命周期评价与管理行业标准。根据 ISO14025 以及欧盟目前已建立的 PEFCR（Product Environment Footprint Category Rules）相关标准，建议包装印刷行业生命周期评价标准应包括以下几方面内容。

（1）标准介绍：介绍标准的适用范围，适用条件，以及专有名词解释等。

（2）产品范围：产品的具体分类；技术代表性；功能单位与基准流；系统边

界；单元过程。

（3）最相关过程的解释说明：在全生命周期中，包装印刷过程最为重要的为承载物生产和印刷工艺，对这两部分进行详细阐述，内容应包括标准适用的承载物种类以及适用的印刷工艺类型，还可对其中使用的主要原辅料进行说明。

（4）生命周期清单：生命周期清单数据来源规定；必须包含的重要排放物质清单；数据缺失替代规则（由于包装印刷行业原材料数据庞大且种类众多，并非所有原材料都可以在数据库中找到，对于没有符合要求的数据，可以进行数据替换）。

（5）生命周期建模与计算

①建模：对产品建模的要求与原则进行说明，如生产过程中有副产品产生时的环境影响分配方法、数据库选择原则等。

②计算：应计算的环境影响指标及其运算单位和方法，以及按照此方法所做出的假设和局限性。

（6）结果分析：数据质量要求及数据质量评估方法说明；各代表性产品的基准值，包括特征化、归一化和加权结果，便于比较；结果中需要重点分析内容的说明，如企业需根据计算结果做出贡献率分析及改进。

（7）评价报告：对企业需提交的自我评价与声明的报告格式和内容做出规定。

（8）报告评审：第三方评审机构资质要求；评审内容与评审报告要求。

评价标准体系是包装印刷行业生命周期评价与管理规范和统一的保证。因其涵盖内容多、范围广，所以需要企业与标准制定机构共同构建，并不断完善，最终形成具有指导意义的行业评价标准。

2. 包装印刷基础原料数据库建设

数据库的缺失是影响全生命周期评价与管理的一个重要因素。中国生命周期基础数据库（Chinese Life Cycle Database，CLCD）中已包含数百种大宗原料、能源数据库，但包装印刷行业所涉及的一些原料数据库，如油墨等，仍有缺失，需要在体系建设和应用过程中逐步完善。

目前 CLCD 数据库中初步梳理了包装印刷行业所需基础原料、印刷工艺数据库。包装材质按属性分为纸类、塑料类、金属类、玻璃类、陶瓷类、织物类、竹木类、复合材料类及其他类，大部分在 CLCD 数据库中都能找到上游基础原料数据库。印刷按照工艺可分为凸版印刷、平板印刷、凹版印刷、网版印刷、数字印刷[10]，应通过实际调研建立数据库。油墨配方种类繁多，CLCD 数据库中已开展一些典型配方的油墨案例研究。

包装印刷行业原材料数据库的建立，可以解决 LCA 中上游原材料追溯困难的问题，促进全生命周期绿色评价和管理工作的开展。

3. 平台开发

全生命周期绿色管理涉及的数据量大且计算复杂，导致管理工作难度大。为了提高工作效率和结果准确性，开发了包装印刷行业全生命周期绿色管理在线平台。该平台可用于包装印刷行业产品的数据调查、生命周期建模、计算分析、LCA 报告导出（支持产品碳足迹、水足迹、环境足迹评价）、第三方审核认证等完整的 LCA 工作流程。在线平台主要作用如下。

（1）完成 LCA 建模分析

在平台中对清单数据等信息进行导入，并关联上游背景数据库后，平台可自动计算出气候变化、酸化潜值、富营养化潜值等指标的生命周期结果。同时，平台还可对结果进行分析，得出各过程对结果的贡献率大小，从而更有针对性地对贡献率大的过程重点改进。

（2）评价指标分析

在不同的标准中，需要计算的指标和结果分析要求也有所差异。平台支持根据相关标准，建立评价指标，并可根据标准内容，对结果进行定性、定量的分析。

（3）供应链管理

平台支持企业高效规范地收集、评价、管理供应链环境信息。在进行生命周期评价时，上游原材料信息可在数据库中查看，同时，该产品的信息通过数据库文档记录，传递到下游产品。

通过使用本研究中开发的在线平台，降低了评价难度，提升了评价效率和质量，也方便了产品信息的记录与传递。

二、结论与展望

随着全社会对绿色发展的关注度不断提升，对包装印刷行业进行全生命周期绿色评价与管理的需求也随之上升。目前，评价方法已基本建立，并且还在不断改善，但大规模应用体系仍未建立。从目前已试点的多个行业，如电池、涂料、IT设备等，都证明完善的应用体系是行业绿色评价的基础，起着规范与推动的作用。本研究提出构建的全生命周期评价与管理体系，可大大降低评价与管理工作的难度，提高工作效率和工作质量，帮助企业更好地完成绿色评价与管理工作，为LCA方法在我国包装印刷产业中的大规模应用奠定了基础。

在今后的研究中，会对体系不断地加以改善和更新，并且依据行业标准，形成统一的全生命周期评价与管理模板，使得包装印刷行业全生命周期评价与管理更加规范与统一。

参考文献：

[1] 羽佳. 中国包装工业发展规划（2016—2020年）[EB/OL].（2016-12-20）[2017-11-06]. http：//news.pack.cn/show-339405.html.

[2] European Commission. Product Environmental Footprint Category Rules Guidance [EB/OL].（2018-5-10）[2019-04-12]. http：//ec.europa.eu/environment/eussd/smgp/PEFCR_OEFSR_en.htm.

[3] 王志慧，王洪涛，黄娜，等. 纸塑铝复合包装材料的碳足迹评价与认证 [J]. 环境科学研究，2012, 25（6）：712-716.

[4] 马海龙. 印刷油墨的生命周期评价 [D]. 大连：大连工业大学，2011.

[5] Minghui X, Qi Q, Qihong S, et al. Life cycle assessment of composite packaging waste management—a Chinese case study on aseptic packaging[J] . The International Journal of Life Cycle Assessment, 2013, 18（3）：626-635.

[6] Jingnan Z, Xiaolei M, Jian G, et al. Life cycle assessment on environmental effect of polylactic acid biological packaging plastic in Tianjin[J]. IOP Conference Series: Earth and Environmental Science, 2018, 189（5）：1-11.

[7] Diego M, Felipe Luiz B, Heloisa R, et al. Environmental improvement in the printing industry： the case study of self-adhesive labels[J]. Environmental Science

and Pollution Research, 2019, 26（13）： 13195-13209.

[8] ISO14040: 2006. Environmental Management-Life cycle assessment-Principles and Framework[S]. Switzerland： International Organization for Standardization, 2006.

[9] ISO14044: 2006. Environmental Management-Life cycle assessment-Requirements and Guidelines[S]. Switzerland：International Organization for Standardization, 2006.

[10] 刘映平，王利婕，童贞.《包装印刷材料分类》和《包装印刷产品分类》2 项国家标准的制定及其影响分析 [J]. 包装学报，2018, 10（2）： 87-90.

生命周期评价在包装产业应用的发展机遇与挑战

邵芬娟　刘志民[①]

2020年9月22日第75届联合国大会上,习近平主席提出中国将不遗余力地完成2030年"碳达峰"和2060年"碳中和"这一历史任务,这对于中国来说无疑是一次挑战,与经济快速发展相伴而来的是资源的大量消耗以及环境的持续污染,这一战略实现道阻且长,同时也是难得的机遇,必将开启中国能源结构改革与再生资源回收的深度革命进程。生命周期评价(life Cycle Assessment,LCA)是国际上应用最广泛的包装系统评价和环境管理工具。

一、LCA 简介

(一) LCA 简介

生命周期评价是对产品或服务"从摇篮到坟墓"全过程中资源、能源消耗以及环境负荷的影响,并提出减少这些影响的建议或措施。世界上第一个生命周期评价的案例是1969年美国中西部研究所(MRI)对可口可乐的饮料瓶进行的从最初的原材料采掘到最终的废弃物处理的全过程跟踪和定量分析,这是公认的生命周期评价研究开始的标志,也给目前的生命周期清单分析方法确定了基础。

[①] 邵芬娟,博士,上海出版印刷高等专科学校讲师,上海市绿色包装专业技术服务平台兼职研究员,研究方向:包装材料全生命周期评价;刘志民,博士,上海出版印刷高等专科学校讲师,上海市绿色包装专业技术服务平台兼职研究员,研究方向:包装材料全生命周期评价。

（二） LCA 应用及意义

LCA 目前在石油、化工、电力、矿业、冶金、电子、航空、水泥、陶瓷、食品、烟草、酒、饮料等很多行业应用比较成熟。生命周期评价对经济社会运行、可持续发展战略实施、环境管理系统建立具有很大的意义。LCA 的应用有以下 6 点优势。

（1）有助于企业在产品开发、技术改进中选择更有利于环境的最佳"绿色工艺"；

（2）应用 LCA 有助于企业实施生态效益计划，促进企业的可持续增长；

（3）帮助企业有步骤、有计划地实施清洁生产；

（4）可以比较不同地区同一环境行为的影响，为制定环境政策提供理论支持；

（5）可以为授予"绿色"标签——产品的环境标志提供量化依据；

（6）对市场营销进行引导，指导"绿色营销"和"绿色消费"。

二、 LCA 在包装的应用场景及案例

（一） LCA 在材料方面的应用——快递包装材料的优化选择

近年来，中国快递行业飞速发展，带动了经济的发展，同时相关环境问题逐渐凸显，研究表明，若不实行有效的措施对快递包装予以控制，预计 2025 年中国快递包装材料消耗量将达到 4127.05 万吨，带来庞大的资源负担和环境压力。目前快递包装主要采用不可降解材料聚乙烯，这类材料的大量使用不仅造成资源浪费，同时对环境产生巨大影响，因此开发绿色环保的材料来代替聚乙烯尤为迫切。聚乳酸材料被发现是制作快递袋的首选可降解材料（如图 4-34 所示）。通过采用 LCA 对相同功能单位的聚乳酸快递袋和聚乙烯快递袋进行对比分析，发现在原材料获取阶段，聚乳酸对全球变暖潜能值（GWP）和非生物资源耗竭潜能值（化石燃料）（AD）的影响是聚乙烯对二者影响的 37% 和 62%，由此看来聚乳酸快递袋取代聚乙烯快递袋对于缓解全球变暖、化石能源消耗方面具有积极作用。

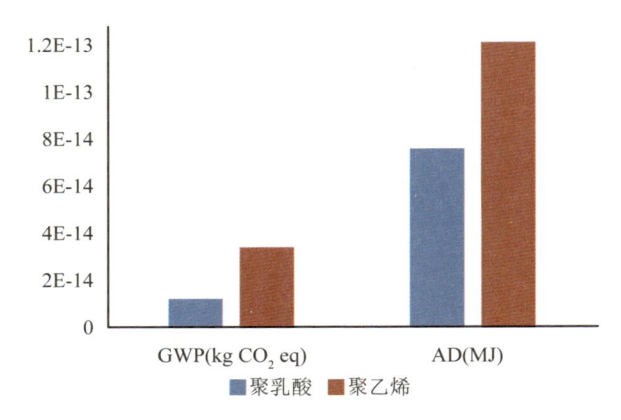

图 4-34　聚乳酸快递袋和聚乙烯快递袋对 GWP 和 AD 的影响

（二） LCA 在包装设计方面的应用——电器包装结构设计

在产品包装设计中注意减少包装废弃物排放、节约有限资源和保护外部环境，并将此理念贯穿于包装产品的整个生命周期评价（LCA）中。青岛海信对空调室外机瓦楞纸包装箱的设计进行优化，保留其能够固定、防护缓冲件的功能，简化其防护品侧面冲击的部分，新的瓦楞纸箱设计方案，能够减少瓦楞纸用量 60%～70%。我国年产分体空调近 2000 万套，仅这一个品种每年就可以减少瓦楞纸板消耗近 3.2 万吨。创维集团采用自行研发的瓦楞纸板和蜂窝纸板相结合的包装方式，使自己的包装成本降低了 20%。TCL 对纸箱设计进行改进，通过对纸张的楞型、克重、箱型以及衬垫材料等进行改进后使成本降低了 10% 左右。

（三） LCA 在包装生产加工方面的应用——覆膜和涂层工艺比较

随着时代的发展，单纯的印刷已经不能满足人们的需求，需要进行比如上光、覆膜、模切、压痕、烫印、压印、糊盒等印后加工工艺。在这些工艺中，上光与覆膜有着相似的效果，应用非常广泛，也具有较好的发展前景。覆膜，是在印刷品表面覆盖一层透明的塑料薄膜，这些薄膜美观，光泽好，价格低廉，但是它们不能被腐蚀，同时也不能被降解，加上其为纸塑复合物，回收困难，对环境造成白色污染。上光是在印刷品表面涂（或喷、印）上一层无色透明的涂料，经流平、干燥、压光以后，在印刷品表面形成薄而均匀的透明光亮层，目前采用联线比较多，联线上光速度快、效率高，加工成本低，而且减少印刷品的搬运，不过联线上光对工艺和设备要求比较高。通过 LCA 对覆膜和上光油工艺进行了对比分析，选择相同功能单位的产品为研究对象，通过计算得到上光油工艺对全球变暖潜能值（GWP）和非生物资源耗竭潜能值（化石燃料）（AD）占覆膜工艺对二者影响的 19% 和 1.2%。在综合各方面均可以实现的情况下，尽可能选择比较环保的生产加工工艺。

（四） LCA 在末端处置阶段的应用——利乐包装

末端处置阶段是包装废物进入生命周期末期之后，进行最终处理处置的重要阶段，对于改善包装全生命周期环境影响具有重要的意义，利乐包装一直走在前沿。利乐包中 75% 的成分是纸浆，剩下的 20% 和 5% 分别是塑料和铝箔，对其进行回收再利用，体现了废旧物资循环利用系统的发展理念，完全符合"碳中和"的发展道路。以 2020 年我国利乐包总投放量 700 亿个约 70 万吨为例，按照 40% 的回收率，至少有 28 万吨的利乐包能够得到回收利用，这些废旧利乐包用于生产再生纸浆、再生塑料以及再生铝粉，相比使用原生材料来生产纸浆、塑料和铝粉减少约 36 万吨的碳排放。

三、 LCA 在包装产业的机遇与挑战

中国已成为世界包装大国，但在品种、质量、新品研发能力以及经济效益等方面，与发达国家还存在一定的差距，生命周期评价目前已经引起了人们的广泛关注，与企业的可持续发展有着密切的关系，必将给企业乃至行业带来一定的机遇与挑战，使得我们国家包装产业蓬勃发展。

（1）企业通过开发新材料、新工艺、优化设计等实现资源消耗最低、生态环境影响最小化和可再生率最大化等，做到绿色产品、绿色工厂、绿色企业、绿

色供应链等，进而提升竞争力。同时，还可以享受到金融机构提供的优惠利率融资。

（2）不断地完善系统性基础数据资源的收集和基础数据库资源库的构建，进而为 LCA 在包装行业的发展和应用奠定扎实的基础。

（3）清洁生产、节能减排等相关政策法规需要不断完善，同时需要将 LCA 的应用不断推广。

（4）建立定量和定性相结合的技术评估制度。鼓励将生命周期评价与多属性综合评估、成本效益分析和专家辅助综合评估等定量技术评估工具进行结合，提高评估过程的科学性和结果的客观性。

（5）互联网经济的发展将会鼓励和推动智能包装的发展，为包装朝着数字化、绿色化发展，提供了新的机遇，使得我们包装的发展更上一个台阶。

低碳化、绿色化是包装产业实现高质量发展的必经之路，包装企业应主动顺应时代潮流，未雨绸缪，主动谋划转型升级，在激烈的国内国际竞争中牢牢把握主动权！

参考文献：

[1] 史玉. 基于 LCA 的快递包装环境友好型评价 [D]. 大连：大连理工大学, 2021: 20-25.

[2] 包敖望. 瓦楞纸箱包装的绿色设计 [J]. 中国包装工业，2006（2）：54.

[3] 叶聪贤，钱庆荣，曹长林，等. 碳中和目标下利乐包的高值化回收利用 [J]. 再生资源与循环经济, 2022, 15（2）：34-38.

[4] 马宇辉，曹军瑞，姜天翔，等. 废利乐包资源化回收铝及制备活性炭研究 [J]. 环境工程技术学报, 2019, 9（6）：631-636.

[5] 石语. 倡导绿色发展 利乐公布"2020 环境目标"[J]. 绿色中国, 2013（4）：71.

第五章
行业典型案例

始于源头　终于末端　绿色循环

上海树人木业有限公司 2005 年注册成立,是上海首批获得木包装出口 IPPC 热处理资质、国内第一个全面使用进口木材生产木质包装的企业,也是具备欧标托盘生产及维修资质的企业。2011 年度进入中国包装百强企业;2012 年被上海市包装技术协会认定为行业集中采购平台,第三届上海包装 50 强企业;2017 年获评上海市"三星级诚信创建企业";连续十五年获上海市包装五星级企业称号;2021 年实现了质量、环境、职业健康安全三大管理体系的全覆盖。树人木业一贯秉持绿色循环理念,在坚持物理加工、绿色生产的同时,努力从源头和末端探索木质包装产品全生命周期的绿色管理方法,摸索出了"三定尺"包装原材料供应链和木质包装逆向物流两条可行的路径,取得了很好的社会经济效益。

一、始于源头,供应链全程把控

加松在中国推广的期初,树人木业就加入了引领进口的行列,是第一批从加拿大采购 SPF 用于木包装的企业,实现了针叶材全球采购,十年前就被上海市包装技术协会认定为上海市木包装行业集中采购平台,是木包装进口原料名副其实的行业引领者。

近几年,树人木业逐步摸索出一条推动物流标准化的创新路径,就是根据欧标、中标托盘的成规尺寸不断开发三定尺托盘料的上游渠道,以此来推动托盘加工的标准化、托盘产品的标准化、物流的标准化。凭借三定尺原料贸易量的加大,这条起于源头的路径不仅能够有效推进物流标准化,而且带来了多方面的优势:

三定尺原料的海运优势:首先是集装箱空间利用率的进一步提高,据统计,传统规格木包装原料在一个 40 英尺集装箱中的平均装载量是 45.2578 立方米，三定尺的平均装载量是 48.5575 立方米，提高了 7.29%；其次大量由欧美返空箱回到国内的 20 英尺集装箱可供三定尺原料选用，改变了单一选用 40 英尺集装箱的局面。

三定尺原料的储运优势：由于规格尺寸更加"迷你"，相对于传统规格原料来说，三定尺原料对仓储空间、运输车辆的要求变得更加灵活，不再一味追求"高大上"。

三定尺原料的贸易优势：由于单件三定尺原料的平均立方数从传统规格原料的平均 3.6723 立方米下降为 1.0716 立方米，这就使得采购、销售的单元缩小了三分之二，交易变得更加灵活顺畅。

三定尺原料的加工优势：工厂买来三定尺原料就可以直接装订加工成托盘等包装产品，加工效率明显提高、能耗明显降低；材料利用率基本上是 100%，比传统的原料至少提高 5 个百分点。截至目前，树人木业已与国外多个锯木厂建立了三定尺原料的供应关系，近三年进口三定尺原料 3 万立方米，经济效益和社会效益十分可观。

二、终于末端，全生命周期管理

树人木业秉持"谁生产谁回收谁处理"的社会责任和"全生命周期管理"的绿色理念，主动作为延伸产业链，在废弃物资源利用方面，从 2018 年 8 月份开始组建木质包装逆向物流暨绿色循环项目组，平均每年回收废旧木质包装产品 2300 吨，采取分级分等、区别利用的方式，形成了二手产品、二手原料、废料处理等三个环节的循环，真正做到了物尽其用，碳排最低，对环境友好。2021 年 11 月 1 日，在上海市包装技术协会的指导下，树人木业及其子公司枞人包装科技作为牵头单位组织编制的"木质包装逆向物流技术规范"正式发布实施。

木质包装逆向物流就是将退出应用场景的木质包装产品予以回收、分类、处置，整个过程分为以下四个步骤（见图 5-1）。

第一步是回收之后的分拣。将回收来的废旧木质包装产品分为四类：第一类是可以降级降等销售给客户直接作为包装产品循环使用的；第二类是非主要部件损坏、修理之后可以再次投入使用的；第三类是整体损坏比较严重但可以拆出部件原料，进入再制造加工体系使用的；第四类是零散的不成材的废料，进入破碎流程。

第二步是拆散、零散的废料破碎。项目组与设备生产厂家一起研发，经过近两年的努力，研制出了理想的专用破碎设备。

第三步是木屑生产及其收纳。做到同时满足安全生产、（扬尘）达标排放、便于收集和取送、便于储存和运输等多方面的要求。

第四步是木屑的去向。经过反复对比权衡，把木屑销售给牧场，作为动物"产房""婴儿房"的垫料，与动物的排泄物混合之后作为新型的有机肥回归到土地，这就让木质包装产品原料的起始点和终点完全重合，实现了其全生命周期完全闭环的真正的绿色循环。

图 5-1　木质包装逆向物流示意图

三、绿色循环，大数据布局碳汇

树人木业从供应链的源头——国外锯木厂开始，将绿色理念体现在供应链全程设计、把控，把契合最终使用者的材料尺寸设计出来，有效优化、把控整个供应链，对选箱、海运、储运、交易、加工等整个供应链的优化起到了"初始化"的作用，单是集装箱利用率提高 7.29%、材料利用率提高 5% 这两项，就可以理解为单箱的海运效率提高了 12.29%，或者说运输同样数量的木材就可以节约 12.29% 的集装箱，其显著的经济价值和节能减排的意义可想而知。同时，逆向物流项目组瞄准"高效物流、物尽其用、环境友好"，努力宣贯团体标准《上海市木质包装逆向物流技术规范》，从木质包装的生产、使用企业的产量、回收量，到循环使用的二手产品量，再到木屑产量等，全过程分类统计不下十大类的数据，相信这些数据将有利于链上所有企业统计"碳积分"，也将有利于他们在"碳交易"中实现对主业的反哺，有利于"碳达峰""碳中和"目标的顺利达成！

始末齐发力，首尾成闭环，树人木业坚守"上进心，走正道"的核心理念，努力达成"百年树人，服务全球"的愿景！

生物降解材料提升快递包装绿色附加值

山联（长兴）新材料股份有限公司是由浙江山联新材料科技有限公司等投资主体组建的股份有限公司。项目落户浙江省湖州市长兴县郎山工业园。总投资10亿元人民币，注册资金2.68亿元人民币。主要生产拥有自主知识产权的PMU无机·生物降解材料（PMU粒料）、MU薄膜胶带系列及MU瓦楞包装系列。产值可达28亿元人民币。项目用地110亩，一期占地46亩。该项目列入2018年浙江省重大产业项目，2019年底通过国家高新技术企业验收，获"绿色工厂"称号，胶带及包装箱获国家邮政局颁发绿色产品证书、荣获2020年度邮政行业科学技术奖三等奖、2021年度中国商业联合会科学技术奖全国商业科技进步奖一等奖。

公司一直以来专注技术创新和技术进步，加大对研发的投入，企业目前申请专利70多项，已授权35项含5项发明专利。并在欧美、日韩等国家申请了国际专利，并与上海有机研究所等建立产学研联系。参与制定国家标准1项；牵头制定浙江制造标准1项、无机改性生物降解材料及制品的系列团体标准3项；企标3项。山联公司主要生产3大项目：MU胶带、MU瓦楞箱、PMU粒料；PMU粒料可应用于各种生产工艺，包括但不仅限于流延、吹膜、注塑等；绿色包装都是由山联自主完成，包括MU胶带和MU瓦楞箱。

一、无机·生物降解材料在产品中的应用

PMU无机·生物降解材料的主要成分是碳酸钙，即$CaCO_3$，占比55%～75%，另外还有20%～40%的食品级的PMU聚合物，再添加5%左右的MU助剂，经过物理高分子超分散活化处理后，将超分散活化后的原料加以熔融、密炼后挤

出造粒制成 PMU 粒料。

PMU 材料具有以下几大特点。

（1）节能减碳：山联公司用 60% 左右的碳酸钙资源替代了对应的不可再生的石油基能源；并且山联已经完成碳足迹认证，报告中指出，在厂区范围内产生的碳排放量仅占生命周期内碳排放量的 1/4 左右，减碳排放率可达 75% 左右。

（2）可循环重复使用：用 PMU 粒料制成的产品，因其性能好，强度高，可增加使用次数，即减少了原料的消耗。

（3）可回收：不影响现有塑料的回收体系，可跟随一次性塑料制品一起回收再造。

（4）可清洁焚烧：可转化成另外一种清洁能源：热能发电；焚烧时无有毒有害气体排放，充分燃烧后的残留物也只有钙粉，并且微颗粒残留远小于万分之一，对此都有相对应的权威机构检测报告。

（5）可降解：降解依据的标准是 ASTM D5511，等同于 ISO 15985：2014，等同于 GB/T 33797—2017：在高固体分堆肥条件下最终厌氧生物分解能力测定，也就是平时所说的在土壤的厌氧环境里，通过微生物的作用，即可自然降解。降解报告中指出，耗时 779 天，降解率可达 90.3%，并且以一定稳定的速率在持续降解。

（6）成本优势：PMU 粒料的价格接近传统塑料，是生物降解塑料聚乳酸（PLA）价格的 30%～35%。

（7）可塑性能好：可以适应各种生产工艺，并且产品性能达到各方面的使用要求。

（8）不改变生产设备和工艺：在使用 PMU 无机降解粒料生产过程中，只需将原料更换成 PMU 粒料，不需要添加、更换设备，或对当前制造机械进行任何改造；对温度、压力等数值进行微调，即可生产成品，并且不会影响产品的性能。

（9）可天然抗菌：山联依据国际 GB/T 31402—2015，对用 PMU 粒料制成的产品进行了表面抗菌检测，结果显示，在未做任何抗菌表面处理或添加菌剂的情况下，其对大肠杆菌的抗菌率可以达到 84%。

以上概括可以用"三无""三不争"来诠释产品研发理念。

三无：即在生产粒料和生产产品的过程中，不排废水、不排废气、不排废渣，对人身安全和环境没有任何危害；消费者在使用食品级、医用级 MU 产品过程中，不会对健康产生任何危害，有相对应的检测报告；使用完产品后，产品的处理对地球没有危害，处理后残留物为无机钙粉、气体等，过程被称为取之于地球，回归于地球。

三不争：不与人类争粮食。在生产粒料的过程中，原料成分组成就是碳酸钙+PMU 聚合物＋助剂，无须消耗粮食作为原料。不与畜牧业争资源。在生产粒料的过程中，不需要消耗牛、羊等畜牧业所需的粮草，产品使用也不会对土壤产生危害。不与自然环境争生态。生产粒料过程中，不加一滴水，不排废水和有毒有害气体；被使用后的 MU® 产品，是对产品中的 PMU 聚合物进行焚烧或降解，残留物为钙粉，所以不与大自然争抢资源。

二、绿色代表性工艺及相关技术

PMU 无机·生物降解材料的整个制作过程推行清洁生产：采用少废、无废的生产工艺技术和高效生产设备，不用有毒有害的原料，减少生产过程中的各种危险因素和有毒有害的中间产品，优化生产组织，实现清洁、高效的利用和生产。

MU 胶带：胶带的薄膜完全由 PMU 无机·生物降解材料流延制成，生产无毒无害，属于绿色生产，并且对生态环境没有任何污染；涂布的胶水是水性环保胶水，无毒无害，粘性强且撕下后不会留有胶印；MU 胶带在使用时，不会产生刺耳的噪声，没有任何异味，并可以定制多种颜色和印刷图案，断边容易寻找和继续使用，不会造成胶带因找不到断边而废弃使用。

MU 瓦楞箱：MU 瓦楞箱完全是由 PMU 无机·生物降解材料制成的，生产时因模切产生的边角料，可现场密闭粉碎回收再造，达到零废料的环保要求；MU 瓦楞箱用 3 层替代了传统纸箱 5 层，性能方面耐破强度高，抗压性好，且防水、防潮、防霉、防菌，整体浸入水中后拿出，性能不会衰减，可继续使用，保温性能好，MU 瓦楞箱也可以定制各种颜色和印刷 LOGO；MU 瓦楞箱因性能优异可多次使用减少原料消耗，废弃后可以清洁焚烧，转化成热能发电，并且无有毒有害的气体产生，无 VOC 的排放，几乎没有塑料微颗粒的残留；也可以填埋处理，在厌氧环境中通过微生物的作用可生物降解，周期约两年。

三、产品认证和未来展望

山联公司的 MU 胶带和 MU 瓦楞包装箱在 2020 年获得了由国家邮政管理局颁发的绿色证书，并纳入了国家的绿色名录库；2020 年山联公司制定了 3 项企标，3 项团标，参与定制了"浙江标准"和国标 GB/T 39084《快递封装用品 绿色产品评价》，2021 年在权威机构做了关于原料的碳足迹的认证，获得了认证报告，并获得了碳足迹证书，减碳可以达到 75% 左右，2021 年下半年获得了由国际机构 INTERTEK 颁发的关于 PMU 粒料的降解证书"绿叶认证"。

山联公司本着"绿色山联，环保世界"的愿景，秉承"关爱环保、绿色设计、清洁生产、污染预防、持续改进"方针，在全国乃至全球的节能减碳中，在减塑、限塑、禁塑和发展循环经济工作中，努力不懈地为中国、为人类、为地球的意义重大的环保事业，做出自己力所能及的贡献！

绿色、智能、数字化道路引领包装产业转型发展

龙利得股份始建于 2000 年，扩建于 2006 年，是印刷包装行业著名企业，是上海市著名商标、上海市名牌产品。2011 年投产的龙利得智能科技股份有限公司于 2020 年 9 月在深交所 A 股成功上市，也是中国包装印刷行业高端产品的先进制造商，是高新技术产业的典范，包装工业发展的新起点。2017 年投产的奉其奉印刷科技（上海）有限公司，是国内包装行业首批两化融合项目。公司是一家集先进制造业应用、智能制造、两化融合应用、印刷科技、各类纸包装容器设计研发、现代精细化综合服务为一体的国家高新技术企业、国家印刷示范企业。

龙利得拥有一支高水平的专业技术人才队伍和 300 余项专利技术产品，配有标准化的研发、设计与实验中心。以丰富的创新能力和创造能力，助力客户拓宽市场领域；以科技创新为品牌价值，不断提升自身市场地位和产品地位，努力成为市场高端产品的领导者。通过多年的业务布局，龙利得始终在长三角地区保持竞争力，逐步在生产过程中实现绿色化、自动化、智能化、数字化，产品技术性、功能性，产品质量，快速响应和服务，以及品牌形象和客户资源方面形成优势。

一、打造企业"工艺技术"核心竞争力

1. 自行设计、开发集成形成的生产过程自动化、智能化优势

公司通过自行设计和自主研发的软件，将产自多个国家领先的设备连接，达到了生产过程的自动化、智能化，提高了公司精细化服务的能力，降本增效。公司被工业和信息化部遴选为国家级两化融合管理体系贯标试点企业。在龙利得的上海工厂，近 15000 平方米的厂房有两条流水线，仅有 8 名人员在岗，负责操作

软件。其他"员工",都是单臂机器人、码垛机器人、AGV（自动导引运输车）等自动化装备。据估算,采用传统技术的工厂要达到这家工厂的产量,需要超1000名工人。

针对前道纸板生产工序,公司基于个性化设计,建造了领先的瓦楞纸板超高速/全自动生产线,整线实现了自动化控制。针对生产工序、工艺更为复杂的后道纸箱生产工段,公司与设备供应商共同参与,把选自德国、意大利、日本、中国台湾等国家、地区国际领先的智能设备,进行综合配置组装,从而实现了工业自动化,包含了运营物流智能、操作流程智能、产品转换智能、仓储智能及生产流程信息化智能五大部分,实现了优化车间生产计划和调度、生产任务查询、生产过程监控、智能数据采集、质量检测与控制、物料跟踪、原辅料消耗控制等功能,优化了生产过程和现场管理,减少了人力、场地等要素消耗。

2. 自行研发和技术积累实现产品技术性、功能性优势

通过多年的研发、积累,基于独特的设计和创新的工艺,公司实现了瓦楞包装产品在技术性、功能性方面的领先。公司申请了与纸箱产品设计、结构、功能有关的专利技术200余项。以轻量化、高强度为技术理念,公司采用新型产品结构设计,加强承重面层数,降低非承重面的层数,整体降低原材料的使用。同时,通过对瓦楞楞型相关的楞高、楞率、楞距等核心参数的调整,在满足相同物理指标的情况下降低原材料的使用。

基于专用剂喷涂的涂层技术,公司除能够实现纸箱产品的防渗水、防渗油、耐酸、防锈、抗摩、抗静电等性能外,还能实现部分特殊功能,例如能够通过涂层技术将普通牛卡纸变成食品接触用纸,符合相关国家标准并得到国际权威机构认证；能够制备可疏水防潮、防紫外抗氧化、防腐保鲜且材料天然易降解、对人体和环境无危害的包装纸,并获得了国家发明专利授权。

基于高清环保水性印刷技术,采用无毒、无害、无味、无挥发性有机物油墨,大大减少了胶印或者其他印刷方式油墨中连接料、填充料中产生的如VOC（挥发性有机化合物）、有机溶剂等对于环境或者操作人员有危害的排放,在保证绿色环保的同时具有良好的印刷质量,实现对传统胶印技术的替代。公司在2017

年荣获全球印刷业最具影响力的印刷产品质量评比赛事"美国印制大奖"柔性印刷瓦楞纸箱类的铜奖。

基于对纸箱成型结构的超常规设计，提高了包装美观度，使得产品更有竞争力，实现了纸箱的便携、可高码垛，并使得客户在使用和打包的过程中能实现高度的自动化，更稳定高效。同时，纸箱成型结构的变化还能够降低材料成本，为客户和公司双方降耗增利。

二、绿色产品与高质量优势

公司建立了系统完善的产品质量控制体系，通过了 HACCP 危害分析与关键控制点认证、SA 8000 社会责任体系认证、FSC 森林认证、ISO 9001 质量管理、ISO 14001 环境管理、BRC 食品质量和安全管理、ISO 45001 职业健康安全管理和 ISO 22000 食品安全管理等认证，为生产高质量的产品提供了有力的保证。

公司配备了先进的生产和检测设备，制定了贯穿产品研发设计、原材料采购、产品生产、产品出厂等各环节的质量管理制度和质量控制体系，使得公司产品质量可靠并具有可追溯性。同时，在新产品的开发方面，公司长期跟踪瓦楞包装新产品和新技术方面的发展动态，在将研发成果转化为产业化生产时，建立了有序、高效的质量保证体系，为新产品快速投放市场提供了保证。

三、快速响应和服务优势

依托较先进的生产工艺和丰富的技术储备，公司从设计开始，为客户提供精观、高强度、轻量化的绿色环保包装印刷产品方案，并在客户认可的基础上提供后续的定制、生产、配送、售后等一系列的服务，为客户提供"一站式"的包装综合服务方案。

为保证对客户的快速供货，并降低客户仓储成本，凭借多年的经验积累和技术水平，公司将生产过程中的生产线布局、机器配置、仓库设计、人员配置、生产进程控制等环节细分量化，并将各类数据通过信息系统集成处理，利用处理后的数据信息自动控制各个生产环节，使得公司具备快速计算成本、准确制定报价单、灵活协调生产、及时供货到位的能力，能够有效应对"多、散、快"的订单，满足客户的及时交货要求，提高客户的经营效率，节约费用。同时，公司通过 OA 系统、信息化设备等使得客户能够实时掌握订单的生产情况，并通过客户的反馈及时了解客户需求。

四、绿色转型发展理念

公司的发展目标是"致力于为客户提供一站式的包装服务，坚持开发中高档瓦楞终端产品"。未来公司将继续秉承"科技引领市场，创新改变未来"的经营理念，致力于绿色环保的瓦楞包装产品的研发、设计、生产，逐步扩充公司主营产品生产能力，不断优化现有产品结构和生产工艺，以技术性、功能性印刷包装产品开发为突破口，在防渗水、防渗油、防锈、抗静电等包装技术领域不断创新，实现高清、高网线印刷，逐渐突破关键技术，并通过有效的市场营销，稳步提升品牌形象和市场竞争力。

目前龙利得又在上海市奉贤区创建一个文化科创园，力争打造一座基于文化产业工业 4.0 的无人智慧工厂，形成一个现代化工业走廊，旨在建立一整套涵盖高科技纳米印刷文化印刷在内的瓦楞工业全生命周期的绿色生产体系。同时，积极倡导绿色数字印刷，研制溯源追踪包装印刷、分子纳米超导印刷、国家保密许可印刷等先进印刷技术；积极契合上海奉贤"东方美谷"产业，研制并应用配套高端结构性印刷为主题的变色印刷等特种印刷，引领胶印走向数字印刷、绿色印刷新领域；加快实现创新驱动，打造发展新引擎，推动数字化网络化发展，提升智能化信息化水平。借助当前上海正呈现的资源聚集、黏性增强的态势，龙利得新建的工厂将充分释放无人智慧、工业 4.0 的优势，发挥互联网、物联网、大数据等的作用，着力提升生态维度，打造新平台，创建新市场。我们将以绿色、循环、可持续发展为使命，赋予更多的文化符号，提升现代文化价值、展现人文荟萃，为上海文化印刷产业的转型升级添砖加瓦，并探索出一条特色之路。

科技创新引领绿色包装新视界

希悦尔致力于为食品和物品提供妥善保护，帮助客户解决在包装方面遇到的关键挑战，让我们的世界变得更加美好。希悦尔拥有 CRYOVAC® 快尔卫® 食品包装、SEALED AIR ™ 保护性包装、AUTOBAG® 自动化包装系统和 BUBBLE WRAP ™ 包装等领先的包装解决方案，帮助打造更高效、更安全、更少浪费的全球食品供应链，并通过物流包装解决方案保护运往世界各地的物品完好无损。希悦尔运用在科学、工程和创新领域领先的专业能力，推动商业、行业与消费者生活变革。2021 年，希悦尔实现了 55 亿美元的销售额，拥有大约 16500 名员工，为全球 114 个国家的客户提供服务。希悦尔将开发新一代可持续性解决方案，包括包装材料、自动化系统、智能化服务，帮助节约资源，创造显著的长期价值。

一、可持续包装产品及服务

1. 食品包装解决方案

希悦尔的食品包装解决方案旨在打造更高效、更安全、更少浪费的全球食品供应链，服务领域涵盖新鲜红肉、熏肉和加工肉、禽肉、乳制品、餐饮等，主要终端产品解决方案包括真空贴体包装、真空包装袋、可微波即食餐、收缩拉伸底封包装、流体包装、烤箱袋、拉伸膜包装、烘焙食品包装、定量泵送包装、蔬果包装等。

2. 食品包装设备

根据食品包装领域客户独特的市场需求，希悦尔还能提供不同型号的设备，包括气调包装设备（见图 5-2）、真空贴体包装设备、拉伸膜包装设备（见图 5-3）等。作为 SEE ™ Automation 的一部分，希悦尔在肉类包装创新方面进行了大量投入，并在快尔卫®设备中实现了跨越性的进步。希悦尔全新设计的肉类包装设备囊括了多种功能，包括基于视觉的产品标识，机器摆放就位，到装袋、真空处理、表面处理、质量保证和机器装箱等。

一向秉持创新为核心竞争力的希悦尔，致力于设计先进的新功能，使我们的设备更易于连接，更易于学习和操作，更符合人体工程学，对操作者更加安全。凭借设备、行业知识、材料和服务这四大要素的独有组合，无论是优化单条生产线，还是设计整个车间，希悦尔都能根据具体需求定制全产线自动化解决方案。

图 5-2　希悦尔气调包装机　　　　图 5-3　希悦尔膜制袋包装机

3. 保护性包装解决方案

希悦尔通过高效的产品包装解决方案来促进商业发展，保护全球商品流通，服务的领域涵盖消费电子、工业制造、电商物流配送、冷链配送、快消品、仓储自动化等，提供的解决方案包含自动化包装系统、邮寄信封、表面防护、空间填充、固物定位与支撑、缓冲保护、温控包装等。

4. 保护性包装设备

除了材料和服务，希悦尔的自动化包装设备是希悦尔整体解决方案的重要一环，希悦尔提供一系列全自动或半自动包装设备（见图 5-4、图 5-5），帮助客户高效打包，快速发运。当包装速度跟不上生产速度，人工包装破损产品增多，包装区域的占地面积难以扩增，以及运营和产出发生变化时，企业可以考虑引入合适的自动化设备。

希悦尔的包装自动化可以帮助企业提高生产效率，无须增加人手就可以发送更多包裹。同时，也可以帮助企业在运营时间内完成更多工作，释放资源，重新分配给品控以便真正完成增值的工作任务。

图 5-4 希悦尔收缩设备　　　　图 5-5 希悦尔自动装袋设备

二、科技创新实践案例

（1）希悦尔高阻隔冷鲜肉真空收缩包装

作为肉类企业一个可能的运营增效和风险管理工具，有潜力帮助企业获得更多稳定的利润。结合相关应用条件，该方案可使肉品保质期大幅延长。肉品在储存和运输的同时，在包装内自然熟成嫩化，避免发生风干损耗、氧化、表面变色变质带来的修割损失。主要可持续性优势：

① 可降低包装渗漏率、加快生产速度、提升生产效率并减少产品和包装的浪费；

② 在相关应用条件下，相比气调包装，可帮助延长产品货架期，减少食物浪费和资源消耗；

③ 多层共挤技术，将各功能层复合在数十微米的厚度内，提高了生产速度，同时降低了薄膜废边的废料损失；

④ 相对于胴体，真空包装肉品每车可多运 30%，从而降低单位运输成本。

（2）希悦尔的电商直发包装设计作品"Korrvu® 固卫优® 紧固一体盒瓷器套装"

这套"固卫优瓷器套装"在 2021 年 ISTA 第二届中国运输包装设计大赛中荣获最佳创意奖。该包装集展示功能和保护功能为一体，以简单的瓦楞纸板和薄膜，将 8 件套瓷器紧紧定位在礼盒中，实现减量化礼盒包装；该套装一方面展示瓷器优雅的外观和通透的色彩，另一方面使瓷器不产生晃动和位移。它的通用性十分灵活，只需更换底部的纸片模块，就可满足不同的定制需求。它不仅拥有可定制化的精美外观，还经过运输保护性测试，达到直发运输保护等级．适用于电商物流等全渠道销售模式。主要可持续性优势：

① 从源头上实现包材减量，可大幅节省包装材料，满足低碳环保的可持续需求；

②达到直发运输保护等级，不再箱子套箱子，减少运输体积，从而减少能耗和碳足迹。

值得一提的是，希悦尔的固位优悬空紧固系列获得了第一届快递绿色包装认证，同时，希悦尔的新型钻石结构紧固包装作为"绿色包装类"入选 2020 年邮政业绿色产品、绿色技术、绿色模式名录库。

三、未来展望

希悦尔采用生命周期思维定义可持续包装，倡导从设计、研发、生产和销售各个端口实现可持续包装。希悦尔强调，包装不应该以废弃为终点。相反，我们应该打造可回收和再利用的包装闭环，希悦尔与 Bradburys Cheese、Tesco、Plastic Energy 和 SABIC 合作，在全球率先实现了食品软包装闭环循环。希悦尔正在和众多合作伙伴一起努力，以期将这种革新的技术推向全球。

希悦尔曾致力于到 2020 年减排 25%，最终以 43% 的减排幅度超额完成目标。希悦尔承诺，在 2040 年实现二氧化碳净零排放（Net Zero），到 2025 年将能源强度降低 17%，到 2030 年降低 28%，助力全球实现减排目标，将全球变

注：在希悦尔全球运营和供应链范围内。

暖限制在仅比工业化前水平高 1.5℃，到 2025 年将用水强度降低 17%，到 2030 年降低 28%，到 2025 年将运营中温室气体排放强度降低 30%，到 2030 年降低 46%，到 2025 年将产品和流程废物的填埋和外部焚烧量减少 85%，到 2030 年减少 100%。为了实现这一目标，希悦尔正在努力打造可持续的解决方案，并采取创新手段，帮助消除资源浪费。这些手段包括设计和改进包装解决方案，实现 100% 可循环再生或可再利用，保证所有包装方案平均使用 50% 循环再生成分，寻求与全球合作伙伴的合作，提高循环再生使用率和再利用率等。

希悦尔正在推动无接触、数字化和可持续的未来，包括正在使用云平台和互联设备帮助客户做出更智能、更快速响应的运营决策，自动降低运费成本，减少人工支出，缩短停机时间；以及正在大力投入智慧材料的研发，以期提高运营效率，降低质量风险，并让消费者通过数字技术获得良好的品牌体验。

创新引领　数字赋能　绿色转型

昆山科望快速印务有限公司（以下简称科望印刷）创立于1998年，不断转型升级由商务印刷转为精品包装印刷，公司位于江苏省昆山陆家镇，占地面积4万平方米，员工300人，过去3年在人员未增加的情况下，实现销售额翻一倍，且稳定增长，人均产值近100万元/年。在过去20多年的经营管理中一直秉承着"诚信、卓越、创新、高效"的经营理念，将企业打造成国际品牌客户高信赖度的精品包装合作伙伴及内部员工高成长平台，2021年销售额近3亿元，2022年预计销售额3.5亿元。

科望走的是一条绿色智能化发展道路，2018年建成2万平方米智能工厂和2000平方米智能立体仓库，配上国际一流曼罗兰顶配印刷设备。公司高度重视研发，每年研发投入占比均在5%以上，印前导入ESKO专业包装设计软件，过去几年陆续荣获昆山市"专精特新"中小企业、高新技术企业、苏州绿色印刷工程技术研究中心、昆山市科技研发中心的平台，省级智能车间、省级两化融合重点培育企业、国家绿色重点印刷企业。

科望在传统印刷包装行业有着近30年的经历，和众多传统制造企业一样，一直不断摸索持续发展道路，科望印刷从2003年色彩控制的数据化，2004年导入ERP管理系统流程信息化，2006年实现版房自动化，2011年实现印前智能化、厂房绿色化，2018年实现物流及存储智能化，科望的智能化发展道路坚定且不断持续探索，基本实现设施自动化，生产管理标准化，营销服务化，产品个性化，工厂管理智能化、数字化。2019年启用的智能工厂，实现智能化生产、各系统网络化协同和自动化物流以及客户的个性化定制，达成快速高效的智能化生产闭环模式，2021年自有数字化信息化平台搭建，整合了ERP、MES、WMS和OA系统，并在上下游进行优化，成为行业内首个拥有自有系统控制平台，成为行业智能化转型成功标杆和信息化建设领头羊。

一、企业产品介绍

科望为国际知名化妆品、食品、高档电子产品品牌提供高档包装印刷品，产品包含：精品礼盒、单卡盒、手提袋、文宣品，通过引进行业顶配设备依照世界级品牌客户对包装品的极限要求，优化工艺，个性化改造定制设备，最终形成现今全球最顶级、印刷工艺最多的绿色环保印刷方案。

相较于普通印刷工艺流程，配置了联线冷烫工艺，可实现先烫后印，一个印刷工序可完成20多种不同工艺组合，在设计上更灵活（各类图文、多色彩、多材质、多工艺），同时在产品展示上花纹更加精细、镂空文字更细腻，且可实现金属色渐变效果，大大提高了客户产品的展示延伸效果，提升消费者体验感，传达精品品牌意识。

升级增加 InlineColorPilot 联线色彩控制系统和 InlineRegister 联线套准控制系统，可以在全速生产过程中全自动地对印刷色彩和套准进行测量、控制和调整，无须抽出印张。可实现印刷上百万张印刷不偏位，且色彩色温等保持统一，极大提升生产流程的工作效率。同时整批次色彩稳定性更好，减少了生产浪费，传统印刷通过人工检测，依靠机长经验校准，且印刷段无历史印刷记录无法追踪，现通过绿色烫金工艺大大降低了不良品比率，不良率由原来的千分之七下降到千分之三。

新增 UV/LED 固化技术。传统烘干器烘干效率仅 30%～50%，新型 LED UV 固化技术烘干效率是传统 UV 烘干方式的 4 倍，且无臭氧，更加健康、安全、节能、环保，耗电仅是传统 UV 烘干方式的 1/5～1/4，固化速度更快，效率更高，可在各种承印材料上实现更鲜艳的色彩，提高生产力，明显降低成本。

配备同步换版系统让原本需要 10 分钟完成的工作只需要 52 秒完成，效率提升 10 倍，同时通过特殊机组排列设置，印刷最高速度可达到 18200 张/时，相较传统印刷速度提升 40%，成为世界效率最高、性能最先进的印刷系统，且在工艺操作上大屏幕显示，让技术人员在智能化操作系统上进行操作，操作手感工作愉悦感更强。

通过优化工艺、升级设备，印刷后的精品包装产品主题更突出，从单调呆板、以色块显示的平面图画，全面升级为色彩艳丽、光泽丰富、层次分明、形象生动的多维立体构象的装潢艺术精品。

绿色联线冷烫系统是全球印刷界最领先最新型印刷工艺，充分展示精品包装的特性，通过工艺、色彩、设计传达产品背后的理念和功能特色，为品牌客户提升产品附加价值，项目实施主体在利用高新技术提升品质的同时创造出更符合客户需求的增加附加价值的产品，增强客户黏性。绿色烫金创意工艺在精品包装上已得到国际及国内知名品牌客户的认可，近50%高端客户已相继从原来传统的印刷工艺升级为绿色冷烫创意工艺。

在印前设计端，科望采用的是线上3D实景模拟客户购买场景，客户可在线上与设计师、工程师及生产机台联动，线上线下结合，通过在线模拟消费者购买场景直接看三维立体效果，后台产品参数及印刷数据联机线下印刷设备组件制作打样，个性化定制产品速度更快、有效共享并整合数据，加快周转，效率更高，同时增强客户真实体验感，带动包装印刷行业转型升级更加智能化、便捷化，以及定制化发展。

二、企业绿色转型发展的实践案例

科望印刷使用工业4.0绿色智能化生产模式通过绿色化生产、各系统网络化协同和自动化物流以及客户的个性化定制，达成快速高效的绿色化工业4.0闭环模式，科望公司"产品美、环境美、人更美"的经营理念，为世界级品牌客户提供高品质及高信赖的精品包装整体解决方案，打造新型世界级高端绿色化智能包装印刷综合体。在绿色化道路上我们从以下四个方面进行。

（1）建设绿色化工业4.0智能工厂，能效、坪效提升，通过智能车间在系统、整体布局上做改善，效率更高，更节约人力资源及节约生产周期和效能。

（2）生产过程控制（制程工艺优化），使用数码制版CTP、免酒精润版液印刷、免冲洗版结合UV环保油墨；

（3）机台设施改进升级，使用 UV 印刷机并增加 LED 烘干、印刷联线作业；

（4）产出三废处理，使用 VOC 低温等离子光催化系统、新风系统空气净化（每小时 6 次）、集中供气用电量能耗下降 30%、废水处理系统（每年可节约 60%～70%）、洗车水集中蒸馏回收重复使用（节约 50%）（见图 5-6）。

图 5-6　绿色印刷

生产模式通过工业互联网将智慧工厂、智能立体仓库和智能生产连接，印前模式通过手机 3D 实景体验，将线下实体看样品交流转化为线上模拟实景确认效果，从而实现人、产品、信息、设备、服务的融合，将思想创意轻松落地，通过工业 4.0 闭环模式让所见即所得。

印刷设备接收到工程发送的客户订单指令后，根据后台数据实施印刷动作，完成印刷工序的产品由海外进口 AGV 智能机器人接收，并根据指令输送到下一工序，后道机台完成成品，由智能机器人输送到自动打包制程，打包完成的产品自动进入智能立体仓库，整个工厂物料流转全机器人操作，全程数据跟踪，能实时掌控整个生产过程，确保效率和品质。

六千库位智能立体仓库，利用自动化存储设备同计算机管理系统的协作来实现仓库货物的立体存放、自动存取、标准化管理，可大大降低储运费用，提高仓库空间利用率。实现无人仓库或黑灯仓库，在 2000 平方米的面积上产生出近 10 倍收益，降低成本、提高效率，通过自动仓储、自动搬运、自动化生产设备、自动化检测设备与信息化软件进行集成，对生产过程实现数据采集、过程监控、TPM 设备管理、质量管理、生产调度以及数据统计分析，从而实现生产现场的信息化、智能化和柔性化的智能制造管理（见图 5-7）。

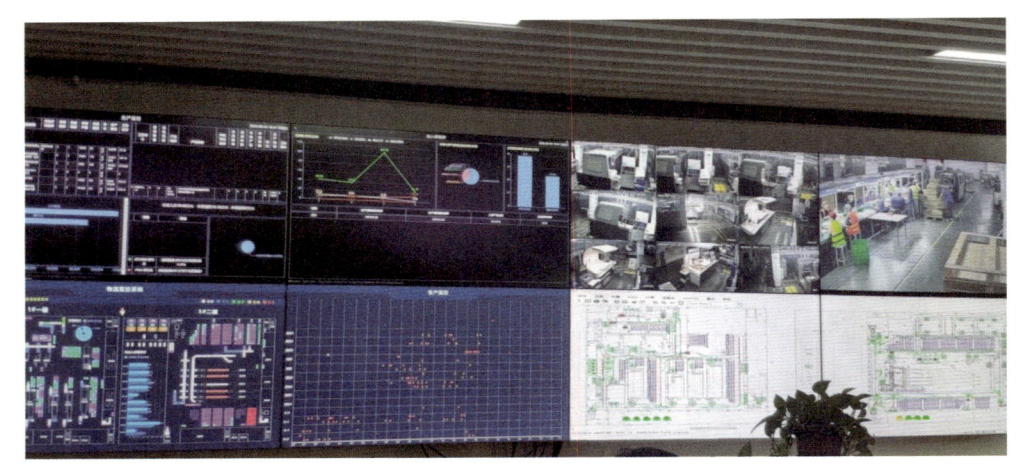

图 5-7　数字化管理

三、相关产品认证或未来展望

科望印刷贯彻 ISO 9001 质量管理体系和 ISO 14000 环境管理体系要求，获得国际森林认证、食品认证以及中国环境标志产品认证证书，科望通过设备的智能化、数据的自动化采集和现场异常控制警报系统在生产过程严格按照产品工艺流程和操作规程执行，出厂严格按照产品检验标准进行检测，从原料采购到最后产品检验都经过严格的把关使产品质量得到保证，为客户需求产品品质保驾护航。未来的科望一定是数字驱动，我们将在搭建数据平台、建数据驾驶舱、数据智能分析、SaaS 平台化、数字中台 +BI，形成一个产品数字化、制造数字化以及服务数字化和组织全数字化新科望，通过数字化实现市场转型、业务转型、企业增长，成为行业发展的新形式。

无溶剂复膜胶助力软包装产业高质量发展

康达新材料（集团）股份有限公司（以下简称康达新材）成立于 1988 年，注册资金 2.52 亿元，注册地上海市奉贤区雷州路 169 号，国有控股企业，职工总数 580 人。公司 2012 年于深交所上市，股票代码 002669。康达新材是国内较早从事中高端胶粘剂及新材料产品的研发、生产和销售的企业之一。经过三十多年的深耕，公司品牌效应和市场影响力日益凸显，已逐步成长为胶粘剂细分领域龙头企业。公司坚持研发为基础，市场为导向，打造一个以技术创新为驱动力的内生型企业。

公司是国家高新技术企业、中国胶粘剂和胶粘带行业典范企业、上海市科技小巨人（培育型）企业、上海市"专精特新"中小企业、上海市创新型企业、上海市制造业百强企业。公司研发中心是国家级企业技术中心、上海胶粘剂工程技术研究中心，成立有国家企业博士后科研工作站。公司检测中心是德国船级社 GL 认可实验室、国家 CNAS 认可实验室、上海市高分子化工新材料检测服务平台。公司通过了 ISO 9001：2015 质量管理体系认证、IATF 16949：2016 质量管理体系认证及 ISO 14001：2015 环境管理体系认证。

一、企业产品介绍

公司产品主要包括环氧胶、聚氨酯胶、丙烯酸胶、SBS 胶粘剂等八大系列、数百种规格型号的产品，产品广泛应用于风电叶片制造、软包装材料复合、轨道交通、船舶工程、汽车、电子电气、建筑、机械设备及工业维修等领域，其中风电叶片用环氧胶、聚氨酯胶、丙烯酸胶等多项产品性能达到国际同类产品的水平。

在软包装领域，如图 5-8 所示，康达新材研发出国内首个无溶剂环保型聚氨酯胶粘剂，打破国外技术垄断，成功填补国内空白，达到国际先进水平。在降低生产成本的同时实现复合过程的 VOCs 零排放，从源头解决了软包装企业 VOCs 治控问题，推动行业节能减排，获得上海市高新技术成果转化项目 1 项。产品年产能 2 万吨，年销售额 2.6 亿元，国内市场占有率 25% 以上，稳居国内第一，出口泰国、马来西亚、韩国、菲律宾等东南亚、南亚国家。

图 5-8 康达新材无溶剂环保型聚氨酯胶粘剂系列产品

与此同时，公司开发出国内首个改性丙烯酸酯胶见图 5-9，年产能 2000 吨，销量一直为国内企业第一，国内市场占有率 25%；应用于电子、高铁、轨道交通等环保胶粘剂整体技术达到国内领先水平，经济效益显著。

图 5-9 康达新材丙烯酸酯胶、电子胶系列产品

康达新材聚焦风电新能源、绿色软包装、电子、高铁、轨道交通、纺织面料复合等领域，致力于新材料胶粘剂的研究与应用事业，不断加强产学研等创新要素和创新资源整合，公司产品的开发、生产引领了国内的胶粘剂向高端、节能减排的转型发展，实现多品种隐形冠军，奠定了康达新材在胶粘剂行业内的龙头地位。

二、企业绿色转型发展实践

康达新材料（集团）股份有限公司是国内首家成功开发并批量稳定生产无溶剂聚氨酯复膜胶的企业，打破国外技术垄断，产品性能达到国际先进水平，产品国内市场占有率为25%。

康达新材生产的无溶剂聚氨酯复膜胶有良好的操作工艺性和最终的剥离性能，主要特点如下。

（1）使用性能好：在操作温度下，混合黏度在 1000 mPa·s 以下，实际可操作时间在 30min 以上且对多种复合材料有一定强度的粘接力，拥有良好的耐 100℃水煮（121℃蒸煮）、耐酸、耐盐及耐油等性能，操作方便，应用性能良好。

（2）安全、卫生有利于环境保护：无溶剂型聚氨酯复膜胶没有有机溶剂挥发造成对环境的污染，也没有任何刺激性气味。复合制品没有残留溶剂损害问题，不会有异味和毒害问题，并消除了溶剂对印刷油墨的侵蚀。实现了清洁化生产，有利于环境保护。同时，由于不含有机溶剂，没有火灾、爆炸的危险，不需要溶剂的防爆措施，也不要贮存溶剂的设备和库房。

（3）节约能源降低成本：复合设备省去了庞大复杂的加热鼓风、废气排风装置，设备简单、占地面积小；复合过程中，不需要经过烘道排除胶粘剂中的溶剂，节能显著；单位面积上胶量少，胶料耗用成本低；生产线速度明显提高，复合最高速度可高达 400m/min 以上，一般亦在 200m/min 以上。

康达新材开发的国内第一款通用型无溶剂复合产品 WD8118A/B 黏度低、操作时间长、具有良好的操作性能，流平性好、复合镀铝结构外观好，适用性广泛、对多种薄膜具有优良的粘接性能，且能够耐 100℃水煮 30min，已在市场上广泛应用多年。开发的功能型无溶剂聚氨酯复膜胶 WD8262A/B 通过不同多元醇官能团的引入设计，自创合成低黏度耐高温多元醇和改性环氧树脂使胶水达到高强度、耐高温、耐介质性能；通过植物油改性技术和偶联剂增加浸润性技术实现良好的流平性和油墨兼容性，实现了印刷 PET/Al 和 PET/VMPET 等难粘的功能型材料的复合；复配催化体系，自创合成的固化速度调节剂在保证足够长的操作时间的基础上缩短后期熟化时间。该产品打破了国外无溶剂产品在双阻隔结构上垄断，成功替代部分溶剂型胶粘剂应用于双阻隔和铝箔蒸煮耐介质结构，推进了无溶剂胶粘剂在高端领域的应用。

三、相关产品认证和未来展望

康达新材无溶剂聚氨酯复膜胶所用研发、生产原料符合美国 FDA§175.105 条和我国的 GB9685《食品容器、包装材料用助剂使用卫生标准》中的规定，不存在对人体有毒有害的助剂或添加物。并且每批原料使用前都必须经过严格的检验，所有性能完全达标后进行生产。生产过程严格按照产品工艺流程和操作规程执行，出厂严格按照产品检验标准进行检测，从原料采购到最后产品检验都经过严格的把关使产品质量得到保证。

康达新材生产的无溶剂聚氨酯复膜胶通过美国食品药物规范 FDA CFR 21.175.105 认证、欧盟 RoHS 指令 2011/65/EU 及其修订指令（EU）2015/863 认证，并符合 GB 9683 复合食品包装袋卫生标准中与胶黏剂有关项目要求、GB 9685 食品安全国家标准 食品接触材料及制品用添加剂使用标准的相关要求。产品被上海市产品毒性质量监督检验站确认为无毒级产品，被上海市包装技术协会绿色包装委员会评为绿色包装产品。

无溶剂聚氨酯复膜胶应用于软包装材料的复合工艺技术已经相对比较成熟，发展较为迅速，因其优异的环保、节能、高效、低成本以及良好的食品安全性能等优势，加上国家政策的引导和国家强制标准的制定，无溶剂复膜胶必将是软包装用胶黏剂的发展趋势，并将得到更大的推广和应用。

绿色包装长效设计，让生活更美好

山鹰国际控股股份公司（股票代码：600567，以下简称山鹰国际）是以产业互联网、绿色资源综合利用、工业及特种纸制造、包装产品定制等为一体的国际化企业，连续六年荣获《财富》中国500强。中印科技股份有限公司（以下简称中印科技）是山鹰国际创新研发中心孵化的一家科技型企业，公司凭借天然纤维基原料、再生纤维原料、再生可回收材料的原料优势，致力于开发更节能的工艺设备和更易循环快吸收的材料，并设计从源头到回收全生命周期环保的产品，替代市场上相对不够环保便利、处理成本高的产品。

一、绿色生态研发理念

"碳达峰""碳中和"目标的提出为我国绿色循环经济发展指明了方向。中印科技自成立以来一直坚持"碳减排"的理念，秉持从"摇篮"到"摇篮"的可持续再生循环理念，遵循"4R"设计原则，即减量化（Reduce）、再利用（Reuse）、再循环（Recycle）、再制造（Remanufacture），从源头选择可降解环保基材进行材料研发和应用。

公司的愿景是成为地球的健康使者，为地球的健康提供易循环、快吸收的低碳产品。公司产品遵循长效设计的原则，从原材料、设计、加工、使用、丢弃、回收、填埋、焚烧全生命周期进行考虑，最大限度降低对环境的损害。

中印科技致力于研发绿色低碳对环境友好的产品，主要产品包括生态包装制品和生态商品两大类型。

二、绿色生态包装制品

（一）无墨印刷文件封

传统文件封原料为灰底白板纸，通常由废旧杂志报纸制成，含有大量的油墨残留及粉尘杂质，废纸回收需要进行脱墨处理，纤维短小且强度较小，使用过程会大量掉毛掉粉，遇潮湿天气出现湿软变形，对运输文件的保护性能较弱。传统文件封通常使用胶印印刷，油墨 VOC（挥发性有机化合物）残留高，产生大量的污染气体。

中印科技自主研发了无墨印刷设备见图 5-10，利用光能和热能在天然纤维上进行图文识别，进而在卷筒纸上实现无墨打印的功能。无墨印刷在生产上更加节能环保，整个生产过程中不使用任何油墨和印版，还可以有效缩短新品打样时间，真正做到零 VOC 排放，提升纤维回收品质。

图 5-10　公司自主研发的无墨印刷设备

公司与顺丰速运合作，将无墨印刷技术和击凸工艺结合，使用母公司山鹰国际自主生产的低定量高强度 100% 再生牛卡纸作为原材料，成功开发出无墨印刷文件封（见图 5-11），各项物理使用性能指标均达到规定要求，且潮湿环境下挺度更高，撕开信封时不会产生粉尘，产品在投放市场后获得用户高度认可。该产品采用无墨工艺替代传统印刷,击凸文字和图案替代传统打印,综合成本节降5%。并且,生产过程零油墨耗用,无制版环节,产品交付周期缩短50%。经测算,若每年50亿个传统文件封被替代,全年将减少纸张耗用1万吨,油墨耗用量减少1600吨,减少生产环节碳排放5万吨。

图 5-11　无墨印刷文件封

（二）气泡缓冲纸

目前快递包装市场普遍使用气泡膜、珍珠棉等塑料包材,这些包材在生产过程中会产生大量VOCs和固体废料,易静电吸附粉尘和微塑料,危害人体健康,且塑料包材难以回收,无法降解。而市面上现有的纸基包材（如蜂巢纸）的缓冲性能和塑料包材相比仍然存在较大差距。

中印科技自主研发了气泡缓冲纸见图5-12,采用山鹰国际特种高强度原生木浆制作,原纸由FSC（森林管理委员会）认证工厂生产,无毒无害,缓冲性能接近塑料包材,优于其他纸基竞品,满足防撞、防摔、防震性能,且包装材料100%可回收循环再用,缓冲纸袋如图5-13所示。

图 5-12　气泡缓冲纸

图 5-13　缓冲纸袋

（三）无塑涂层纸

传统的塑料袋和淋膜纸袋在生产过程中会产生静电，易吸附灰尘。从材料回收角度看，塑料包装袋和淋膜纸袋不可降解，回收价值较低。

中印科技自主研发的无塑涂层纸，使用可持续森林木浆纸，微涂水性涂层，产品可降解，可以直接进入回浆系统循环再用，真正做到 100% 可回收。并且，该产品基于可持续生产的理念，由 FSC 认证工厂进行生产，生产过程低能耗、无污染，产品品质优越，提升防水、防油性能，无毒无害，达到食品安全级。

对客户而言，品牌商通过使用无塑涂层纸包装，可以用水性无塑涂层代替塑料包材，提升绿色环保负责任的企业价值，提升品牌商企业形象。

三、绿色生态商品

長島生活™为中印科技绿色生态商品自有品牌，谨怀着对自然的尊重、珍惜、感恩，该品牌产品原材料均为可回收材料，产品废弃后可循环再用。長島生活™也因此获得中国权威机构认可颁发的《绿色产品认证证书》。

图 5-14　長島生活™ 商品案例

四、未来展望

包装工业是中国制造业的重要组成部分，涉及国家各种产品的生产、流通、贸易、消费，以及再生资源的回收利用等。随着国家"双碳政策"和"限塑禁塑"

相关政策持续出台，绿色消费逐渐成为社会潮流，绿色、低碳、环保将成为包装行业未来发展的长期趋势。

随着生产工艺和技术水平的不断提高，以纸质包装为代表的绿色低碳产品已经可以部分替代塑料包装、玻璃包装、金属包装等多种包装形式，应用范围越来越广。由于纸质包装可再生利用，绿色环保，可较好地提高经济效益，是市场经济的理想选择，也是循环经济的发展方向。在此背景下，品牌商和生产商十分关注绿色低碳产品的开发和应用，确保性能满足消费结构升级的趋势。但是，从包装行业发展现状来看，绿色低碳产品还属于成长期，新材料要想替代现有成熟方案，必须在设计、生产、加工、包装、物流、回收等各环节开展广泛的合作和探索，才有可能将低碳环保产品进行落地，推向市场以获得更广泛的应用。

作为低碳绿色产品长效设计的先锋兵，中印科技会一如既往地保持严谨负责的专研态度、激情高效的行动效率、孜孜不倦的创新精神，与产业链伙伴强强联合，秉持绿色、低碳、环保的目标，与全球时尚前沿艺术家合作，提升低碳产品美学设计水平，促进消费者认知理念转变，努力推动环保成为时尚潮流。

包装科技创新助力品牌商防伪溯源

一、企业简介

　　天臣集团初创于 1999 年，由天臣微纳米、天臣控股等 8 家公司组成，总部位于中国上海，拥有天臣总部湾、天臣微纳科技港和天臣研究院三大产业基地，致力为客户提供防伪溯源和特种包装整体解决方案。天臣是贵州茅台酒（53 度飞天茅台）三代防伪追溯产品的独家供应商，是四川五粮液、剑南春、泸州老窖、MHDC、金沙酒、广西中烟、UGG 等 40 多个国内外著名品牌和机构的长期合作伙伴。天臣集团依托上海防伪工程技术研究中心、复旦•天臣联合实验室和天臣研究院，在高科技防伪溯源和创新包装、材料领域的技术开发、应用与服务上，始终保持业界领先地位。

二、包装产品创新技术应用案例

　　3D 云膜是天臣自主研发的一种集微光学、微纳米加工及微缩印刷于一体，兼具包装和防伪功能的全视角裸眼 3D 薄膜材料，具有动态、立体的图文效果，效果新颖独特，视觉冲击力强，防伪技术难度高。天臣 3D 云膜厚度为 50～80μm，立体景深可达 15mm，立体图文可根据客户需求，定制成图像、LOGO、英文、文字、数字等各种形态，更好体现客户品牌特性，从而更直观表现客户品牌的辨识度。天臣 3D 云膜可与猫眼、全息、浮雕等光刻工艺完美结合，并兼容纹理、压纹、凹凸等所有后道工艺。云膜可与纸张复合，制作成酒盒、化妆品盒、食品盒包装，并可制作成瓶装类标贴，不仅能大大提升产品美观度，还具有防伪功能。同时，3D 云膜还可以作为防伪标签的基材，与 RFID、二维码结合，实现产品的防伪追溯。

应用案例：日本 NMN 健康品——局部 3D 云膜包装

该 NMN 产品是日本某知名公司一款高端健康产品。根据客户对产品包装升级和防伪追溯功能的需求，天臣为其提供了"局部 3D 云膜 +RFID 防伪追溯"的整体解决方案（见图 5-15）。包装的局部云膜定制 3D 图文"NMN"，并与光刻浮雕、猫眼等印刷技术结合，视觉新颖，品牌更易识别，防伪技术难度高。在 3D 云膜包装基础上增加 RFID 标签，可实现产品生产、仓储、物流及销售的全流程追溯管理。

应用案例：塔牌本原酒——3D 云膜瓶标

塔牌作为中国知名黄酒品牌，以回归传统手工黄酒本真的酿造工艺和理念，隆重推出了高端黄酒产品"本原酒"系列。天臣集团为"本原酒"量身定制了"3D 云膜 + 浮雕"防伪瓶标见图 5-16。该防伪瓶标将 3D 云膜和浮雕技术完美结合，3D 底纹定制为"本"字样，表面采用浮雕技术呈现"本"字，瓶标整体呈现出极具震撼力的裸眼 3D 视觉效果，效果新颖，具有极强的防伪特性。

图 5-15　NMN 健康品——局部 3D 云膜包装　　图 5-16　塔牌本原酒——3D 云膜瓶标

三、未来展望

多年来，天臣致力于科技、环保产品的研发，为客户定制具备"高科技""可降解""高防伪性"的特种防伪包装和材料。天臣不仅在技术和产品上进行创新，也一直在探索服务模式的创新。在与客户的合作中，会针对客户痛点，挖掘更深层次的需求，并为之提供一站式量身定制的解决方案。未来，天臣将在绿色和可降解材料上持续创新，并在为客户提供全赋能的解决方案上，做出更大胆、更新颖的尝试，不断探索企业的创新发展之路。

智能化发展照亮金属印刷装备未来

一、企业简介

上海瑞源印刷设备有限公司成立于 1998 年，是中国印铁涂布设备行业的龙头企业。公司主要生产和销售金属印刷和涂布设备、智能装备，适用于食品饮料、化工、家电、汽车等行业，马口铁、铝制容器外壳、金属盖、标牌等的平面印刷。瑞源公司坚定"绿色化、数字化、智能化、融合化"发展方向，经过 20 多年的不断发展，已荣获多项国家技术专利、高新技术企业、科学技术奖、行业技术进步奖、印刷设备创意设计奖、中国包装名牌产品、上海市品牌培育示范企业、上海市"专精特新"企业、上海市高新技术成果转化认定等诸多荣誉奖项。

二、企业智能化技术创新实践

瑞源在多色智能印刷生产线主要创新运用三大体系：

（一）智能物料传输体系

物料自动供给系统是一种可编程的精密配比原物料管理系统，实现原物料供给的数字化控制。从原物料供给到物料容器的清洗都可以自动化控制。目前正在用于印刷行业的油墨系统，它与传统的调整油墨上墨间隙方式控制上墨量的做法不同，该系统是让墨斗辊与墨斗的间隙保持一致，通过改变分割墨辊不同部位与墨斗辊接触的长度，来控制油墨的供给量，实现了与原底版颜色同步一致的控制效果。

自动装印版系统预先将所需印版按顺序存储到备用机构中，设备按照生产计划依次调用存储的印版，实现印品小批量、高质量、高时效要求，缩短印刷准备时间，提高生产效率，实现无人化换印版。

（二）智能检测与分拣体系

视频检测与分拣系统根据印刷制品的纹理特征、外形颜色、制作材料，通过机器视觉识别自动判定印刷制品是否符合标准。完成印刷制品质量评判之后，通过信号采集装置将印刷制品完成识别后的信号传到控制器，控制器将根据开关信号来控制变频器的开停和速度的变换，再由传动装置带动生产线的运动，将其剔除。

自动收料系统采用可编程控制器，带信息中控存储功能。实现后段自动收料，将成品和不良品分开管理，节省空间，提高生产效率。

自动换托板系统自动更换原材料托板，根据生产线的运行需求，自动收集和供给托板，实现无人化生产。

（三）智能反馈与修正体系

智能色彩管理系统通过传输原文件至中央控制系统，精准还原原图文，实现自动调墨，精准、精细下墨，确保源头给墨均匀、平整。

数字化自动调压系统采用进口伺服电机，中央远程控制进行精确微调，同时具备信息存储功能，可多次随时调用数据信息，提高工作效率。

智能校准对位系统输入铁板的大小尺寸，控制台可通过控制键远程遥控，自动控制前规及侧规定位，实现铁板大小尺寸自动更换，套位精准不停机微调。

智能洗墨系统革新清洗技术和自动化程度，实现墨路自动清洗和滚筒自动清洗，真正实现自动无人化清洗油墨，缩短清洗时间，节约人力，提高生产效率。

三、未来展望

　　面对大数据和物联网浪潮，瑞源公司躬身实践，应用视觉检测、物联网技术、5G 技术，可以轻松实现在线检测无人化，并对异常信息进行收集、反馈、处理，达到无人化的智能质量管理。物联网监控解决方案，准确掌握生产状况，提升安全系数和生产效率，有效整合上下游数据，为客户提供自上而下整套的解决方案，减少了产业链沟通与合作成本。瑞源公司正朝着研发和制造"过程数字化、质量可追溯、生产自动化"的多色智能印刷生产线方向发展。随着机械制造技术、自动控制技术、光电子技术在金属印刷行业的广泛应用，瑞源公司将致力于通过技术创新推动金属印刷走向绿色标准作业流程，整个过程更加数字化、自动化与智能化。

绿色发展始于心　生物降解践于行

上海大觉包装制品有限公司成立于 2005 年，公司总部位于上海市青浦工业园区崧煌路 888 号，厂房面积 8000 平方米，注册资金 1000 万元；分部位于浙江省嘉兴市，厂房面积 40000 平方米，注册资金 12000 万元。是一家致力于绿色环保新材料（制品）研发、生产和销售的高新技术企业。目前公司拥有各类先进生产和检测设备共计 150 余台，年产能生物降解购物袋、餐（茶）饮降解包装袋、生物降解垃圾袋等 10000 吨，全生物降解快递袋和工业电子类包装袋 5000 吨，PE 类塑料袋 10000 吨，缠绕膜 8000 吨。

大觉公司是国内领先的绿色包装整体解决方案的服务商，专注于商超、快递电商、餐茶饮食品包装等绿色产品的研发、生产、销售和服务。主要经营全生物降解膜和袋、无纺布袋、PLA 吸管、全生物降解手套、PE 包装袋、缠绕膜、冷冻膜、保鲜膜、彩膜等系列产品，销售网络覆盖国内 31 个省区市。

一、全生物降解材料研发

大觉公司通过产学研协同创新的发展模式，在全生物降解材料及膜袋制品的研发领域，攻克了大量的技术难关，已获得发明和实用新型专利共计 44 项，实现人才、技术、成果等全方位的提升。公司主营的全生物降解包装袋于 2020 年和 2021 年连续 2 年被美团外卖青山计划纳入降解塑料包装推荐名录，同时公司也被国内多家头牌电商和快递公司评为优秀合作伙伴。图 5-17 为大觉公司膜袋制品。

| a. 马甲袋 | b. 挖口袋 | c. 连卷袋 | d. 快递袋 |

图 5-17　膜袋制品

自主研发的生物降解品质调控技术主要围绕其降解机理，分析存储、加工和使用环境对生物降解包装制品的性能影响，开发基于湿度、温度和氧气调节的生物可降解包装制品的性能强化技术；针对现有生物可降解包装制品的成本高，产品价格波动大的问题，构建原料、工艺、产品数据库体系，开发多种填料均质与高质共混专用体系，实现了全生物降解包装袋降解性能优，拉伸强度高，断裂标称应变强，存储周期可控以及低成本化等优质特性。

二、企业绿色转型实践

自国家发改委出台《关于进一步加强塑料污染治理的意见》（发改环资〔2020〕80号）以来，大觉公司更是加快了绿色转型的步伐。新增或更新吹膜、制袋、印刷设备80余台，与原先设备相比，同等能耗下的产能增加了50%以上。溶剂型油墨也调整为了水性油墨，更大程度地减少了危险废弃物的产生，降低了环境污染的风险。

同时随着标准化工作进一步的深入和展开，公司先后获得了ISO 9001、ISO 14001、ISO 45001等管理体系的认证。并荣获了上海市标准化试点单位、上海市包装行业四星级企业、上海市青浦区科技小巨人企业、青浦区高新技术研究开发中心、青浦区认定企业技术中心、青浦区专精特新企业、青浦区专利试点企业等荣誉称号。

大觉公司生产的全生物降解包装袋系列产品，其各项技术指标和性能获得市场监管部门、第三方检测和认证机构、终端使用方的一致认可。在主管部门和行业协会的帮助指导下，起草和参与编制了《塑料 生物基塑料的碳足迹和环境足迹 第 1 部分：通则》《GB/T 18455 包装回收标志（修订版）》《T/SHBX 001—2021 上海市绿色包装产品认证实施规则》《长三角生态绿色一体化发展示范区 新型研发机构认定规范》《T/SHBX 003—2021 全生物降解购物袋》《T/SHBX 004—2021 全生物降解物流快递运输与投递用包装塑料膜、袋》《T/SHBX 006—2021 全生物降解垃圾袋》《CEC 036—2019 CEC 环境友好产品认证技术规范 湿垃圾专用塑料袋》等国家标准、行业标准和团体标准共 20 多项。

其生物降解类系列产品先后获得中国绿色产品、中国环境标志产品、TUV-OK COMPOST、DIN CERTCO-Seedling、CEC 环境友好产品等多项国内外绿色环保类认证（见图 5-18）。

图 5-18 所获国内外绿色环保认证

公司年销售额也于 2020 年首次突破亿元大关，2021 年销售额更是突破 2 亿元。截至 2021 年年底，降解类包装制品的销售占比从原先的不足 0.5%，已提升至 40% 以上。此外，公司于 2020—2021 年还新建了分布式光伏发电节能项目，年发电量可达 43 万千瓦时。同时也在积极接洽相关职能部门和专业机构，力争 3 年内对企业内部设备、仓储、管理系统实现数字化和智能化的改造最大化。

三、未来展望

近年来，随着国内外一系列的绿色发展政策的紧密出台［《欧盟（EU）2019/904 关于减少特定塑料制品对环境影响的指令》、《关于进一步加强塑料污染治理的意见》（发改环资〔2020〕80 号）、《新材料产业发展指南》、《绿色产品认证实施规则》、《快递包装绿色产品评价技术要求》等］，坚实地奠定了生物降解包装袋在塑料污染治理和绿色发展中的重要地位，当前国内外上游原料产能正在不断扩大，技术指标和成本也在持续优化，生物降解包装制品将会被进一步广泛地推广和应用。

大觉公司将在未来的 5 年计划中，进一步加大对可降解领域的研发深度和宽度，以"倡导绿色发展，共同创造可持续的高品质，便捷生活"为使命，努力实现"碳达峰""碳中和"的战略目标。